U0138840

Essentials of Research Methods
研究方法概論

Janet M. Ruane 著　　**王修曉** 譯

劉精明 校訂

五南圖書出版公司 印行

Essentials of Research Methods

A Guide to Social Science Research

Janet M. Ruane

First published 2005 by Blackwell Publishing Ltd

Complex Chinese translation right ©2006 by Wu-Nan Book Inc.

This edition is published by arrangement with Blackwell Publishing Ltd, Oxford. Translated by Wu-Nan Book Inc. from the original English languane version. Responsibility of the accuracy of the translation rests soley with Wu-Nan Book Inc. and is not the responsibility of Blackwell Publishing Ltd.

序

　　講授研究方法的教師時常會碰到這樣的尷尬：如果這不是一門必修課，學生才不願意來上這門課呢。此外，大部分學生認為自己以後肯定不會從事研究工作，所有很少有人相信這門課程對他們會有所幫助。本書的目標就是解決這一教學困境。《研究方法概論》認為，有關研究方法的知識十分重要，本書的目的就是讓學生接受並樹立這一觀念。

　　有一條原則始終貫穿在我的日常教學和這本書的寫作過程中，即我總是努力採用最新的社會事件和有意義的事例，來幫助學生認識到研究方法和他們的日常生活是息息相關的。所以，我的方法「雷達」始終處於工作狀態，而你們會在這本書中找到許多類似的例子。花俏的電影預告片已經讓我們嚐到了抽樣不當的苦果；電視廣告則充分利用人們來自傳統、自覺、權威和經驗的（錯誤）知識來說服觀眾，從而達到推銷某種產品的目的；《消費者報告》實際上是關於測量信度和效度的短期速成班；晚間新聞節目則利用五花八門的調查工具有效率地掌握民意的脈動；我們在機場或其他公共場所的看人行為十分類似於田野研究；二歲大孩子的好奇心體現了人類嗜好因果分析的本性。多年講授研究方法的經驗告訴我，如果我能夠證明研究方法與日常生活密切相關，那麼學生就會意識到研究方法其實無處不在，並會迫不及待地想要進一步深入學習這些方法的基本知識。本書的每一章都經過了課堂教學的反覆檢驗，都是多次修改甚至重寫的結果。我不僅知道學生真正理解、吸收了每一章的內容，而且我知道他們喜歡這些知識。每個學期，總有學生來找我，告訴我他們非常喜歡這門課程，這不僅讓我感到十分欣慰，連他們自己都覺得很驚訝！

　　簡言之，《研究方法概論》盡最大努力來吸引讀者。本書不是研究方法的參考書，也不是關於研究方法的最後定論，而是一本入門讀本，為想進一步深入學習研究方法的學生提供必要的基礎知識。本書有意避免了對研究方法的過度贅述，相反的，只選取了一些能為學習研究方法的讀者提供詳盡入門指南的內容，希望這種做法可以鼓勵讀者以此為基礎進一步探索，以獲取更多的知識。為了實現這一目標，每一章都給讀者提供了一些指引，根據這些指引，你們可以進一步深入探索和擴展研究方法的基本知識。基於這種模式，本書希望能夠為培養出一批掌握全新學習方法的學生——將研究方法應用於生活的學生——盡一份綿薄之力。

致　謝

　　把一個孩子順利地撫養成人需要眾人的共同努力，而完成一本書的寫作也需要同樣多的人群策群力。在我居住的蒙特克蘭亞社區（Montclair village），許多人為本書的寫作提供了無私的幫助。我的學生們居功厥偉，正是他們的鼓勵讓我努力把研究方法講授得更為平易近人。我的前任助理凱瑟琳・哈蒙德（Kathryn Hammond）讓我認識到經常接觸學生的重要性，也讓我感受到和學生接觸所獲得的喜悅與滿足。我的同事勞拉・克雷默（Laura Kramer）和彼得・弗洛伊德（Peter Freund）一直在關心我的寫作進度，從而督促我按預定時間完成任務。系裡來的新同事蘇珊・奧尼爾（Susan O'Neil）幫助我克服了不少截稿的壓力。系主任理查德・吉利奧蒂（Richard Gigliotti）也通過蒙特克蘭亞的 FSIP 專案給予了我大力的支援。這些來自蒙特克蘭亞州立大學（MSU）整體社群的支持都是我銘記在心的。同樣，我從我的專業團隊中也得到了極大的幫助，他們抽出寶貴的時間來閱讀初稿並給了中肯的意見。尤其要感謝的是布萊克韋爾（Blackwell）出版社的編審們，他們的意見對本書的完成具有不可替代的作用。同時，我的開發編輯（development editor）肯・普羅文徹（Ken Provencher）和文字編輯安娜・奧克斯貝瑞（Anna Oxbury）也給了我大力的支援和專業的指導，對此我不勝感激。

　　寫書過程中更少不了身邊人的支援。我真誠地感謝我的家人及朋友，他們表現出來的對本書的興趣是我不竭動力的來源，至於這種興趣是否真實，這並不重要！在寫作過程中，露西（Luci）和喬納森（Jonathan）是我假想的讀者，我根據他們的理解能力和情況確定本書的基調。特別要感謝的是我的老母親瑪莉（Mary）和兩個姐姐安妮（Anne）和瑪

莉‧簡（Mary Jane），她們為了支援我寫作本書，犧牲了大量和家人團聚的美好時光。我清楚地知道，為了配合我的寫作時程，有太多的親友造訪與假日聚會活動因此被迫提早結束。同時，如果沒有卡倫‧克魯洛（Karen Cerulo）的幫助，這本書肯定還停留在討論階段。她尤其慷慨地犧牲自己的時間來閱讀草稿、跟我討論、提供意見和建議，並自始至終給予我鼓勵。毫不誇張地說，卡倫一個人給予我的幫助就如同一個團隊那麼多。因此，我要像感謝一個團隊那樣感謝她。

目　錄

序
致謝

1　**為什麼要學習研究方法？　1**

1.1　基於時間的認知：傳統知識　5

1.2　基於資歷的認知：權威知識　7

1.3　不太可靠的知識來源：常識和直覺　12

1.4　可靠的認知方式：科學　13

1.5　科學研究的目標　16

1.6　研究方法的作用：讓你成為一個批判性的讀者　18

2　**研究倫理：如何進行研究才是正當的　21**

2.1　無害性原則　25

2.2　知情權和自願原則　27

2.3　尊重隱私原則　30

2.4　避免利益衝突原則　35

2.5　研究倫理報告：只有真相，別無他物？　36

2.6　研究倫理的增強：人體試驗委員會　38

2.7　研究倫理的融合　39

3　知識有效程度的檢驗：測量效度、內在效度和外在效度　41

3.1　測量效度　45

3.2　內在效度　50

3.3　外在效度　54

3.4　結論　59

4　測量：從抽象到具體　61

4.1　概念和研究過程　64

4.2　從理論到經驗　65

4.3　概念化　67

4.4　操作化　68

4.5　測量尺度（量尺）　69

4.6　操作定義　74

4.7　結論　77

5　閃光的都是金子嗎？測量的評估　79

5.1　表面效度　81

5.2　內容效度　82

5.3　效標效度　83

5.4　建構效度　85

5.5　信度檢驗　87

5.6　再測信度　88

5.7　複本信度　89

5.8　折半技術　90

5.9　雜訊和偏誤　92

5.10　結論　95

6　由此及彼：因果分析　97

6.1　因果模型：通則式解釋和個殊式解釋　100

6.2　因果關係的先決條件　103

6.3　因果分析與研究設計　108

6.4　因果分析和調查研究　114

6.5　因果關係和田野研究　116

6.6　結論　118

7　研究設計　119

7.1　時機決定一切　121

7.2　橫剖研究設計　123

7.3　縱貫研究設計　124

7.4　分析單位　130

7.5　結論　134

8　抽樣：以少數反映整體　135

8.1　抽樣代表性的障礙　139

8.2　樣本代表性：隨機抽樣　143

8.3　非概率抽樣技術　151

8.4　抽樣誤差的估計　154

8.5　結論：對於抽樣議題的抽樣介紹　156

9　問卷調查：我們的好奇本性　159

9.1　措辭和用語　164

9.2　問題的結構：封閉式和開放式　170

9.3　問卷的總體佈局　173

9.4　前測　181

9.5　問卷的回收：郵寄問卷的特殊挑戰　182

9.6　網路調查　183

9.7　結論　184

10　訪談　185

10.1　對話交流　190

10.2　無結構訪談指南的設計　193

10.3　訪談手冊　197

10.4　敏感話題　198

10.5　電話訪談　199

10.6　越多越好：焦點團體座談　201

10.7　訪談員的培訓　204

10.8　訪談工具　206

10.9　結語　207

11　在觀察中學習：田野研究　209

11.1　首要之務：研究地點的選擇　212

11.2　田野研究的任務　215

11.3　非正式訪談　217

11.4　筆記　218

11.5　資料整理歸檔　222

11.6　田野研究的效度　223

12　**資料整理：描述統計**　**225**

12.1　複習基本原理　227

12.2　量化資料整理　229

12.3　總結描述　230

12.4　統計圖表　239

12.5　SPSS（社會科學統計套裝軟體）　245

13　**超越描述統計：推論統計**　**249**

13.1　常態曲線　251

13.2　重複抽樣　255

13.3　抽樣分布　256

13.4　彙總　257

13.5　幾個具體的例子　261

13.6　結語　262

參考文獻　**265**

索引　**275**

圖目錄

3.1　　測量效度　49

3.2　　內在效度　51

3.3　　外在效度　55

6.1a　假性關係　106

6.1b　控制變數 C 之後的假性關係　106

7.1　　固定樣本設計　125

7.2　　重複橫剖設計　126

8.1　　常用的抽樣比例原則　142

12.1　圖形的基本線條　241

12.2　某班學生婚姻狀況條形圖　241

12.3a　表 12.1 中考試成績的直方圖　242

12.3b　學生年齡直方圖　242

12.4　學生年齡折線圖　243

12.5　離散趨勢　243

12.6　（假設的）完全相關關係的散點圖　245

12.7　非完全相關關係　246

13.1　常態曲線下方的區域　253

13.2　常態曲線下方的區域：幾個固定比例　254

表目錄

12.1　未分組的考試成績　231

12.2　分組後的頻率分布　231

12.3　2003-2005 屆美國參議員的性別構成　233

Chapter

1

為什麼要學習研究方法？

——學習研究方法可以幫忙回答「我們什麼時候應該相信所知道的訊息或知識是否真實可信？」

我們生活在一個資訊主宰的社會。不管喜不喜歡，我們的日常生活都充斥著各種各樣的內幕報導、統計數據、新聞和輿論觀點；我們會接觸到不計其數的有關本地資訊、國內新聞和國際報導的資訊資源。通常，收音機鐘點節目或晨間電視成了我們的鬧鐘，我們每天生活的第一項內容就是瀏覽最新的新聞資訊。在上班路上，電台、手機以及橙色警戒系統繼續延伸著這個資訊循環圈。掌上定位儀、路邊的廣告牌和資訊亭也讓我們始終處於各種資訊的包圍當中。工作時，我們大多都會打開電腦登入網際網路，奔馳在資訊高速公路上。甚至在午餐、晚飯或是下班休閒時間我們都無法停止腳步，因為越來越多的自助餐廳、飯店和酒吧都安裝了電子跑馬燈資訊板，無時無刻向顧客「免費贈送」資訊。當你在這些地方的收銀機前排隊付款時，正好可以瀏覽一下最新的名人八卦。下班後回到家裡，我們會發現我們的信箱裡塞滿了各種信件、通知和傳單，內容也都是當天的本地、國內和國際新聞。在每晚固定時間播出的電視娛樂節目也帶有傳播資訊的性質，如《48 小時》、《日界線》（*Dateline*）、《20/20》等節目。如果臨睡之前，你覺得這還不夠，那麼還有一檔節目可以陪你入睡：午夜脫口秀。這類節目長約一小時，講的都是一些政治正確或唱反調之類的話題。或者你還可以看歐普拉（Oprah）主持的脫口秀節目的重播。如果你還支撐得住，那麼這種資訊灌輸可以徹夜上演持續到第二天早晨。

近幾年來，我們的資訊時代發生了一個所謂的「個性化」轉向（"personal" turn），讓我們在興奮的同時又感到有些喘不過氣來。在很大程度上，個人電腦和網際網路使得我們能夠把資訊個性化（甚至鼓勵我們這樣做）。例如，雅虎將為我們開設一個個性化的資訊庫網頁；每天，我們可以通過電子郵件訂閱有關自己喜歡的球隊和明星的新聞。筆記型電腦和網際網路能夠讓我們收發任何個性化的新聞或消息。想知道你退休時能拿到多少社會保險金嗎？你只要訪問 http://www.ssa.gov/SSA_

Home.html 這個網頁，並點擊「Plan Your Retirement」（規劃你的退休生活）連結；想知道你患心臟病的機率是多少嗎？登入 http://www.ameri-canheart.org，進入「Health Tool」（健康工具）頁面即可；想知道你支持的國會議員或參議員在最近一項法案的審議中是如何投票的嗎？試試國會圖書館的服務站點就清楚了：http:// thomas.loc.gov/；想進一步瞭解你的家族歷史嗎？這個網站肯定有用：http://www.genealogytoday.com；還有其他疑問嗎？或許你可以在這個網站上找到一些答案：http://answerpoint.ask.com/。

到這裡，來上研究方法課的學生也許會產生這樣的疑問：既然（資訊社會中）獲取知識的途徑如此眾多而便捷，既然我們獲取*自己想要*資訊的能力也越來越強，那麼我們為什麼還要學習費力又勞神的研究方法呢？難道我們就不能從電台、電視或報紙雜誌上直接獲取自己想要的資訊嗎？既然網際網路上的資訊如此豐富，難道我們就不能僅僅坐在電腦螢幕前點點滑鼠？

對於這些問題，最近《紐約時報》網站的一個視窗廣告也許能夠提供最佳的答案：資訊不準確的資訊時代意義何在？只有準確的資訊才是有用的。

我們面對著數量驚人的資訊，獲取資訊也相對容易。但與此同時，我們也更有可能陷入虛假資訊（misinformation）的泥潭。我們不妨來看一下最近在網上流傳的三條「資訊」：

- 聯邦通訊委員會（Federal Communications Commission, FCC）正試圖禁止上帝出現在電視節目中。
- 國會議員 Schnell 提出了一項議案，認為為了給郵政部門籌集資金，應該對每封電子郵件徵收 5 美分的稅金。

・波多黎各的香蕉攜帶有一種食肉性的病菌。[1]

這三條新聞吸引了大量網民的關注。然而，它們都是假的。《聯邦通信法》禁止聯邦通信委員會（FCC）對傳媒內容進行審查；眾議院裡根本就沒有一個叫 Schnell 的議員；攜帶食肉病菌的香蕉則純屬一個惡作劇。不幸的是，網路流言的控制十分困難，人們總認為網上的東西肯定不會是假的，因為電腦是「萬能的」。所以儘管這些資訊是虛假的，它們仍然四處盛行。聯邦通信委員會收到近 50 萬封投訴信，抗議其禁止上帝出現在電視廣播中的做法。同樣，國會宣稱，公民抗議對電子郵件徵稅的呼聲高漲，人數之多幾乎達到「彈劾的門檻」了。香蕉進口商協會的一個發言人聲稱，網上的流言已造成該行業的銷售損失了 3,000 萬美元。

當面對過剩的資訊時，我們怎麼才能分別資訊的真偽呢？我們如何判定什麼樣的資訊才值得我們信任呢？要回答這些問題，我們必須先考察一下各種知識的來源。正是這些知識來源推動著資訊社會的前進。我們還必須分析一下是不是有些知識來源比另一些更可靠。

1.1 基於時間的認知：傳統知識

在當今社會，人們普遍接受這樣一個「事實」：同性戀士兵在美國軍隊中沒有合法地位。普通士兵、高級軍官、政治家和學者都自信滿滿地聲稱同性戀會對軍隊的穩定和團結構成威脅。秩序、紀律與允許同性戀服役被認為是水火不容的兩件事。反對同性戀進入軍隊的人認為，當

---

[1] CBS 晚報；WCBS 紐約播報；2000 年 7 月 19 日。

士兵要擔心來自同性戰友的性侵犯時，國家安全就處於危險中了；而且支持同性戀進入軍隊這項立場的倡議人士也堅信他們的主張乃是正確的。這種信心部分來源於如下事實：對同性戀進入軍隊的否定性意見由來已久，因此，它代表了一種頑固的知識形式：傳統知識。

對於傳統知識而言，時間的過程本身是檢驗一種說法是否正確的基礎所在。只要經受住時間的考驗，長期存在的觀念或長久保持不變的說法就被認為是正確的。聯邦通信委員會（FCC）禁止上帝出現在電視節目中這一謠傳的說法之所以被認為是可信的，其原因之一僅僅是：因為這條消息已經流傳了 25 年！當我們反覆再三聽說同一件事時，通常我們就會認為這件事總有部分是正確的。然而傳統作為一種知識和資訊來源，其主要缺陷恰恰就在這裡：*僅僅依靠時間的檢驗還不足以確保某件事的正確性*。例如，在古代，幾千年來人們一直都認為地球是平的。為了捍衛這個事實，航海家們一次又一次地遠航。製圖者也滿足於繪製二維的地圖。但聲稱地球是平的並不代表地球就真的就是平的。時間並不能保證這種說法的正確性。（如果說時間確實做了一些事的話，那麼它所做的恰恰就是證明了這種說法純粹就是一個謬誤。）

類似地，在 15 世紀之前，天文學家都認為地球是宇宙的中心。人們根本沒想過要質疑這個事實。（還記得伽利略的命運嗎？他反對這個體系，提出了太陽中心說模型。因為這個，他被逐出天主教教會。）幾千年來，人們都認為所有的宇宙天體都是圍繞地球運轉的。然而，同樣地，僅僅是長時間如此認為並不代表事實就是如此。人們長期認為，種族差異是先天決定的。最近，基因繪圖工程得出的結論動搖了這種觀念。儘管以前的認識與事實相悖，但人類在基因上並沒有表現出明顯的種族差異。99.9%的人類基因都是相同的。存在於我們基因中的是種族共性，而不是種族差異。

上述例子表明，傳統知識往往是想當然地把時間作為支持的基礎，

因此是十分不可靠的知識。某一觀念或信仰的「年齡」並不能確保它們具有準確性或真實性。

1.2　基於資歷的認知：權威知識

　　我們再來看一下當今被人們普遍接受的另一個觀點：在經過一段長期的牛市之後，許多金融專家都預測新千年伊始的股市將出現一個重大的調整。許多投資者對此信以為真，並根據這些意見改變了自己的投資策略。這個例子向我們展示了另一種普遍為人們所採用的認知方式：權威知識。所謂權威知識，即我們在尋求對周圍事物準確描述的過程中，聽從專家的意見。對專家的信任就是對他們的資歷（credential）和所接受的專業訓練的服從。我們都認為，專家的話就是準確和正確的。

　　我們太過於輕易地盲從權威，為此，有人提出我們的世界是一個「權威癮君子」（authority addict）的社會。想必大部分人都聽說過一項由斯坦利·米爾格蘭姆（*Stanley Milgram, 1974*）所主持的著名研究，研究結果尖銳地揭露了我們是如何盲從權威的。在這項研究中，米爾格蘭姆發現，在權威人物的要求下，普通人會不假思索地用電流去電擊其他人（參與實驗的人被要求電擊那些沒有完成一項學習任務的人）。事實上，在多次重複這項實驗之後，米爾格蘭姆得出這樣的結論：即使在知道電擊會給他人造成劇烈疼痛的前提下，大多數參與者還是會執行這一要求。該研究表明，人們通常會不假思索地接受權威人物對現實世界的理解和定義。

　　其實，我們對權威知識的迷戀乃是從出生就開始，而且終生不輟的。許多父母都多少根據兒童教育「專家」的建議來撫養自己的孩子。從20世紀40年代開始，數以千萬計的家長把本傑明·斯波克（Benjamin

Spock）醫生的理論奉為兒童教育的聖經。在此之前，20年代的家長都信奉約翰‧華生（John Watson）的行為主義理論。在很大程度上，我們幼時的學校教育主要是訓練學生服從權威。在小學、中學和高中，我們學會了尊重知識的權威來源，如老師和教科書。令人哭笑不得的是，有些學生畢業之後，很不適應大學的學習方式。原因是當權威被從神壇上拉下來後，他們感到無所適從。在大學教育當中，有些學生第一次得到到鼓勵，挑戰和反思他們以前學到的知識。對這些學生而言，這是第一次，因此他們會感到焦慮。這也正是大部分人寧可選擇服從權威的原因：權威能給人們帶來安全感和穩定感。〔事實上，80年代流行一種汽車保險桿貼紙，針對的就是根深蒂固的權威盲從。標語內容很簡單，就是「質疑權威」（Question Authority）。〕

對權威知識的依賴伴隨著我們長大成人。在健康領域，幾乎沒有人會懷疑醫生的診斷。我們也不會懷疑藥劑師是否準確地按照處方配藥。在買賣房子時，大多數人會聽從房產經紀人的意見。我們會把自己的汽車送到維修站進行檢測。如今，不計其數的美國人根據股市分析員給出的經濟「事實」進行理財和投資。（我們拒絕想像專家的判斷出錯帶來的後果。）如果一則消息來自《紐約時報》（*The New York Times*）[2] 或《世界新聞夜線》（*World News Tonight*，譯按：美國 ABC 電視新聞台夜間新聞節目），那麼我們就不會懷疑這則消息的準確性。毫無疑問的是，權威知識為我們提供了一個安全區，我們喜歡這樣。

但是，和傳統知識一樣，權威知識也有可能出錯。專家經常不值得我們信任。資歷並不總是能保證專家意見的正確性。對此，我們大多數人都有親身體驗，比如天氣預報、競選結果預測或花俏的廣告。氣象學

---

[2] 實際上，有些人認為最近傑森‧布萊爾（Jayson Blair）醜聞的最大受害者是《紐約時報》，因為這起事件削弱了該報最寶貴的資產：聲譽（布萊爾是《紐約時報》的一名記者，他曾抄襲和編造新聞故事）（*Sloan, 2003*）。

家告訴我們，這個周末會是悶熱潮濕的天氣，但結果卻是豔陽高照；他們發出強烈暴風雪警報，但我們只看到少許揚沙。在 2000 年的總統競選期間，星期天晨間新聞節目的名嘴紛紛預測，在新罕布夏州的初選中，布希將以壓倒性的優勢勝出，結果出爐之後，他們又倉促地出來解釋為什麼是麥凱恩贏了。在影評一片盛讚聲中，由史匹柏（Spielberg）執導、湯姆・克魯斯（Tom Cruise）主演的《關鍵報告》（*Minority Report*）在票房上卻遭慘敗。另外，別忘了還有千禧年危機。儘管之前人們對此議論紛紛，弄得人心惶惶，媒體專家預測會有一場大災難，但我們看到，結果並非如此。

　　當然，盲從專家的後果可能會比上述例子中所說的還要嚴重。例如，幾乎沒有哪個金融專家成功地預測了 1929 年的股市大崩潰，相反，他們還滿懷信心地宣稱股市已經攀升到了一個穩定安全的新高點。結果，成千上萬的美國人因為盲從專家的意見而在黑色星期二（1929 年 10 月 29 日）的餘波中破產。在這場災難後的三年裡，國家財政收入銳減一半，失業人口也從 1929 年的 150 萬人猛增至 1,500 萬人（*Garraty & Gay, 1972; Wiltz, 1973*）。

　　在 911 事件之前，我們都相信國家安全專家對有可能危及美國公民和領土安全的各種危險瞭若指掌。然而，911 之後關於這個問題的調查顯示，國家安全部門每天收到的情報中很可能包含那些針對美國本土有史以來最重大的恐怖襲擊的警告資訊，問題是那些專家並不能準確無誤地從中把這些資訊解讀出來。這麼多的專家卻似乎沒有人知道什麼時間在什麼地方會發生什麼事情。明尼蘇達和亞利桑那州地區的特工針對其負責監視的若干人士參與民航機駕駛訓練等情事提出警訊，但是聯邦調查局（FBI）官員竟然選擇不予理睬（*Hirsch & Isikoff, 2002*）。國家移民局（Immigration and Naturalization Service, INS）的工作人員沒有阻止默罕默德・阿塔（Mohamed Atta）入境，儘管他的簽證已經過期，而且

和已知的恐怖分子有關聯。就在襲擊發生的當天，機場的安檢人員識別出 9 個恐怖分子嫌疑人員，並對他們進行了特殊審問，但還是讓他們登上了飛機（*The New York Times, 2002*）。很明顯，在國家安全這個問題上，專家並不值得我們信任和依靠。原因是什麼？我想其中之一就是，資歷並不能保證專家在某個領域就永遠是正確的。專家在處理真相、資訊和觀念時也會*帶入自己的主觀想法*。911 事件的慘痛教訓告訴我們，即使是專家的意見，也不一定就是定論。

不同專家對同一社會現象的解讀也會有所出入。上文中約翰·華生和本傑明·斯波克關於兒童教育的不同見解就是一個很明顯的例子。這兩位專家關於撫養兒童的意見都被認為是不容置疑的，然而他們的意見卻並不是完全一致的。華生是個行為主義者，他提倡對孩子要嚴加管教、獎懲分明：每隔 4 小時餵食一次，之後必須立即讓孩子睡覺；要避免擁抱、愛撫之類的親暱行為。相比之下，斯波克的思想就比較人性化。他主張要疼愛孩子而不要一味嚴加管教，並鼓勵家長尊重孩子；他甚至還引入了佛洛依德的思想（但並沒有讓家長發現這一點）。家長該聽誰的呢？請注意，一些社會評論家曾指責斯波克是「縱容主義之父」，認為他的理論催生了一代嬉皮和反戰主義者，而這兩類人現在正統治著（也或許是錯誤地統治著）我們這個國家（*Whitall & Lawson, 1998*）！

我們還應該清醒地意識到，不管他們的資歷有多傲人，專家和權威有時會*故*意誤導我們。當涉及到他們的切身利益時，專家也會歪曲事實。例如，在越戰期間，軍事專家隱瞞美國已經參戰的事實，後來又篡改敵軍的傷亡人數。他們這樣做的目的是為了緩和國內的反戰情緒。詹森（Johnson）總統及其軍事顧問想方設法向公眾描繪美國參戰的美好圖景，結果卻在政府和民眾之間劃下了一道深深的「信任鴻溝」（*Braestrup, 2000*）。我們再來看一下另一個專家騙局，這個騙局現在讓一個行業陷入困境。1953 年，吸菸危害健康這一事實已經為越來越多的人所知曉，

抵制吸菸的呼聲也越來越高。為此，幾家大菸草公司的執行長聯合設立了一個菸草業研究委員會（Tobacco Industry Research Committee），以應付這一局面。研究結果表明，吸菸確實會危害人類的健康。但在接下來的幾十年裡，整個菸草業都在否認這一事實。早在 1963 年，各家大菸廠就已經知道尼古丁會使人上癮，但他們刻意封鎖這一重要資訊。這些掩蓋手段持續了幾十年，直到 1994 年才因為「菸槍」（非雙關語，譯按：原文是 smoking gun，可引申為確鑿的證據）爆料事件被公之於眾。一位不願透露姓名的「菸蒂先生」（Mr. Butts）公開了一份公司內部文件，上面不僅詳細記載了 40 年來菸草業的專家們是如何發現吸菸的危害，還記錄了他們是如何封鎖和隱瞞有關吸菸有害的消息（*Zegart, 2000*）。

　　權威還可能以另一種方式誤導我們，即當專家針對非自己的知識範圍和研究領域發表言論時，他們的觀點往往是不正確的，當然，這種誤導的主觀惡意較小。在美國獨立戰爭之前，醫療是一門非常不可靠的行業。原因何在？也許這和當時的「醫學專家」有關。那個時候，大多數美國開業醫生以前都是輪船上的外科醫生、藥劑師或神職人員（*Cockerham, 1998*）。直到 20 世紀早期，美國醫學協會（American Medical Association）才明確規定，開業醫生必須持有醫學博士學位（*Starr, 1982*）。在世俗的世界觀出現之前，司法體系通常由宗教組織控制。判決一個人是否有罪的工作由神職的司法者負責，他們的審判手段是所謂的神裁法（也就是酷刑審判）。人們相信，在神裁嚴刑逼供下，犯了罪的人會高聲慘叫承認錯誤，而無辜的人因為受到神的佑護而不會吭聲。在美洲殖民地，被起訴的女巫必須要能當眾流利地背誦主禱文，那她才得以被宣布為無罪。如果舌頭打結、磕磕碰碰，那這個女巫就被認為是惡魔纏身（*Pfohl, 1994*）。只要稍加反思，你們就會明白權威在超出自己熟悉的領域之外妄加評論是多麼危險。過去，我們相信越俎代庖的醫生和法官，一些不

幸的人因此喪失了生命和自由。

1.3　不太可靠的知識來源：常識和直覺

　　值得一提的還有另外兩種知識來源：常識和直覺。與傳統知識和權威一樣，這兩種認知形式影響力也十分駭人。所謂常識，即我們利用自己的親身經歷和我們熟知者的經歷作為「實踐」（practical）知識的來源。常識告訴我們，不能讓六歲的孩子負責籌備家裡的一日三餐。常識告訴我們，不能讓青少年自主安排他們的作息時間和生活費。常識還告訴我們，如果一個人在結婚之前動手打我們，那麼她／他在婚後也可能打我們。直覺是一種「直接獲得」（direct access）的知識，它是這樣一種認知方式：不使用智力和思維，而直接依賴「內在的感覺」。這種認知方式頗具影響力——它有時甚至能拯救你的生命（在我讀研究所時，我的直覺幫我躲過了一場搶劫傷人事件）。我們大多都有這樣的經歷或記憶：我們的直覺在幫助我們趨利避害（我在跑馬賽中幾次贏錢就是直覺的功勞）。

　　儘管如此，與傳統和權威知識一樣，常識和直覺並不是一種萬無一失的認知方式。常識過於依賴個人經驗，而個人經驗並不能作為放諸四海而皆準的真理的最佳基礎，因為它僅與個體及其特定的生活環境相聯。打個比方，假設一個人（如丈夫）把他治高血壓的藥給另一個人（如妻子）服用，結果很有可能是，對丈夫療效顯著的藥卻給妻子帶來致命的危險。（人與人之間細微的基因差異可能會在很大程度上影響人們對藥物的反應，見 http://www.nigms.nih.gov/funding/htm/didudo.html。這個網頁解釋了為什麼不同的人會對同一種藥物產生極為不同的反應。）套用一句古語：一個蘿蔔一個坑，每個坑的大小深淺都是不一樣的。

　　由於直覺不用思維和理性，所以通常直覺很難被人理解。（事實上，在精神科領域有一個專門的範疇，其發展的基礎或動力來源就在於大部分人沒有能力聽從或「聽不見」自己內心的聲音。）直覺和常識經常對立，這使得情況更為複雜。常識告訴我們不要輕信直覺，因為我們通常會迫不及待地把直覺奏效的消息告訴別人，但更多時候卻把預感失敗的事拋諸腦後。（想想看，有多少次賭馬與樂透摃龜就是拜直覺所賜！）

　　釐清以上這些認知方式的限制之後，我們會給帶到什麼地方呢？我希望是這麼一個地方，在這裡你們能夠認識到這樣一件事：我們的日常生活充斥著各種各樣的資訊，但這些資訊大部分的來源都不可靠。儘管我們熟知和喜歡的認識方式可能更為快捷和簡單，但它們也有可能十分危險，根據這些方式獲得的知識很可能漏洞百出。傳統知識、權威知識、常識和直覺都有一個共通性，即它們都慫恿人們不假思索地全盤接受由它們提供的資訊。*即使是錯誤的*，那些長期存在的、出自權威口中的、來源於實際生活經驗的或「感覺起來是正確的」觀念和思想也都被奉為真理。但我們也沒有必要悲觀，還有一種與上述認知方式迥然不同的知識來源：科學。科學及其研究方法認為，在決定接受任何資訊之前，都應當對其準確性進行批判性的考察。

1.4　可靠的認知方式：科學

　　要想獲取高質量的資訊，我們最好是採用科學的認知方式。瞭解和學習研究方法不僅能幫助我們成為批判性的資訊使用者，還能幫助我們根據一些鮮明的標準來判斷每天接觸到的資訊的價值大小。

　　科學與眾不同之處在於它採用了一系列方法論程序，來減小和控制摻雜在認知過程中的錯誤。舉例而言，科學方法要求任何觀點都必須有

相應的**經驗證據**（empirical evidence）支持。這一實證本質意味著，科學極為重視對具體現象進行直接或間接的觀察。科學要求我們在蒐集經驗證據時遵循**系統化的方法論規則**（systematic, methodical "rules"）。用不系統的方法獲得的證據是不可靠的，可信度不高。在判定一個證據的可靠度之前，科學還要求蒐集這一證據的方法和程序能被其他研究**複製**（replicated）。研究的可複製性和結果的一致性是保證我們遠離錯誤結論的基本手段。這也是科學發掘自然和社會世界中的法則或規律之本質所在。下面分別詳細討論這些標準。

1.4.1　經驗證據（Empirical evidence）

作為一種認知方式，科學並不滿足於僅僅根據表面現象來判斷一種說法是否正確。例如，傳統知識僅憑口頭說詞，就把軍隊裡的同性戀會削弱士兵的鬥志這件事確立為一個事實，科學認為這樣遠遠不夠。僅僅因為一個網站公報上如是報導，我們就相信哥斯大黎加的香蕉口感很差？這很難讓人接受。科學要求一種說法必須有具體、客觀的經驗證據支持，並且這些證據還要能夠揭示這種說法的準確性。在科學領域，所謂經驗證據，指的是那些我們能夠看得到、聞得出、聽得見或嚐得到的感官證據（*Goode, 2000*）。對經驗證據的這一要求突顯了科學的內在懷疑本性。除非我們能夠（通過身邊的經驗事物）「展示」事實確是如此，要不然，任何說法都只是一家之言，僅此而已。科學並不滿足於僅僅相信一種口頭說詞，它還要求經驗的佐證。

1.4.2　方法論規則（Methodical rules）

為了達到減少錯誤的目的，科學採用標準化的程序來指導我們尋找關於身邊世界的準確資訊。科學研究中有很多這樣那樣的規則，如怎樣設計和評估測量工具的準確性（即測量效度標準）；怎樣確立事件之間

或某些特徵和行為之間的因果聯繫（即內在效度標準）；怎樣確立研究聚焦的對象、事物或事件（即抽樣標準）；以及是否能把我們得到的結論推廣到其他情境（即外在效度標準）。這些規則構成了研究方法的核心。儘管學習這些規則需要花一定的時間和精力，但一旦學會之後，它們就能給我們帶來其他認知方式所不具備的優勢。研究的方法論規則能夠把出現錯誤的可能性降低到最小程度。只要遵循這些火眼金睛般的研究方法論規則，我們就能自信地確保我們的結論是準確無誤的。

1.4.3 複製（Replication）

科學要求結論出現一次以上才能被認為是正確的和可靠的。對複製性的堅持體現了科學保守的一面。複製可以防止我們做出不成熟、甚至是錯誤的結論。不能被複製的結果會讓人懷疑是偶然或巧合，沒人願意相信只出現一次的結果。（上文提到過米爾格蘭姆關於盲從權威的研究。米爾格蘭姆並沒有僅根據一次結果就開始下結論，他再三重複了同樣的實驗，以檢驗結果是否一致。）事實上，對複製的要求是科學懷疑態度的另一個表現：如果結論是正確的，那麼在類似的實驗條件下，它們應該能夠反覆出現。一次性結論（和僅此一次的推銷一樣）通常不可能是真實的。其他研究者採用同樣嚴格的實驗方法進行研究，如果我們的結論和他們的發現保持一致，那麼我們對自己結論的準確性也就可以有更多的自信。

科學的另一個特點是追求對世界的系統化解釋，複製迎合了這一要求。自然科學致力於揭示自然的永恆定律。社會科學的目標是揭示社會生活的規律。社會學——也就是我的專業，其研究目標在於揭示某些一般性的社會模式或社會力量，這些模式或力量超越個體的特殊屬性，塑造和影響著我們的行為。例如，社會學研究一再告訴我們，美國人在選擇配偶時總是遵循同質性原則（homogamy），即一般情況下，我們會

選擇和自己類似的結婚對象（*McPherson et al., 2001; Ruane & Cerulo, 2004*）。再比如，個人的自殺率和其社會整合程度呈負相關（*Thorlindsson & Bjarnason, 1998*）。還有，貧困不利於我們的心理、身體和社會健康（*Ruane & Cerulo, 2004*）。

1.5　科學研究的目標

　　科學研究有四個基本目標：探索、描述、解釋和評估。在追求這四個目標的過程中，研究者必然得滿足系統化、經驗標準等要求。仔細地閱讀一篇研究文獻可能會幫助我們找到這個研究或專案的內在目標或動機，但在一般情況下，研究者會在文章的摘要或開頭的導言中明確地表述他們的研究目的。

　　有些情境、群體或現象從未進入科學研究的視野，**探索性研究的目的**（exploratory research）一般就是為了蒐集關於這些事物的初步資訊或增加我們對這些新領域的瞭解。探索性研究通常被用來獲取一個研究課題的初步資料。因此，這種研究傾向於選擇相對較小的研究樣本，進行近距離的深度研究，以獲得第一手資料。為了深入瞭解研究對象，研究者經常採用一對一的深度訪談，或者是參與式研究法，嘗試著把自己放在受試者的立場上理解問題。一般情況下（但並非全是如此），探索性研究的結果是一些**質性資料**（qualitative data），即其結果通常以文字、圖片或其他一些敘述形式出現，這些資訊形式能夠在最大程度上記錄研究對象的特殊經歷及其想法。例如，在 20 世紀 80 年代，帕爾默（*Palmer, 1989*）對一個新出現的職業——急救員〔emergency medical systems（EMS）worker〕——進行了一項研究。為了更好地瞭解這一工作的社會環境，帕爾默深入到這一工作的第一線，參與和觀察急救的全過

程，並對急救醫護工作人員進行了訪談。他的研究結果是一些質性資料，包括現場觀察的筆記，以及人員訪談的逐字稿。

描述性研究（descriptive research）的目的在於詳細呈現或描述某些社會現象、環境、經歷和群體等等。為了真實地再現事物的原貌，這種研究追求儘可能的準確。因此，描述性研究尤其注重諸如設計測量工具和抽樣等程序。電視影集警探 Joe Friday 的調查只需要事實，就實際效果而言，描述性調查也是如此，即弄清楚發生了什麼事，牽涉的人有哪些，研究群體的規模大小如何，其成員的情況怎樣等等。在描述這些基本事實的時候，描述性研究通常（同樣，也並非完全如此）採用量化的方法。所謂**量化方法**（quantitaive methods），就是把社會變異轉化成*數值*，並使用統計來概括和處理蒐集到的大量數據資訊。例如，近幾年來，人們越來越關注逐日漸增的網民。從 2000 年起，加州大學洛杉磯分校（UCLA）成立了一個*網路專案*（Internet Project），對全國範圍內的網民和非網民人口進行抽樣研究。每年都向社會公布他們的研究報告，報告還包括對新網民和老網民的比較研究結果。最近的幾期報告登在 UCLA 的傳媒政策中心（Center for Communication Policy）網站上：www.ccp.ucla.edu。該報告用百分比和平均數等數據來描述不同的網民群體，這項研究的量化特徵由此可見一斑。

很明顯，描述性研究忽略了一個問題，即為*什麼*。為了弄清社會現象的*來龍去脈*（why 或 how），研究者必須進行**解釋性研究**（explanatory research）。比如，對家庭暴力的描述性研究能給我們提供的可能就是家庭暴力的普遍程度、最典型的暴力事件、最有可能被牽涉進來的人群等等。解釋性研究比描述性研究要更進一步。解釋性研究想知道的是，*為什麼*某些人訴諸家庭暴力，而其他人沒有？暴力事件*如何*產生或展開？解釋性研究致力於因果分析，勇敢地面對建立因果次序和因果聯繫的挑戰和困難，並努力區分社會現象的起因和（或）結果。譬如，一些

研究認為，如果一個人在孩童時期有過家庭暴力的經歷，那他／她就容易在自己的婚姻中使用家庭暴力（*Fitzpatrick,1997; McNeal & Amato, 1998*）。另有研究表明，酗酒既是家庭暴力的禍首（*O'Farrell & Murphy, 1995*），也是這種事件的產物（*El-Bassel et al., 1995; Plichita, 1992*）。

　　另一個和解釋性研究密切相關的研究目標是**評估性研究**（evaluation research）。評估性研究的目標是評價一些社會專案或政策的是非功過。如果我們想知道一個名為憤怒管理（anger-management）的專案是否有效，那麼我們就需要進行一些評估性研究。如果我們想瞭解逮捕濫用暴力的配偶是不是一項有效的社會控制政策，那麼我們就可以考慮評估性研究。評估性研究的最終目標在於分析一些具體專案或政策的「效果」或結果。因此，評估性研究必須關注解釋性研究所關注的因果問題。但非常關鍵的是，評估性研究還有一種現實取向。在當代社會，凡事都講究績效，因此，評估性研究是許多重要社會組織部門（如教育部門和醫療系統）必須進行的工作。對一些尋求資助的研究專案而言，評估性研究也是一個必須滿足的條件。近幾年，對各種預防吸毒或戒毒矯治專案的評估性研究已經成為媒體關注的焦點。

1.6　研究方法的作用：讓你成為一個批判性的讀者

　　儘管我們當中很少有人會直接參與研究工作，但我們都會成為這些研究結果的*消費者*。因此，我建議你們不妨把學習研究方法當作是一種提升個人素質（enpowerment）的途徑。科學方法技能和知識可以幫我們捍衛自我的權益。能否分辨資訊的正確與有效，和個人權益伸張與否息息相關。如何才能獲得準確的資訊？這個問題已經變得空前重要。如今，資訊的數量令人咋舌，其傳播速度也十分驚人。在這種情況下，我

們不能低估錯誤資訊帶來的後果。錯誤情報的危害性和電腦病毒不相上下。（為什麼說這一說法是對的？對於這個問題，香蕉進口商們可以提供 3000 萬個理由。）因此，完全可以這麼說，判斷資訊的可信程度已經成為一項重要的生存技能。

我們評估資訊的能力大小直接取決於我們的研究方法知識。嚴格按照科學程序執行的研究，得出錯誤結論的可能性較小，因此更值得我們關注和信任。最終，在面臨人生重大決策時，幫你們做出正確選擇的很可能就是你們的研究方法知識。對於與你年齡相仿、同種族和同性別的那些人而言，什麼樣的飲食或食療最明智？哪個醫療方案最適合你？什麼是最「安全」的家庭房車？安裝在交通信號燈上的監控錄影機真的能防止司機闖紅燈嗎？使用手機究竟對人體有沒有危害？是否有必要花更多的錢去買有機水果和蔬菜？在家自學對於你家而言是一個正確的選擇嗎？你的退休金放在誰的手裡比較安全，政府還是私人投資者？在很大程度上，你能否找到上述問題的正確答案，取決於你對相關資訊質量的判斷能力。到最後，你的研究方法知識很有可能成為一種提高生活質量、甚至是維持生活所必需的寶貴資源。

Chapter

2

研究倫理：如何進行研究
才是正當的？

　　在本書中，我將用大部分篇幅向你們介紹研究方法的邏輯和具體策略，但不可否認的是，有一個問題始終貫穿著整個研究過程，即研究倫理。從根本意義上說，我們的研究活動必須遵守職業道德和誠信原則，必須盡最大可能贏得研究對象和公眾的尊重和信任。

　　人們對研究倫理的關注是最近才出現的。第二次世界大戰猶如當頭棒喝，喚醒了人們的研究倫理意識。通過紐倫堡審判，全世界瞭解到了納粹分子利用科學的名義在集中營所做的暴行。1946 年，因為虐待戰俘，23 名德國醫生被告上軍事法庭。他們的罪行包括：在極端高溫或嚴寒條件下，用戰俘做實驗；殘忍的斷肢手術；故意向戰俘體內注射致命的病菌等（*National Institutes of Health, 1995*）。

　　但是，在稍微晚些的時候，還發生了一些更貼近日常生活的倫理問題。1959 年，參議院的一個小組委員調查了一些製藥公司研製新藥時的試驗過程。（結果發現，）有些新藥在安全性未被確定之前，就被製藥公司拿給臨床醫生。這些醫生把拿到的新藥在不知情的病人身上使用，蒐集到試驗資料後，再反饋給製藥公司，並從製藥公司領取一定的報酬。1963 年，國家衛生研究院（**National Institutes of Health**）的院長披露了一些有問題的研究專案，這些專案都是受聯邦政府資助的。執行這些研究專案的是斯隆─凱特林癌症研究所（**Sloan-Kettering Cancer Research Institute**）的醫生，他們在沒有徵得病人同意的情況下，把活的癌細胞注入一些窮困而年老體衰的病人體內（*Department of Energy, 1995a*）。

　　20 世紀 70 年代，參議院就塔斯克吉梅毒研究專案（Tuskegee Syphilis Study）舉行了一系列的聽證會。這項研究由美國公共衛生署（US Public Health Service）出資贊助，開始於 30 年代。在該研究中，阿拉巴馬州塔斯克吉地區約有 400 個黑人在不知情的情況下成為這個長期專案的研究對象。雖然注射青黴素已經成為治療梅毒的標準療法，然而，為了更好地瞭解梅毒的特性以及發病過程，研究人員並沒有及時給受試者注射

青黴素，結果造成至少 28 人死亡，100 人因為沒有及時接受治療（更準確地說，是由於研究本身的實驗效果）而失明和精神錯亂（*Department of Energy, 1995a*）。

離我們更近的是發生在 20 世紀 90 年代的一件事。一個總統顧問委員會奉命調查在 20 世紀 40 年代和 70 年代早期這段時間內由政府主持的一項核輻射實驗。這個研究專案已經引起了廣泛的倫理爭議（*Department of Energy, 1995b*）。在二次大戰結束前夕，為了研究鈽對人體的影響，研究人員把這一元素注入了一些美國人的體內。（這項研究的目的是蒐集相關的有用資訊，以減小核輻射對核彈專案研究人員的危害。）在同一時期，據說在麻省的一所智障學校裡，給病人食用的燕麥片裡含有放射性元素。二次大戰結束後，政府還資助了一個類似的研究專案：在沒有通知當地居民的情況下，研究人員把放射性物質投放到猶他州、新墨西哥州、田納西州和華盛頓州的一些地區。

確切地說，社會科學研究一般不會像醫學、藥物研究或核試驗那樣容易引起令人高度關注的倫理問題。我們所做的不過是要求研究對象回答一些問題，或者把他們作為田野調查的對象，這應該不會對人們的生命安全或身體健康造成嚴重的威脅。但是，這並不代表社會科學研究人員就可以把研究倫理問題看作是毫不相關或無關緊要的事。相反，從研究設計到公布結果，研究過程中的每一個決策都應該把研究倫理納入考慮範圍之內。

為了讓我們的研究工作符合倫理要求，我們必須根據人們普遍接受的行為準則隨時評估我們的研究設計和研究活動。為了合理安排本章的結構，下面我們將重點討論《美國社會學協會研究倫理守則》中提到的幾個主要倫理標準。在學習了這些原則之後，你們一定會發現，其實這些原則並不僅僅只適合於社會學。更確切地說，這些研究倫理原則適用於任何一門學科或任何一個領域的研究活動。每一個從事研究工作的人

都應當遵守這些標準。

2.1　無害性原則

　　乍一看，「無害性」對於研究倫理而言似乎是多此一舉。任何研究的一項最基本的倫理責任就是，必須保護研究對象的身體、心理和情感健康。如果一項研究活動傷及受試者或者給受試者帶來不應有的危險，那麼就會和上述要求背道而馳。如果研究過程存在危害受試者的可能性，同時，研究人員又沒有給受試者一定的報酬或給他們帶來某種好處，那麼這樣的研究就不符合倫理要求。然而，即使是「無害性」這樣明顯的原則也很難得到充分的遵守。有些時候，要預測或提前估計研究的負面後果是十分困難的。表面上看起來安全和無害的研究專案，帶來的結果可能大大出乎我們的意料之外。例如，我們不妨來看一下 20 世紀 30 年代的康橋—薩默維爾青少年研究專案（Cambridge-Somerville Youth Study）。1939 年，理查德·卡伯特（Richard Cabot）在波士頓的青少年中發起了一個旨在預防青少年犯罪的實驗性研究專案。有 500 名男孩參與了該專案的研究，其中 250 名被分到有控制措施的試驗組，另一半則被分到沒有任何控制措施的對照組（*Powers & Witmer,1951*）。到了 70 年代中期，由瓊安·麥科德（Joan McCord）主持的一個研究小組對該專案的效果進行後續評估。儘管這項研究的本意十分崇高，但麥科德和她的研究小組卻發現，處於實驗組的男孩很可能因為參與了這項研究而受到了傷害：

　　　　與非實驗組相比，實驗組的受試者更有可能出現酗酒和嚴重的精神疾病現象，更可能早年死亡，更可能患上與壓力有關

的疾病，更可能受僱於職業聲望低的工作，並且更可能再次犯罪（*Kimmel, 1988, p.19*）。

還有一個例子，也可以說明研究者要預測研究後果是多麼困難。1973 年，黑尼（Haney）等人展開了一個著名的監獄模擬實驗。研究者謹慎地挑選了 24 名大學男生作為研究對象。受試者的任務是在一個模擬的監獄裡扮演「囚犯」和「警衛」。每個學生都知道自己僅僅是在演戲，並且每個人都可以拿到一定的報酬。然而，*沒有一個*人會料到，這種模擬監獄經歷會給他們帶來如此大的影響。在研究開始後不久，其中一些「囚犯」開始變得沮喪、頹廢、焦慮以及身心症的症狀。有一些「警衛」表現出虐待和侵略性行為。研究者對此十分不安，最終在進行到第六天（計畫是兩個星期）的時候終止並取消了這項實驗。

很明顯，由於不能預知未來，所有研究者不可能提前估計到研究可能造成的所有或最終後果。但是，後果的不確定性不應該成為回避或忽略「無害性」原則的藉口。對研究者而言，倫理規範仍然要求他們儘可能地預測可能出現的後果，並採取必要的行動減少對參與者的傷害，增加他們得到的好處。**活動後解說與回饋**（debriefing）是幫助研究者更好地瞭解研究後果的一種方法。具體做法是：在研究結束之後，研究者應該進一步向參與者提供有關該專案的更多資料和資訊，從而引導他們釋放（因參與該研究專案而產生的）思想、反應和其他任何負面的副作用。對於那些參與者不清楚自己究竟扮演什麼角色（比如是作為實驗組，還是控制組），或者對人為操縱的試驗條件不知情的研究專案來說，這種活動後的解說與回饋被認為是必不可少的後續工作。

2.2　知情權和自願原則

　　知情權和自願（informed consent）原則說的是人們擁有自主決定是否參與一個研究專案的權利。更具體地說，知情權和自願原則指的是研究專案的參與者有權瞭解所有關於該專案的資料以及有可能影響他們決定是否參與研究的資訊。因此，知情權和自願原則的核心是選擇自由和自主決定。研究者不能強迫或欺騙人們參與一個研究專案。知情權和自願原則還意味著參與者擁有隨時退出研究的權利。這一原則是如此重要，以至於它成了獲得聯邦政府基金資助的一個必需條件。儘管如此，但我們還是必須承認這條原則也經常被忽視。

　　如果仔細分析知情權和自願原則，我們就不難發現，其實這一原則包括四個（預設的）獨立要素：資格能力、志願性、資訊充分和理解能力（*Paul Reynolds, 1979*）。熟悉這四個要素能幫助我們理解為什麼知情權和自願原則經常被忽視和觸犯。

2.2.1　資格能力（Competence）

　　這一要素假定，只有具備完全資格能力的個體，才能在掌握資訊的前提下做出是否參與研究的決定。也就是說，個體能夠獨立自主地做出決定，參與一項研究是否符合他們的最佳利益。社會研究的課題和調查對象具有廣泛多樣性的特點，因此牽涉的族群中經常出現一些未成年人或不具備完全資格能力的個體，他們都不具備獨立做出決定的資格。這些人中最明顯的就是孩子和患有精神疾病的個人。為了在這些族群中展開研究，研究者必須徵求家長或監護人的同意。在徵求當事人同意的過程中，研究者必須以誠相待，否則，就很容易違反知情權和自願原則。

例如，對教育研究的投訴和抱怨由來已久，說研究者在徵求各方同意時不能僅僅限於口頭說詞。另外，研究者還經常通過「被動」的形式徵得當事人的同意，即研究者把「不反對」當作默認同意來處理，這種做法也違反了知情權和自願原則。舉個例子，為了獲得「被動」同意，研究者讓小學生把表格帶回家，並附上一張小紙條，上面寫著：如果您反對您的孩子參與我們的研究，請讓您的孩子把這張小紙條交還給我們。這招極大地提高了（家長的）同意率，因為許多孩子要麼忘記把附加說明的小紙條給家長看，要麼忘了把它上交給老師。顯而易見，比較恰當的做法，應該是需要當事人或負責人做出明確和直接的聲明，同意或反對參與研究，否則即視為尚未完成知情權和自願原則的程序。

2.2.2　志願性（Voluntarism）

這一要素假定，只有完全自由地能決定自己是否參與一個研究專案的個體，才能在知情的情況下做出是否同意的決定。只要存在任何壓制或強迫的跡象，就違反了知情權和自願原則。同樣，這個前提條件也很難得到滿足。不難想像會出現這樣的情況：由於害怕拒絕參與會招致一些不好的影響，個體才（「不得不」）同意參與一項研究。例如，位於斯塔騰島（Staten Island）上的柳溪智障州立學校（Willowbrook State School for the Retarded）曾在 1956 年到 1972 年之間展開了一項長期的肝炎研究專案，該專案被指控帶有脅迫性（*Department of Energy, 1995a*）。批評者指出，學校曾向那些等候把自己的孩子送進該校的家長提出這樣的要求：如果他們同意讓自己的孩子參與這個肝炎研究專案，那麼他們的孩子就可以「立即」入學（而進入學校之後，其中一些孩子將被注入肝炎血清）。

由此我們不難得出這樣的結論：*任何*在社會體制場所（醫院、學校、監獄等）當中進行的研究專案都有可能違背志願性原則。社會體制

場所意味著某種與權威的關聯，而這種關聯與純粹志願原則是矛盾的。根據這一邏輯（推理），那種把參與研究作為課程考核的必要條件的做法也容易受到脅迫性指責。類似地，我們必須考慮這種可能性，即任何給予參與者報酬的研究都可能帶有脅迫性。（因為）那些經濟拮据的個體面對金錢的誘惑時，很難做出不接受的決定。一些人認為，要滿足志願性原則，研究者和參與者之間必須存在一種平等的關係。然而，在大多數情況下，我們都把參與者稱為*研究對象*（subjects，譯按：subject 作動詞時，有使隸屬、使服從的涵義），這種稱謂很明顯就表明研究者和參與者之間不可能存在一種完全的平等關係。為了強調參與者是志願參加的，研究者也許應該把潛在的參與者看作有價值的、但卻是自主的「合作者」（co-workers）。

2.2.3　資訊完全（Full information）

　　這一要素假定，為了做出一個知情的選擇，受試者需要瞭解所有的相關資訊。但這個標準有些晦澀。多少資訊才是足夠的？關聯多大才是相關的？必須把每個細節都告訴參與者嗎？有些細節是否只會讓回應者產生疑問或者對結果產生不利影響？一些研究者堅持認為，有必要保留部分資訊，這有助於維護研究的完整性。毋庸置疑，米爾格蘭姆會同意這種主張。他於 1974 年展開了一項對盲從權威的實驗研究，目的在於考察在權威人物的指揮下，普通民眾的行為是否存在道德底線。但是，他並沒有把這一目的告訴他的研究對象。相反，他僅僅告訴參與者，這是一個關於懲罰對學習有何影響的研究。在實驗過程中，不知情的參與者在權威的引導下，電擊那些在學習訓練中犯錯的人。事實上，那些「學生」並沒有受到電擊，但參與者並不知道這些。現在回過頭來看，我們不禁會產生這樣的疑問：米爾格蘭姆的誤導性解釋符合倫理規範嗎？近年來，在研究實務操作過程中，通常採用這樣的標準做法，即儘

可能向參與者提供足夠的資訊，以便他們能夠「理性地」做出決定。儘管這個標準確實給我們提供了一些指導，但並沒有完全釐清這個問題。實際上，司法部門多年來一直致力於討論一個問題，即什麼才是理性人的標準？到現在為止，結論是，某個群體的「理性」對另一群體而言很可能是「非理性」。

2.2.4　理解（Comprehension）

　　這一要素假定，個體必須具備*理解*提供給他的資訊的能力，才能做出明智而理性的選擇。衛生福利部（Department of Health and Human Services）建議應該把協議書看作是*教學*工具，提供一些指導性的綱領，而不是把它看作法律文書。最起碼的程度，研究者提供給參與者的資訊必須用非專業的「日常語言」表述（即協議書讀起來不能像一份合同！）。另外，為了方便理解其中的內容，研究者應該允許參與者相互討論或向他人諮詢，並且應該在發放協議書和要求回應者做出是否參加的決定之間留出一段合理的時間，讓他們仔細考慮。因此，口頭應允，或研究對象沒有足夠時間仔細考慮或重新選擇的協議都是不符合知情權和自願原則的。

2.3　尊重隱私原則

　　隱私權（right to privacy）指的是，我們有權決定在什麼時候、什麼條件下讓他人查看我們的個人資訊。如果你熟悉美國文化和司法制度，你就應該知道，美國人對這一原則視若生命。因為研究和實驗在本質上都是一種「挖掘真相」的工具，所以，任何試圖從公眾身上獲取資料的做法都可能觸犯人們的隱私權。搜查一個城鎮的垃圾場或調閱私立

學校的檔案，是隱私侵犯；詢問一些人們認為「不該問」的問題，也是侵犯隱私。要做到不打翻這個火藥桶，研究者應該注意以下三個問題：(1)資訊的敏感性；(2)研究的地點或環境；(3)研究結果的公布（*Diener & Crandall, 1978*）。

2.3.1　資訊的敏感性（Sensitivity of information）

對一些回應者來說，透露任何個人資訊都會帶來潛在的危險，這無疑使得隱私權問題更加複雜化。研究主題越敏感，研究者就越應該注意保護回應者的隱私。例如，當調查包含有危險性問題時，研究者應該事先提醒回應者該等潛在的危險，並且把那些隱私保護措施提前告訴回應者，以便他們能夠安心地作答。如果在一對一的訪談中涉及敏感話題，研究者應該考慮採用「匿名」形式來保護受訪者的隱私（關於這一技術的詳細討論，見第 10 章）。

2.3.2　研究環境（Research setting）

社會研究主題和牽涉的族群具有廣泛性，同樣地，社會研究的環境也變化多端。研究地點可能在回應者的家裡、學校、工作場所、社區酒吧、街頭巷尾或購物中心，這些僅僅是其中的一小部分。就隱私問題而言，研究者必須分清哪些地方屬於私人領域，哪些地方屬於公共空間。乍一看，你也許會認為，這個問題相對容易。但一個環境究竟是私人領域或公共領域，其實並不像想像的那麼明顯。即使是最公開的環境，也可能會被其中的某些人當作「禁止外人進入的」私人領地。舉個例子，公共沙灘上的情況就是這樣。毫無疑問，人們都明白，誰也不能說公共沙灘是自己的私人空間。情況果真如此嗎？回憶一下我們在沙灘上經常使用的占地手段。我們用毯子、冰箱來占領地盤，還故意用椅子和太陽

傘隔出彼此的界線。很明顯，我們用這些方式告訴其他人：這片沙灘已經被我們占了，如果他們忽視這些標記，擅自踏入我們的私人空間，那就會有好戲瞧了。再想一想你們在街道上開車時的行為。我們都知道街道是公有的，但我們會把車子視為自己的「私人」領域。我們希望其他開車的人表現出高夫曼（*Goffman, 1963*）所說的「文明的漠視」（civil inattention），即在紅綠燈或收費站停車等待時，假裝他們沒有看到或聽見我們扯著嗓子學歌或大聲訓斥孩子。總而言之，要確定某個場所的隱私程度得花一番心思。

不能僅憑觀察空間環境，就確定一個研究地點是私人的還是公共的。當我們把技術因素考慮進來時，這點就更加明顯了。電子監控是保全行業一個迅速成長的新領域。當前美國有超過 200 萬的閉路電視系統，其中大部分由私人使用（*Murphy, 2002*）。911 事件之後，要求對公共場所進行監控的呼聲日益高漲。當然，對於監控錄影帶來說，無所謂私人和公共領域。安放在醫院停車場的錄影機不僅記錄破壞他人汽車的行為，也會記錄那些偷偷溜出去幽會的人。電子監控忽視了許可問題，錄影機在拍攝之前可不會事先徵求被監視者的同意。一家國際性的保全公司最近做出一個估計，認為一個普通的紐約市民一天大約被錄影機拍攝了 75 次（*Murphy, 2002*）。可以預計，利用技術手段進行監控的做法會日益流行，「監控文化」也會甚囂塵上（*Staples, 1997*），在這種情況下，社會研究人員必須重新思考怎樣才能最好地分辨私人空間和公共領域，以及如何才能有效地保護研究對象的隱私。

在公共領域進行研究很容易陷入隱私問題的泥潭，這樣的例子不勝枚舉。其中最為人所熟知的一個例子，是 1969 年勞德·韓福瑞（Laud Humphreys）的公廁研究。公廁一般是同性戀秘密進行性活動的地方。韓福瑞辯解說，他之所以選擇在公廁研究同性戀，原因是公廁是一個

「民主的」場所。他還認為，公廁能夠讓他接觸到最具代表性的樣本。然而，他最不應該忽視的是，同性戀者選擇來公廁的原因，正是因為這種場所可以保護他們的隱私。越是私人的場所越難進入，也越容易暴露身分。而每個人都可以在匿名的情況下自由進出公廁。[1]

2.3.3 研究結果的公開

有一種做法很明顯侵犯了個人隱私，那就是把研究對象的個人資訊公之於眾。法律規定，一些特殊群體（如政治家和名人）自動喪失他們的一些隱私權。但普通老百姓應該無條件地享受這項基本權利。研究結果公布以後，如果讀者能夠根據結果逐一辨認出那些為我們提供資訊的人，那麼研究者的行為就侵犯了研究對象的隱私。通常情況下，研究者會向研究對象提供匿名性或機密性承諾，以保護他們的隱私。

在蒐集資訊的過程中，為了滿足**匿名**（anonymity）要求，研究人員一般事先進行某種設計和安排，使自己不會把某個研究對象和該對象所提供之具體資訊對應起來。其中一種做法就是，迴避任何有關個人身分的標示。問卷調查一般採用這種手段，那些能夠辨識個人身分的標示，如姓名、社會保險號碼、住址等都被省略。類似的一種做法是，讓回應者把個人資訊和問卷的主體分開（換句話說，研究人員準備了兩個信封，一個裝帶有個人資訊的問卷，另一個則用來裝問卷的主體部分）。這種操作手法既能讓研究人員知道哪些受訪者寄回了問卷，哪些沒有，又不至於讓他們得知某份問卷是誰填寫的。在匿名的情況下，由於沒人

---

1 韓福瑞的研究還引起來一些別的倫理爭議。他利用公廁接近同性戀者，之後對他們進行了跟蹤入戶訪談。具體做法是：當那些同性戀者開著車來到公廁時，他就記下他們的車牌號，再根據車牌查到他們的家庭住址。在公廁觀察了一年之後，他喬裝打扮成醫護工作人員到這些同性戀的家中進行訪談。

知道哪一份問卷是誰填寫的，所以，研究人員也就不可能洩漏哪個回應者做出什麼樣的回應。

　　機密性（confidentiality）承諾指的是，研究人員向參與者保證，自己絕不會在公開場合指名道姓地洩漏他們提供了哪些資訊。這裡，研究人員知道誰提供了什麼資訊，只是承諾不把自己知道的情況洩漏出去，這是機密性和匿名性不同之處。實際上，研究人員承諾的是「保密」，即保證自己不會說這樣的話：「這是他說的，那是她的意見。」

　　一旦做出了匿名性和／或機密性保證，研究人員就應該採用必要的措施來兌現自己的承諾。比如，研究者應該用個案編號代替個人身分資訊，以保護個人資料。如果研究人員手頭上有一份對照表格，把個案編號和研究對象的身分證號碼對應起來。那麼，這份表格就應該妥善保管。一旦所有的資料都被輸入電腦之後，那麼研究人員就應該銷毀那些包含身分識別資訊的原始資料。

　　從表面上看，匿名性和機密性承諾足以保護研究對象的個人隱私。名單已經銷毀或無從查知，即使還保留著，我們也答應不會洩露出去。這麼看起來，洩露個人資訊的威脅已經解除了。但事實是，要完成這個承諾非常困難。下面這個案例就是一個生動的教訓。在 20 世紀 50 年代，維迪奇和本斯曼（*Vidich & Bensman, 1958*）展開了一項田野調查，地點選在紐約州北部的小鎮，目的是研究當地居民的政治和社會生活情況。在調查開始之前，研究人員向當地居民保證，整個研究過程都在匿名狀態下進行，而且還做出了保密承諾，答應在撰寫研究報告的時候只使用虛構的地名和姓名。研究者以為，這樣就萬無一失了。不幸的是，這些假名稱沒有發揮應有的掩蓋作用。當地居民很容易就從實事求是地進行批判分析的報告中認出自己和他們的鄰居。這個小鎮的人們十分不滿，認為研究人員違反了隱私承諾。在當地每年 7 月 4 日的國慶遊行集會中，人們打著橫幅和標語，指責和諷刺這兩位學者，不滿情緒由此可

見一斑（*Kimmel, 1998*）。

　　在做出機密性承諾時，研究者還應該意識到，自己的承諾可能超出了自己能夠控制的範圍之外。比如，我們向研究對象承諾為他們保密，但法律可不認為這種約定在法庭上也是有效的。在其他領域裡，也存在類似的承諾約定，如律師—當事人、醫生—病人或牧師—懺悔者之間的保護關係。不過，社會研究獲得的資料不能自動享受類似以上這些領域提供的一些保護。在必要的情況下，法庭也許會要求研究人員出示研究資料，如果是這樣，那麼研究對象的個人資訊就有可能為公眾所知曉。如果選擇信守承諾而不聽從法院的指令，那麼研究者就有可能面臨法律制裁。社會研究經常會涉及到一些敏感話題，如性取向或性行為的習慣、違法行為和心理健康等。如果研究工作和這些敏感話題有關，那麼研究人員最好為自己的專案申請一張**保密許可證**（certificate of confidentiality）。研究人員可以向國家衛生研究院申請這種證書。該證書的作用是防止某些部門強制公開機密的研究資料。在最後的資料分析工作中，建議研究者明確列出保密承諾的有效條件（包括保密協議的有效範圍），並詳細說明自己如何兌現這些承諾。

2.4　避免利益衝突原則

　　初看起來，對社會研究而言，專門為利益衝突制定一條規範的做法有點多此一舉之嫌。畢竟，研究者的目標僅僅是客觀公正地蒐集資訊。但是，在本質上，社會研究人員和其他所有社會行動者一樣，也受社會環境的影響和制約。在這些有可能影響研究人員的環境因素中，最值得一提的是那些給研究專案提供資助的各種企業基金會。舉個例子，為了尋求更多的研究資金，越來越多的大學和企業建立了合作關係，這種現

象已經十分普遍了。這種合作關係給學術研究帶來了不容忽視的影響。企業可以控制研究專案的方向和範圍，還可以對研究成果發表的條件加以限制。例如，在醫學研究中，製藥公司通常會在和大學裡的科研人員達成的協議中加入「禁止（以任何形式）發表研究成果」的條款，這種情況現在非常普遍。此外，企業似乎還可以左右研究結果。最近，一些丹麥研究人員發現，研究基金的來源會對隨機臨床醫學實驗結果產生影響。另有學者分析研究了 1997 年至 2001 年間發表於《英國醫學期刊》上的 159 篇文章，發現結果如下：受營利性組織資助的研究專案更有可能得出某種實驗干預（experimental intervetion）（譯按：例如某種療法）有正面效果的結論；而在由非營利性機構資助的研究專案中，沒有發現類似的正面結論（*Kjaergard & Als-Nielsen, 2002*）。

　　很明顯，當研究者把自己和某個目標或資助者聯繫在一起，或者成為某一利益集團的「僱傭槍手」時，他們的研究也就自然而然地會受這些利益關係的影響。但是，為了研究倫理標準，研究人員應該向人們表明自己所涉及的利益關係，以便所有讀者都能注意到所有可能影響研究過程和結果的可能偏見。事實上，上面那篇關於隨機研究臨床醫學實驗的文章的作者指出，根據他們的研究結果，研究人員必須毫無保留地公開所有與其科研工作有關的利益關係，這點非常必要。

2.5　研究倫理報告：只有真相，別無他物？

　　一些研究人員已經成為企業或特殊利益集團的顧問或「僱傭槍手」，他們把另一層面的倫理問題推到了「聚光燈下」（front and center），即是否客觀準確地報告研究結果。在第一章的討論中，經驗研究被看作是一種可靠的知識來源。意識到這一點之後，研究者就必須對研究報告

的「力量」（power）有一個清醒的認識。研究結果（尤其是那些以統計資料出現的結論）非常具有說服力。喬爾‧貝斯特（Joel Best）寫了一本書，題為《該死的謊言與統計》（*Damned Lies and Statistics*）（*2001*）。書中指出，人們一般認為統計資料就是毋庸置疑的「事實」。說也奇怪，許多人經常懷疑自己對數字的處理和理解能力，但在面對統計資料時，他們大多態度謙卑，全盤照收。在貝斯特看來，這些人是「數學文盲」（innumeracy）。顯而易見，在數學文盲面前，社會研究者完全可以利用民眾的無知任意操縱統計資料捉弄公眾。

　　研究結果和統計資料都是研究者（思維）決策的產物，這些決策包括測量、抽樣、研究設計、結果分析、如何以及從什麼地方獲取資助等等方面的決策。但不管研究結論是如何產生的，它們都可能成為政治衝突的攻擊工具。當研究者為付費客戶工作或受資助於某個組織時，這種情況尤其可能出現。研究結果會因為某種需要而被隨意修改迎合某些利益，或是遏制某些意見。報告哪些內容？哪些統計數據將成為報告的重點？這些都是研究者在決策時必須考慮的問題。在原始資料相同的前提下，強調的統計資料不同，得出的會是兩個完全不同的結果！舉一個簡單的例子。試想，一個研究者現在要決定究竟選擇哪個統計量作為某個變數之平均水準的量度時，有三種可供選擇的指標：平均數（mean，代數平均值）、中位數（median，資料排序中間位置的那個數）以及眾數（mode，頻率最高的數值）。（關於這些術語的詳細討論，見第 12 章。）現在，假設這個研究者要報告一群工人的年平均工資；同時，假設這群工人中大部分人的工資很低，只能拿到基本工資，而有少數幾個人的工資卻非常高。從理論上講，三個集中量數（平均數、中位數、眾數）都可以採用，但它們說明的可不是同一回事。在上述條件下，平均工資會比這個群體中大部分工人的實際工資高出一大截（這個平均值被少數幾個高工資的極端值拔高了）。在這種情況下，採用中位數或眾數

更為合理（同樣，第 12 章會對這幾個集中量數概念的定義以及如何比較選擇進行詳細介紹）。

在報告結果時，研究者照道理應該客觀準確地呈現研究結果；但事實上，他們關於結果報告方式的決策也許更多地會受其心中（或資助者的）期望的影響。這個問題與知情權和自願原則、隱私權等一樣，也是一個倫理困境。引起越來越多爭議的是，越來越多的研究者正尋求和接受一些（私人）組織的資助。這些組織有他們自己期望的研究計畫和利益取向。研究者必須對其研究結論的影響力有一個清醒的認識，並遵守職業操守，負起確保科學研究結論真實可靠的責任。

2.6 研究倫理的增強：人體試驗委員會

歷史提醒我們，把研究倫理的責任完全交給研究者個人處理是很危險的。因此，為了強化研究者的研究行為使其符合倫理規範，大多數涉及人類研究的組織以及其他所有接受聯邦政府資助的組織都設立了人體試驗委員會（或譯作研究倫理審議委員會，Institutional Review Board，簡稱 IRB）。[2] 人體試驗委員會負責評估所有受該組織資助的研究專案的倫理問題。為了通過 1974 年的《國家研究法案》，相關部門進行了長期的辯論。現在的人體試驗委員會就是當時努力的產物。塔斯克吉（Tuskegee）研究和 20 世紀六、七十年代一些其他的問題研究引起公眾極大的關注，為此，國會專門舉行了聽證會以尋求解決問題的辦法。在很大程度上，這個法案就起源於這些聽證會。為了保護人類研究對

---

[2] 衛生福利部要求所有接受聯邦政府研究資助的組織都必須設立人體試驗委員會，目的是監督所有由這些組織負責提案的研究專案計畫。此外，任何個別研究人員都必須得到人體試驗委員會的許可之後，才能申請聯邦研究資助金。

象，聯邦政府一直在改進和完善相關的標準和法律。在這個發展過程中，《國家研究法案》和人體試驗委員會都被認為是具有里程碑意義的成果。人體試驗委員會一般由精通科學知識、倫理學以及其他一些非科學領域的專家組成。委員會成員的多樣性是研究對象權利和福利的重要保證。在審議申報研究專案計畫的過程中，委員會按照與保護人類研究對象相關的聯邦標準和有關規定進行判斷。

2.7　研究倫理的融合

　　我們討論研究倫理問題的主要依據是美國社會學協會制定的研究倫理守則。其實，大部分專業協會的研究倫理規範都大同小異。（你們可以在這些協會的官方網站上找到相應的文本。）不管各自所屬的領域有何不同，研究者通常都必須遵守一些共同的行為準則，以保護研究對象的福利和尊重他們的各項權利。至少，研究者事先應該考慮下列問題：本研究對於研究對象有何潛在的效益；會不會給研究對象帶來危險；如果是，這種危險有多大；研究的潛在效益是否大於對參與者的危害；以及，有沒有足夠的預防保護措施可以讓這些危害最小化。只要遵守以上這些基本標準，研究者應該就能在研究過程中堅守住自己的倫理陣地。

　　希望讀完本書後，你們能夠對社會研究的邏輯和技術有一個大概的瞭解，這是全書的宗旨。而本章的目的則是希望能夠幫助你們認識到這個問題：研究工作必須遵守倫理道德。過去的一些慘痛教訓提醒我們，一項好的研究決不能置倫理標準於不顧。高水準的研究專案必須把倫理問題放在整個研究過程（從研究規劃、資料蒐集到報告的公布）的中心位置。把倫理問題放在次要位置或認為這個問題根本不重要的想法和做法都是極不可取的，這樣只會損害或降低研究本身的目標與價值。

Chapter

3

知識有效程度的檢驗：
測量效度、內在效度和外在效度

　　在第 1 章中我們已經瞭解到，科學在知識領域並不具備明顯的獨占優勢。瞭解我們身邊的世界有很多種途徑。其中一些已經足以滿足我們的認知需求。你們的直覺可能在賽馬跑道上幫你們贏錢，奶奶提供的明智建議也許可以幫你們度過一個家庭危機。實際上，每一種認知途徑都多少存在一些可取之處，這也是它們一直存在於這個世界的原因。但是，科學的系統認知方式確實有其過人之處。如果我們有興趣證實一種關於社會生活或現實的說法或主張是否正確，那麼科學方法應該是首選。要想得到可靠的知識（也就是符合經驗事實的知識），科學研究方法是最好的途徑。[1]

　　然而，說科學在認知領域有「優勢」，並不等於說科學就是絕對正確的。研究程序極大地降低了結果的出錯率，但誤差仍然可以在不經意間混入科學結論中。在執行研究方法的過程中，人們會犯各種各樣的錯誤，比如，污染證據、偏誤的抽樣等。此外，「研究結果」自己並不會說話，人們必須對它們進行解讀，而這個解讀過程也可能充滿了令人質疑的判斷和錯誤。最近陸續發生了一些刑事調查中濫用科學證據的案件，這進一步表明人們對研究結果的解讀是個漏洞百出的過程。由於每個人的 DNA 都不一樣，因此 DNA 檢測成為破案的一個有力手段。然而，電視新聞雜誌節目《60 分鐘（2）》（*60 Minutes II*）向我們展示了一個殘酷的事實：「科學的錯誤」具有極大的危害性（*Mabrey, 2003*）。1998 年，德克薩斯州發生一起強姦案。經過調查，最後懷疑的目光集中在一個來自休士頓的少年身上。休士頓德克薩斯刑事偵察實驗室（A Houston Texas crime lab）對他的 DNA 進行了取樣檢測，認為檢測結果

---

[1]　有件事和這裡的主題沒有太大的關係，但十分有趣。2001 年夏天，《消費者報導》宣布當年出廠的三菱蒙特羅轎車（Mitsubishi Montero）存在安全隱患，建議消費者不要購買該品牌的車子。作為回應，這家汽車製造商指責《消費者報導》的檢測方法不科學，因此得出的結論也缺乏可信度。

證實，這個少年就是案犯。實際上，這個檢測結論是錯誤的，但結果卻導致這個無辜的 16 歲少年被判入獄監禁 25 年。（在監獄裡待了 4 年之後，有關部門重新檢測 DNA，發現他的 DNA 和在犯罪現場找到的 DNA 並不吻合。這起事件之後，由休士頓警察局刑偵實驗室檢測的其餘近 200 個 DNA 結果被拿出來重新分析。其中有 17 個涉及的案件可以讓當事人面臨死刑。）這個例子（以及其他類似的例子）提醒我們，即使是以科學名義給出的說法，也必須接受批判懷疑的考察。[2] 我們不應該盲目草率地接受某種說法就是知識或真理，而應該時刻帶著批判的眼光對*任何*說法的正確性或有效性進行評估和分析。

在追求可靠知識的過程中，通常我們會碰到三個「信任」問題。首先，應該弄清楚我們是否應該相信研究過程中關於某些測量的陳述或說法，這一點引出了測量效度問題，要評估測量效度，我們必須仔細分析用來描述現實的工具和步驟。其次，我們想瞭解某種因果聯繫的說法是否可信，這一點引出了內在效度問題，要保證研究的內在效度，我們必須仔細考察研究設計。最後，我們想知道，得出的結論在推廣和應用到其他情境後是否同樣有效，這點引出了外在效度問題，要保證研究具有外在效度，我們必須在抽樣和複製研究的過程中倍加小心。

---

2 確切地說，並不是所有的科學過失都起源於低於標準的人為操作（休士頓警察局刑偵實驗室就把這個作為託辭）。在解讀科學研究的結果時，即使誠實公正的詮釋，不同詮釋之間的差異仍是不可避免的，這可能導致了漫長的爭論，各自辯護有經驗證據支援其結論才是正確的，或對方的結論是不正確的。例如，醫學研究人員至今仍對高脂肪、阿特金斯式（Atkins-style）的飲食習慣是否有益健康這個問題意見不一（*Springen, 2003; Taubes, 2002*）。類似地，自閉症和小時候注射的疫苗有關，這個結論已經得到大量經驗事實的證明，但醫學研究人員對此仍然各說一詞，甚至完全相反（*Allen, 2002*）。

3.1　測量效度

　　撇開其他問題不談，科學首先是一種經驗性的活動：科學就是利用具體可觀察的（經驗）證據來支持某種陳述的可信度。用科學的術語來講，證據就是來自經驗的*指標*（indicators）或*測量*（measures）。就測量效度這個問題而言，研究者最關心的就是批判性地評估研究過程中採用的經驗指標和測量。當我們宣稱研究具有「**測量效度**」（measurement validity）時，我們說的是我們成功地測量了我們想要測量的事物。舉幾個例子你們就會明白我說的是什麼意思了。

　　假設你是一個門診病人，剛做完一個手術，醫生告訴你，高燒一退，你就可以出院了。這裡，你能否出院取決於一個測量程序——量體溫。負責照料你的護士拿出一支數碼體溫計，測量結果是你的體溫為華氏 100 度。你對此表示懷疑，告訴護士說你並沒有「感覺到」自己在發燒，但醫院還是不讓你出院。選擇相信數碼體溫計而不是你的自我感覺，醫生和護士所做的就是一個有關測量效度的決策。也就是說，醫院認為他們的測量工具（體溫計）是名副其實的，它能有效地測出你的實際體溫（或高燒）。

　　或者，讓我們再來看一下一個隨處可見的例子。假設你現在正在購買一套新房。在簽合同之前，朋友建議你先測試一下屋內氡的含量（氡是一種無色無味的放射性氣體，這種氣體滲入房內會對人體造成傷害）。住屋檢測公司（home inspection service）把裝有氡檢測儀的濾氣罐放到房子裡，48 小時以後，檢測結果就出來了。打開這個濾氣罐，裡面裝的就只有木炭。看到這些，你肯定會產生這樣的疑問：這個如此簡單的小玩意兒能測量什麼東西？肯定毫無用處，更不用說測量氡的含量了。在

我們看來，你現在想的就是估計這個裝置的測量效度。也就是說，你在懷疑這個濾氣罐能否像說明書上所講的那樣真能測量出氫氣是否存在。你帶著這個疑問去諮詢專家，得到的回答是，這個儀器通過了相關政府部門的測試，確實是用來檢測氡的。

從上面兩個例子中我們可以看到，日常決策經常牽涉到測量效度問題。事實上，測量效度問題已經成了當下一些社會問題的爭論焦點。讓我們來看一下下面這個例子。司法部門有時會使用測謊儀（polygraph）來辨識證人的說詞是否是真話。這種做法是否可取，長久以來一直沒有定論。支持者認為，這種檢測方法能夠準確地區分出一個人是值得信任的還是在說謊；反對者則質疑這種儀器的測量能力。

毋庸置疑，測謊試驗在刑事和民事審判中具有明顯的潛在價值。（因為）如果我們能夠僅依據測謊儀提供的結果，就可以判定當事人是否有罪，那麼現有的那些無休無止、又耗費時間精力的審前調查和法庭傳喚證人的冗長程序就可以統統被取消。舉例而言，2001年4月，斯蒂芬‧瓊斯〔Stephen Jones，提姆西‧麥克維（Timothy McVeigh）的辯護律師〕透露說，早在1995年8月份，他的當事人就已經接受過測謊試驗。也就是說，在陪審團做出判決之前，測試結果早就已經證明麥克維確實參與了奧克拉荷馬市爆炸事件。

同樣，測謊試驗還可被用來「洗刷」無辜受牽連者的嫌疑，從而幫助警察部門縮小調查範圍。喬恩‧貝尼特‧拉姆齊（Jon Benet Ramsey）幾年前遭人殺害，警方的懷疑名單裡包括了她的父母。在接受了連續幾年的調查之後，喬恩‧貝尼特‧拉姆齊的父母要求法院給他們安排測謊試驗，以洗脫自己的嫌疑。（測謊試驗的結果是，當他們說自己不知道是誰殺害了他們的女兒時，測謊儀顯示他們沒有在說謊。）到這裡，有一個問題急需回答，為什麼測謊試驗沒有取代正式的庭審和調查呢？為什麼測謊試驗沒有成為判定一個人是否有罪的標準（甚至唯一）手段

呢？總的來說，原因在於法院並不認為測謊儀是一種能*有效*測量一個人是否說謊的工具。有人認為，測謊儀其實並不能分辨出一個人是否在說謊。法院對此表示贊同。到現在為止，法院還是沒有把測謊儀給出的結果當作一種可靠的呈堂證據，原因就是因為這種工具缺乏測量效度。[3]

　　另一方面，我們再來看一個例子。IQ 測驗已經成為測量智力的一種標準手段，但到現在為止，這種測量方法還是處於爭議之中。IQ 測驗被認為可以測量一個人先天的環境適應能力，其結果就是智商。20 世紀 70 年代，加州大學柏克萊分校的一位名叫阿瑟・詹森（Arthur Jensen）的教育心理學家提出了一個觀點，立即引起了廣泛的爭議。他認為，黑人和白人的智商差異是由先天遺傳因素決定的（*1973*）。長期以來，社會科學領域一直存在針鋒相對的兩大陣營：先天決定論和環境決定論（the nature / nurture debate）。詹森的研究結論重新點燃了這場論戰的烽火。持先天決定論觀點的人認為，一個人的社會行為主要受其先天的、生物性或遺傳因素影響。選擇環境決定論立場的人則堅持強調，文化和社會化經歷對一個人的行為結果具有支配性的影響。很明顯，詹森的研究結論支持的是先天決定論，因為他把黑人和白人之間智力差異的原因歸結為遺傳因素。這一結論還可能對教育政策的制訂造成影響。如果如他所說，智力是一種內在的思維能力（先天決定論），那麼任何想通過改善社會環境來提高智力的努力（環境決定論）的結果都會是竹籃打水一場空。

　　到現在為止，圍繞智商問題展開的先天決定論和環境決定論之間辯

3　1998 年，聯邦最高法院（the Supreme Court）以 8 比 1 的票數通過了如下決議：判定一個人是否有罪是陪審團的職責和工作，測謊試驗削弱了陪審團的這一功能。更近一些，2002 年秋天，經過長達 19 個月的討論研究之後，國家研究顧問委員會（the National Research Council）最終決定，在涉及到國家安全事務上時，將不再信任測謊儀的結果。

論還沒有完全結束。最近（1994年），赫恩斯坦（Herrnstein）和馬瑞（Murray）合寫了一本書，題為《鐘形曲線：美國人生活的智力和階層結構》。這本書把人們的目光又一次引向這場辯論。該書的基本觀點與詹森的結論遙相呼應：黑人和白人的智力差異是與生俱來的。

在關於智商問題的辯論中，重點就是測量效度。支持智力差異先天決定論的觀點假定，用來測量智商的 IQ 測驗具有測量效度。然而，反對者質疑的就是這一點，換言之，他們認為，雖然 IQ 測驗確實能夠測出一些東西，但測量到的不是人的先天心智能力，而是教育和社會經驗的質量（*Fischer et al., 1996*）。同樣，這種觀點得到了法院的認可。20世紀 70 年代早期，加利福尼亞州政府在一些中小學（grades K-12）對學生進行了 IQ 測驗。測驗結果被作為是否把一些孩子編到特殊教育班級的依據。聯邦法庭判定，加州政府採用的 IQ 測驗有歧視有色人種的傾向，因此結果無效，政府不能依據該測驗結果把任何孩子編到特殊教育班級去。加州政府不服，繼續上訴，但上訴法庭維持了原判。這起事件從根本上動搖了 IQ 測驗的效度根基（*Larry P. v. Riles, U. S. Courts of Appeals, 1984, 793 F 2d 969*）。

我們最後來看一個每個美國人都關心的老話題：對犯罪的恐懼。政治家們通常都把這一話題作為自己競選綱領中的一個重要組成部分。他們之所以這麼做，理由有一大把。全國綜合社會普查（General Social Survey）的研究結果顯示，有相當部分的美國人都在擔心某一天犯罪會走進他們的生活。如果你們去全國綜合社會普查的網站（http://www.icpsr.umich.edu/GSS），你們就會發現，自 20 世紀 70 年代以來，這個調查是如何跟蹤研究美國人的犯罪恐懼感的。點擊「trends」（趨勢）連結，你們會看到，從 1973 年到 1998 年，大約有 40%的美國人認為自己有犯罪恐懼感。在離開這個網站之前，你們還應該特別注意一下全國綜合社會調查用來測量「犯罪恐懼感」的問題。在該網站的主體索引目

圖 3.1　財務報表是否真能反應（測量）公司的財務健康狀況？這就是一個測量效度問題。見 Post-Enron and WorldCom 的網站。

錄上點擊「fear of crime」（犯罪恐懼感），彈出的網頁上會顯示測量這一指標的問題：「在你的住所附近（一英里以內），是否存在一些地方晚上你不敢單獨一個人去？」如果你選擇了「是」，那麼你被歸入「有犯罪恐懼感」這個類別。這次由你們自己來判斷這個問題是否具有測量效度，這個問題真能測量「犯罪恐懼感」這個指標嗎？僅僅詢問居民是否害怕晚上一個人行走就能測量他們的「犯罪恐懼感」？如果有類似的疑問，那麼你們就已經在懷疑這個問題的測量效度了（抱持相同懷疑態度的還包括了一些犯罪學家，他們也認為這個測量並不完美，相反，具有很大的侷限性）。

　　你們也許會認為，測量效度僅僅是一個學術問題。為了避免給你們留下這樣的印象，讓我們再來看一下，測量不當是如何直接影響我們的生活的。有時候，比如測量感情、健康狀況或家庭安全感，用蹩腳的測量方式得出的結果會帶來很嚴重的後果。事實上，在人身安全這個領域，測量效度問題很可能涉及生死大事。專家建議人們定期檢查家裡的煙霧警報器和一氧化碳檢測儀，以確保這些設備處於正常狀態。消防隊

的隊長會定期檢查各處的火險警報器和消防用水設備，以備發生緊急事故之用。可以肯定的是，忽視測量效度問題可能會引發災難性的後果。2000 年 1 月，西頓鎮大學（Seton Hall University）的一幢學生宿舍樓裡發生一起火災，造成 3 名新生死亡，近 60 名學生受傷。據說，當時火警響起之後，學生都不以為然，因為他們覺得警報聲並不代表真的發生了火災。（上個學期，出現了 18 次假的火災警報。所以，當 2000 年 1 月那天凌晨真的發生火災後，學生懷疑這次警報又是假的。）這個悲劇告訴我們，測量效度問題確實可能關係到生死大事（CNN.com, 2000）。

　　希望我已經成功地讓你們樹立以下的觀念，即測量效度是一個非常重要的問題。這樣，當你們看到研究者不遺餘力、千方百計地努力提高測量的效度時，就不會覺得奇怪了。如何讓別人相信我們的測量具有測量效度呢？第 5 章將會詳細介紹一些這方面的方法。後面有幾章是專門用來討論蒐集資料的具體技術的，當你們閱讀這幾個章節時，最好不時地回過頭來重溫一下測量效度問題。

3.2　內在效度

　　也許探求因果聯繫是人們的一個本性，但是我們之所以對因果分析情有獨鍾，其實很可能是出於切身利益的考量。我們都對一些事情如何發生有自己的看法和見解，並且渴望和他人交流這些想法。比如，學校暴力的起因是什麼，人們為什麼會離婚，為什麼有那麼多未成年人懷孕並生下了小孩，等等。我們追求因果聯繫的動機是非常可取的。如果能夠找到相應的原因，我們就更有信心制訂出解決社會問題或促進社會福利的行動計畫。但是，追求因果聯繫的活動也可能成為一柄雙刃劍。如果我們找到的「原因」是錯誤的，那麼根據這種因果模型制定的政策就

研究設計能否幫助我們確立如下模型？

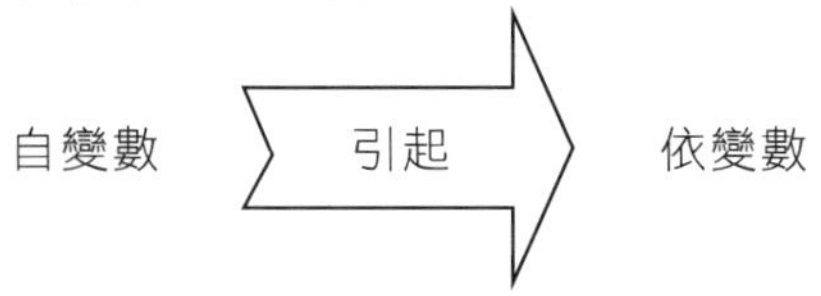

圖 3.2　內在效度

可能會誤導我們的行動。這種誤導的潛在後果十分嚴重。不過，令人欣慰的是，在驗證因果關係準確性這個問題上，科學又一次扮演了責無旁貸的關鍵角色。科學根據**內在效度**（internal validity）這個標準來判斷或評估因果關係的可靠性。所謂內在效度（也就是因果效度），探求的就是如果事物之間存在因果聯繫的話，那麼我們的整個研究計畫或研究設計能否有效地揭示這些因果聯繫。獲得內在效度意味著，我們能夠證明一個事物的變化是由另一個事物引起的。

　　從技術層面上說，在進行因果分析時，我們必須區分兩種變數：自變數（亦即預測項）和依變數（亦即結果）。**依變數**（dependent variable）指的是後果、效果或我們想要解釋的結果。如學校暴力、離婚、青少年懷孕等。**自變數**（independent variable）是那些我們認為造成某個結果的原因，或能夠「預測」某個結果的因素。舉例而言，有人認為，學校暴力的原因在於學生太容易得到槍支。有人把離婚和青少年懷孕歸咎於家庭道德的腐化。要想在兩個現象之間建立一個因果聯繫，科學邏輯要求必須滿足三個標準（*Hirschi & Selvin, 1973; Popper, 1959*）。我們必須證明，自變數在時間上出現在依變數之前（時間順序檢驗）；自變數和依變數之間存在「關聯」，即它們以某種固定的方式共同變化（關聯性檢驗）；一切其他可能導致依變數產生變化的解釋都已經被剔除在外〔擬真性（spuriousness）檢驗〕。如果兩個變數不能同時滿足上述三個條件，那我們就不能認為它們之間存在因果關係。

　　讓我們來看一些例子，這些例子都是近幾年人們關注的因果聯繫。上網時間的增加是否會導致社會隔離？（*Nie & Erbring, 2000*）對患高血壓的人來說，喝咖啡（或攝取咖啡因）是否更容易帶來健康方面的危險？（*McManis, 2002*）積極的思維能否幫助病人抵抗癌症？（*Ross, 2002; Rudebeck, 2003*）巧克力能幫助我們克服抑鬱情緒嗎？（*Daily Telegraph, 2002*）流行保健品和健康狀況之間存在怎樣的因果關係？銀杏真能改善人的記憶力嗎？（*Osgood, 2002*）每天都有人談起喝酒的好壞，那麼喝酒對身體究竟是有利還是不利？（*Norris & Hesser, 2003*）手機會造成腦癌，這種說法正確嗎？（*Grandell, 2002; Ranade, 2002*）注射麻疹疫苗會導致自閉症，這是真的嗎？（*Allen, 2002; Community Pharmacy, 2003*）理髮師更容易生出體重偏輕的嬰兒嗎？（*Wilson, 2002*）經常看電視的孩子長大後更有可能表現出暴力傾向？（*Ritter, 2003*）美國人都偏愛低脂肪、高碳水化合物的飲食習慣，這是我們普遍肥胖的原因嗎？（*Taubes, 2002*）補充荷爾蒙的療法效果如何？這樣的做法是不是飲鴆療傷，會不會反而造成其他病情？（*National Public Radio, 2002*）很明顯，這些（以及其他更多的）因果陳述是否準確，這與我們的切身利益息息相關。

　　在評估因果關係的過程中，內在效度又引出了**研究設計**（research designs）問題。完善周全的研究設計或策略是保證內在效度的關鍵。研究設計是否周詳，這取決於它本身能否滿足上述三個因果性條件（時間順序、關聯性和非擬真性檢驗）。如果設計不出一個能滿足這三個因果性條件的研究方案，就不可能獲得內在效度。換句話說，要想最大限度地提高內在效度，我們必須設計出一個周密的研究方案。

　　令人欣慰的是，科學為我們提供了一個達成內在效度的黃金標準：**實驗**（experiment）。實驗是一種人為設計的特殊研究方案，其目的是儘可能控制和分離相關因素，以凸顯自變數和依變數之間的關係。由於研究者能有效地控制各種條件，所以實驗能較好地滿足三個因果性標

準：時間條件、相關性條件和非擬真性條件。後面專門安排了一章詳細
討論實驗設計和因果性條件這兩個問題。在這裡，我只想強調一點，即
如果你們試圖尋找某種因果關係，那麼就必須儘量模仿實驗設計。研究
方案越是接近實驗設計，確立因果關係就越容易。這看上去容易，其實
並不簡單。說容易是因為，三個因果性條件淺顯易懂並已經得到普遍的
認可。說不簡單是因為，要想證明兩個變數存在共變性，或一個變數先
於另一個變數出現，有時候可不是件容易的工作；而剔除擬真的因果關
係更是最令人頭疼的麻煩事。

　　為了說明確立因果關係的難度，我引用最近一個關於因果聯繫的爭
議作為例子。有人宣稱，接種麻疹、流行性腮腺炎和風疹（measles,
mumps and rubella, MMR）綜合疫苗和自閉症之間存在一種因果關聯。
1991 年和 1994 年，醫學研究院（the Institute of Medicine, IOM）兩次設
立了小組委員會，研究這些疫苗是否會帶來健康隱憂。經過這兩次研
究，小組委員會都宣稱，由於證據不足，這個問題的答案現在還不能下
定論。這種模棱兩可的態度等於什麼也沒說。1998 年，研究人員在英國
維克菲爾德（Wakefield）地區進行後續研究時似乎找到了相關的經驗證
據，證明注射麻疹、流行性腮腺炎和風疹疫苗與自閉症之間存在因果聯
繫。那麼，維克菲爾德研究是否滿足了三個因果性條件？亞特蘭大疾病
管制中心（the Center for Disease Control in Atlanta）認為，維克菲爾德
研究沒有證明注射這種綜合疫苗與自閉症之間確實存在因果關聯（*Institute
of Medicine, 2001*）。疾病管制中心的依據就是我們上面談到的因果性標
準。該中心一針見血地指出，在維克菲爾德研究中發現的自閉症病例
中，有一部分人在注射疫苗之*前*就已經出現自閉症症狀了（根據這一
點，疾病控制中心認為，維克菲爾德研究沒有滿足因果性條件中的時間
順序標準）。最後，2001 年 4 月，醫學研究院重新衡量此事。這次他們
得出的結論是，*沒有證據顯示在接種 MMR 綜合疫苗與自閉症之間存在*

相關關係（*Institute of Medicine, 2001; CNN, 2001*）。

　　注射這種綜合疫苗和自閉症之間究竟是否存在因果關係，這個問題到現在為止還沒有定論。只要家長對接種疫苗的安全性的擔心沒有消除，關於這個問題的研究就不會停止。（事實上，最近有研究懷疑，造成注射疫苗和自閉症之間出現關聯的原因，可能是一種含有水銀成分的疫苗防腐劑在作怪。）然而，對任何一項新的研究而言，檢驗標準是始終一致的，即經驗證據是否能「通過」因果性條件的考核。

　　到這裡，希望你們對內在效度問題已經有了一個大概的瞭解。第 6 章將在因果效度的基礎上詳細討論各種類型的研究設計及其優（缺）點。一旦熟練掌握了第 6 章的內容，你們就可以更好地對一些因果研究的內在效度做出自己的獨立評判。

3.3　外在效度

　　效度問題的最後一個要素是研究結論的適用範圍問題。即使對一項研究的測量效度和整體設計都感到十分滿意，我們也必須再問這樣一個問題：從研究獲得的結論能安全地推廣到其他情境或群體中嗎？

　　把一個剛剛得到的結論「推廣」到其他地方往往會引出很多問題，對實驗結果而言，情況更是如此。上文已經指出，實驗是一種十分特殊的資料蒐集工具，它是一種人為的、嚴格控制各種條件的研究方案。正因為這種強烈的人為控制性，使得實驗的外在效度可能就會遭遇不少問題。從人為操控的實驗條件下獲得的結論能推廣到其他非實驗條件下的情境和群體中去嗎？在實驗條件下，我可能發現，有一種飲食習慣能夠有效地達到減肥的目的。但問題是，這種飲食習慣在非實驗條件下是否仍能奏效？讓我們先來比較一下實驗條件和非實驗條件之間有何不同

吧。在實驗條件下，參與者都是對減肥有濃厚動機的志願者。在實驗過程中，他們的一舉一動都處於研究人員的嚴密監控下，如每天吃多少食物、做多少運動、情緒波動情況如何等等。在現實生活中，節食者更多地是靠自覺。在沒有類似實驗環境的特殊關注情況下，他們在減肥過程中更容易灰心或感到沮喪。誰會知道他們每餐吃了多少東西？是正常進食呢，還是偷偷地多吃一些？總之，在現實生活的自然條件下很難得到在「理想」的實驗條件下獲得的結論。

　　為了獲得關於結論推廣問題的具體例子，讓我們再次回到醫學研究領域中來。醫學研究人員經常採用實驗來測試一種新藥或新療法的療效。沒有這樣的實驗研究，就沒有醫學突破和進展。然而，儘管研究人員經常取得一個又一個令人振奮的成果和進展，但醫學界在決定是否接受這些結論時都必須非常謹慎。如此謹慎的原因部分在於，確立因果聯繫非常不容易。但更大部分原因在於，大多數醫學研究的試驗對象都是實驗室裡的動物。比如，製藥廠在開發出一種新藥之後，必須先在動物身上進行試驗。再比如，研究人員乃是先對癱瘓的狗進行研究，在此基礎上才提出一種治療人類脊髓受損的新療法（見 http://www.vet.purdue.edu/cpr/）。這裡，外在效度問題漸漸浮出水面：從實驗室動物身上得到的結論可能確實令人振奮，但如果把試驗對象換成人之後，會出現同樣的效果嗎？

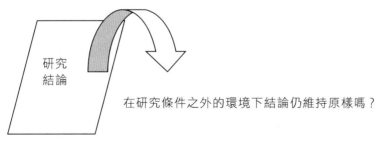

研究結論

在研究條件之外的環境下結論仍維持原樣嗎？

圖 3.3　外在效度

　　當然，我們在推廣研究結論時猶豫不決、考慮再三，並不僅僅只是限於我們的研究對象是實驗室動物的情況。確切地說，在醫學研究中，研究人員在決定是否進入「臨床試驗」（即以人為對象的研究）時，更是慎之又慎、論證再論證。即便是以人為研究對象的實驗得出的結論也不一定就能安全地推廣到其他情境。臨床試驗中有一種**研究手冊**（research protocols），詳細規定了如何展開實驗研究。其中有一條講的是怎樣選擇試驗對象的問題。被選中參加試驗的人數肯定比志願報名參加的人少許多，這是不可避免的。比如，不符合實驗條件或沒有時間參與實驗的病人肯定就被排除在外了。〔關於癱瘓症治療方案的臨床實驗有一個專門的研究手冊，有篇文章對此進行了極為有趣的討論。相關內容請登入http://www.miamiproject.miami.edu/ 後，點擊「Research」（研究）、「Clinical Science」（臨床科學）和「Clinical Trials」（臨床實驗）這幾個連結。〕研究手冊敦促我們考慮這樣的問題：從一小部分志願者身上得出的結論能否推廣到所有的病人身上？另外，我們還必須考慮，什麼樣的人願意志願報名參與試驗？我們選擇的是哪些人？這些人和一般人是否相似？這些經「手工」揀選出來的研究對象會不會受實驗條件和程序的影響，而表現出不同於他們平常生活的反應呢？嚴格的實驗條件是否會降低研究結論的可推廣性？

3.3.1　外在效度和調查資料

　　你們也許會認為，難以推廣的只是實驗得到的結論，通過其他形式得到的研究結論就容易推廣。如果你們真這麼想的話，那你們就錯了。通過調查或民意測驗蒐集到的資料在推廣之前也必須先對其適用性進行評估。事實上，由於調查是多數社會研究的主要手段，所以我們必須隨時準備嚴格評估調查結論的「適用範圍」。對佛蒙特州居民小樣本抽樣調查得到的資料可能顯示，消費者喜歡省油的汽車。但我們能把這一結

論推廣到整個佛蒙特州或其他州的消費者身上嗎？這種從部分推及整體的能力稱為**樣本適應性**（sample generalizability）。類似地，你們的調查資料可能顯示，急救室醫生支持制訂一部保護病人權益的法律。但你們能把這個結論推廣到急救室裡的其他工作人員（如護士、技術人員或醫院的行政人員）身上嗎？這是第二種情況，稱為**跨群體適應性**（cross-population generalizability），指的是從一個群體得出的結論能否適用於另一個不同的群體。

3.3.2　研究對象的選擇和外在效度

　　為了使研究結論能推廣到更為廣泛的情境中去，我們在選擇研究對象時必須加倍小心。正如我們在前面看到的那樣，環境的特殊性降低了實驗的外在效度。實驗的研究對象都是從志願者中挑選出來的，再加上標準化的研究手冊規範，這些條件都讓實驗結論的可推廣性大打折扣。類似地，在調查研究中，抽樣方法不當也會造成調查結論無法推廣。**抽樣**（sampling）指的是在調查研究中通過研究「少數」來瞭解「多數」的過程。抽樣計畫能否成功，這取決於我們抽取的樣本是否具有代表性。抽樣是調查研究的一個非常重要的步驟，第 8 章將重點討論這個問題。你們將會從中學到，機率抽樣技術可以讓研究者把從樣本中得到的結論安全地推廣到總體中去。但是，如果研究者沒有採用機率抽樣技術，那麼結論的適用性就會嚴重受限。

3.3.3　複製研究：外在效度和複製技術

　　實驗結論究竟能否推廣到其他群體或情境呢？面對這個問題，研究者該如何回答？或者在調查研究中，研究者怎樣做才能獲得跨群體適應性呢（即，研究者怎樣才能讓別人相信，從一個群體中得來的結論同樣適用於*另一個完全不同的人群或總體*呢）？要解決這些問題，研究者可

以採用**複製技術**（replication），即把研究過程「依樣畫葫蘆，再來一遍」。

　　在第 1 章中我們已經看到，複製是科學的一個非常重要的特徵。在資料的後期分析中，科學要求必要的重複工作。研究過程必須加以重複，再得出第二個、第三個相近似的結果，以便科學能夠更加自信地宣稱自己的發現是可靠的知識。這並不是說，科學不尊重新研究和新發現，*而是說*，要用一種適度的懷疑精神來看待一切新發現或新突破，讓它們接受重複手段的檢驗。一旦把外在效度觀念內化吸收，我們就會以一種不同的眼光重新發現複製的價值。為了獲得一致的結論，研究者在複製過程中會改變研究對象或在不同的環境下進行實驗，以檢驗實驗能否產生同樣的結果。通過這種方法，研究者就可以提高研究結論的外在效度。

　　我們來看一下兩個關於外在效度問題的最新研究結果。2002 年，《美國流行病期刊》（*American Journal of Epidemiology*）刊登了一篇文章，該文的作者宣布，他們發現了在飲水和死於心臟病的可能性之間存在負相關關係（*Chan et al., 2002*）。該研究歷時數年，研究對象是加州的一群信奉耶穌再生論的教徒（Seventh-day Adventists）。這裡有一個問題需要研究者回答：研究結論是不是僅適用於這個群體？研究的結論是，飲水的便利程度降低了心臟病的發病機率。這個結論同樣適用於其他宗教群體或加州以外的人群嗎？要想知道這個問題的答案，唯一的途徑就是重複該研究。具體做法是，選擇不同的宗教群體，或在不同的地點重複這一研究程序，再看各自得出的結論是否和上述觀點保持一致。

　　類似地，2002 年秋季，一些法國研究人員宣稱，他們發現飲酒對健康有利，這多少讓人有些興奮。在研究過程中，這些研究人員發現，在有過一次心臟病發作經歷的中年法國人中，那些經常喝點酒的人心臟病復發的機率遠遠低於那些不喝酒的人（*de Lorgeril et al., 2002*）。然而，

在為發現這一結論舉杯慶祝之前，我們還需要做一些工作。這個結論適用於其他國家或文化的人群嗎？女性是否也能同樣享受喝酒帶來的好處？很明顯，只有重複研究才能揭示這些問題的答案。

3.4　結論

　　在本章中，我們花費了大量的時間和精力學習了一些基本的效度問題：測量效度、內在效度和外在效度。之所以安排一整個章節討論這些問題的原因在於，如果沒有這些效度的保證，科學就無法成為一種可靠的知識來源。此外，這些問題還暗含了後文的內在結構。後面關於測量、研究設計、資料蒐集技術、抽樣和統計分析的幾章內容的中心就是這三個效度問題。讓你們學習這些效度問題還有一個更實際的考慮：不管是評估他人的研究，還是設計自己的專案，你們最好把效度問題作為「指南針」，根據這些標準來判斷是否應該相信研究結論。忽視這些問題的研究工作得出的結論很有可能是把我們引向歧途和謬論。

Chapter

測量：從抽象到具體

　　想像一下大人和小孩交流的情景，你們會發現人類其實是一種概念的動物。大人—小孩的互動過程就是一種有關概念的活動。大人邊用手指著附近的一隻狗，邊反覆模仿狗「汪汪」的叫聲或重複說「狗」這個字，目的是讓小孩子能在活生生的動物和「狗」這個概念之間建立一種對應關係。還有，家長或許會不斷地指著自己或自己的配偶，同時重複「爸爸」或「媽媽」這兩個詞，目的是希望孩子能在某個具體的人和特定的稱謂之間建立對應關係。在兒時和父母的類似交流中，孩子初步接觸到概念世界。

　　上述例子表明，**概念**（concepts）是代表某種觀念、某個人、某個東西或某件事的精神影像、抽象物或術語。在自然科學領域裡，概念通常用一些象徵性的符號來表示。在高中的代數裡，我們學到Pi（即一個圓的周長與其直徑的比值），並用π這個符號來代表這個概念。數學課還教我們 = 就是等於，%則代表百分比。在物理課上，我們學到了 s = d / t 這些符號代表的是速度等於距離除以時間。在統計課上，我們知道了χ^2等於卡方，而Σ代表總和的符號。

　　在社會科學領域裡，概念一般是以文字的形式來表述的。因此，如果我們想表達一個男人和一個女人之間合法的社會經濟關係這一「思想」，我們會使用*婚姻*這個概念（或文字）。描述兄弟姐妹之間經常發生爭吵的情況，我們用*同胞對抗*（sibling rivalry）這一概念。*混合家庭*（blended family）這個概念是用來描述離婚家庭重組為新家庭的情況。犯罪學家用*情人互殘*（friendly murder）這個概念來描述情人之間的致命交往。

　　從出生到長大成人，我們都在努力學習和掌握一些有用的相關概念。我們這麼做的原因很明顯，即概念是溝通交流必不可少的工具。概念使得我們能夠有效地發送和接收資訊。回顧一下上個段落提到的例子，你就會立即體會到，如果我們不能通過一些概念符號來表達自己，

那麼我們與他人的溝通就會變得十分困難。〔如果你們玩過禁忌（TA-BOO）這個遊戲，你們就會親身體會到這種溝通障礙。遊戲者可以使用任何語言幫自己的搭檔猜到自己描述的東西，但不能直接說出這個東西的名稱。〕假如我們不能使用諸如*下雨*、*冷鋒*、*酷熱指數*或*颱風*這樣的概念，晚間新聞中的天氣預報就沒法播了。試想如果禁止我們使用一些有關總統競選的概念，如*領先者*（front runner）、*贏得滿堂采的演說*（grandstanding）、*黑馬*、*跛鴨總統*（lame duck president）等，那麼每四年我們都會不知所措一次。概念是人類思維一個不可缺少的要素，是我們與他人交流溝通的基本工具。也許你們已經猜到，概念同樣也是社會研究的核心要素。

4.1　概念和研究過程

初看起來，概念和科學研究的聯繫並不那麼明顯。我們在第 1 章曾提到，科學研究關注的是具體的和經驗的現象，而概念並不屬於經驗世界。概念是一些*思維抽象物*，因此它們和具體的經驗主義是風馬牛不相及的。那麼，概念是如何在科學研究領域占據主導地位的呢？答案是通過**理論**（theory）。你們在大學裡一定學過一些社會理論。理論是一系列在邏輯上相關的觀念體系（抽象概念），它描述的是我們這個世界如何運轉或一些過程如何發生。理論大廈的基石就是概念。換句話說，理論就是關於概念之間關係的一系列陳述（命題）。

不同的理論體系採用不同的概念。結構功能主義試圖用社會穩定、整合、價值共享等概念來解釋我們周圍的世界。衝突理論採用異議（dissensus）、壓制、權力以及社會控制等概念來解釋社會現實。符號互動論則用社會互動、社會意義和對現實的社會協商（the social negotiation

of reality）這些概念來分析社會。埃米爾・涂爾幹（Emile Durkheim）
的自殺理論（*1951*）認為自殺與社會整合這個概念有關。唐納德・布萊
克（Donald Black）的正式社會控制理論（*1976*）則把法律和社會組織、
文化、社會形態學和社會分層等概念放在一起。

4.2　從理論到經驗

　　如果說理論是關於世界如何運轉的**構想**（ideas，概念），那麼科學
研究的工作就是用經驗事實來檢驗（證明）這些構想是否正確。因此，
科學研究既可被看作是⑴對已有理論的檢驗，又可被看作是⑵建立新理
論的嘗試。〔用於檢驗已有理論的科學研究叫做**演繹性研究**（deductive
research）；從經驗領域開始，試圖創立一種新理論的研究叫做**歸納性
研究**（inductive research）。〕不管在哪種情況下，科學研究都必須和
概念打交道。一個好的研究都必然始於或止於概念和理論。

　　為了有效地展開科學研究，我們必須學會和概念打交道。然而，概
念都是抽象的思維構造物，它們並不會主動地像可見聞的經驗世界一樣
直接向人們呈現。怎麼辦呢？我們應該採取一些轉譯措施，讓經驗主義
者能夠毫不費力地理解相關概念。在轉譯過程中，我們把抽象的概念轉
換成相應的具體經驗事物，這個工作叫做**測量過程**（measurement
process）。由此，測量指的就是把抽象轉換成具體、把概念表述成變數
的過程。所謂**變數**（variables），就是概念的經驗性表述。按照這種理
解，教育水準這個概念用經驗語言表述就是一個人所受的學校教育年
數；愛國精神這一概念在經驗現實裡的表現就可能是一個社區懸掛國旗
的數量；一個人與他所在社區的參與投入程度可以用這個人花在志願服
務的時數來測量。

　　並不是只有研究人員才需要做這些把抽象轉換成具體的轉譯工作。在流行文化裡，類似的轉譯事例屢見不鮮。以廣告代理商為例，他們的工作重點就是把抽象的概念轉換成具體的經驗陳述。廣告設計人員不遺餘力地說服我們把成功和某種昂貴奢侈的消費品聯繫在一起：最新款的豪華轎車或 De Beers 的紀念鑽石。他們還極力慫恿我們把「有個性」或「酷」等同於最新的服裝款式，把流行等同於某種飲料（或速食），以及把活力四射的生命力與某個行動電話公司掛勾起來。

　　當然，一個概念可以被轉換成很多種經驗陳述或變數。例如，幸福是一個特別抽象的概念，每個人對幸福的理解都不一樣。在 60 年代，一個著名的香菸廣告把幸福等同於抽肯特牌（Kent）香菸。一本史努比連環漫畫把幸福定義為擁有一隻可愛的寵物狗。一首廣為流傳的兒歌教我們，如果感到幸福就拍拍手和跺跺腳。現在，媒體慫恿我們把幸福等同於某個牌子的汽車、某種洗髮精或某種可口的冰淇淋。所有這些例子都清晰地展現了把某種抽象概念（幸福）轉譯成具體事物的基本過程。上述例子還告訴我們，通過我們的行動或占有某種東西，我們就可以在身邊的具體經驗世界裡，看見或擁有幸福。幸福是一個抽象概念，而可愛的寵物小狗則是其具體表現。

　　現在，讓我們來看一下*研究人員*是如何把幸福轉換成相應的經驗事物的。廣告商基於利益所趨，關心的是如何說服我們把幸福等同於享受或使用其客戶的服務或產品，但研究人員在概念─變數轉譯工作中必須遵守一定的科學標準或規則，他／她關心的應該是**測量效度**（measurement validity）。換句話說，研究者必須確保研究中所使用的變數能夠準確地抓住要測量的概念的意義。對一個害怕狗的人來說，擁有一隻小狗並不能作為測量其幸福感的手段。跺腳*也許*可以表示幸福，但這也可能是憤怒或遭受挫折打擊的表現。此外，對越來越多的美國人而言，幸福肯定不再是吸肯特（或其他牌子的）菸。第 1 章的有關內容已經指出，信奉

科學的研究人員必須盡最大努力確保轉譯過程準確無誤。當研究人員把一個概念等同於一個具體的經驗變數時，她／他應該提供相應的證據，證明這個變數足以代表該概念。

4.3　概念化

　　要建立有效的測量，首先必須保證概念化過程不出問題。由於不同的人對同一個概念的理解可能存在很大的差異，所以研究人員必須先根據自己的理解釐清概念的涵義。兩個不同的研究人員可能對「暴力」這一概念做出完全不同的理解。一個可能認為暴力就是身體攻擊（毆打別人），而另一個可能覺得除了身體攻擊之外，暴力還包括語言攻擊（惡語相向）。有些研究者可能會把異化（alienation）定義為脫離生產活動，而有些研究者則把異化理解為人性剝離感。有的研究者認為社會參與就是長期的社會成員資格，而其他研究者則把這一概念定義為短期投入特殊利益團體。在開始為抽象概念設計合適的經驗測量之前，我們必須先進行概念梳理工作。

　　研究人員一般通過**理論或名義定義**（theoretical or nominal definitions）來梳理概念的涵義。所謂理論定義，就是通過提供同義詞來澄清一個概念。你們以前肯定已經碰到過類似的定義，一般的詞典或社會學詞典裡都有這樣的例子。詞典（不管是普通詞典還是社會學詞典）通過提供大量的同義詞來定義我們想要定義的概念。在查閱了社會學詞典之後，研究人員也許會把異化定義為「感覺被排斥和隔離在自己的社會和文化之外」；焦慮也許會被定義為「一種情緒狀態，特徵是極度的恐慌，而且無法把注意力集中在某個具體事物上」。保守主義就是「一種反對社會變革的意識形態傾向」（*此定義來自 Theodorson & Theodorson, 1969*）。

　　我們還可以從研究論文的摘要或開頭幾個段落裡找到相關概念的理論定義。把理論定義寫入研究論文的做法正說明了概念梳理的重要性。因此，當我們開始著手準備一個研究專案時，最好先查閱和回顧一下相關主題的研究文獻。這樣做至少能夠幫助我們瞭解別人在概念化過程中是怎麼做的，從而可以借鑑他們的成果。不管我們採用哪種方法建立一個概念的理論定義（如查詞典，閱讀相關的文獻資料），我們都有可能會接觸到一大堆的定義，這時我們要做的就是從這些已有的選擇中選出合適的定義。例如，在查閱了關於家庭暴力的研究文獻後，研究者也許會找到兩個或三個關於「配偶虐待」的定義，這時，我們需要做的就是根據自己的研究需要選擇一個最合適的理論定義。

4.4　操作化

　　一旦把概念的涵義梳理清楚之後，接下來的工作就是如何為這個概念找到一個合適的經驗變數。這個過程稱之為**操作化**（operationalization）。毫無疑問，研究人員感興趣的是如何使自己設計的經驗變數和概念的理論定義儘可能保持一致。要設計出有效的測量並不是一件簡單的任務。（事實上，整個下一章將要討論的就是研究者用來評估測量準確性的幾個主要標準）。在對概念進行操作化的過程中，有些測量方案給出的經驗變數與抽象概念之間十分契合，這是比較理想的情況。比如，保守主義（如上文所定義的那樣）這個概念最好用人們是否同意一系列關於社會改革的陳述（如女性可以擔任總統、同性戀可以在軍隊中服役、女性可以參加戰爭等等）來測量，這個方案是比較令人滿意的。但也有一些測量方案並不那麼令人滿意（比如，我們認為測量幸福感的最好方法是讓人們自我估計自己的幸福程度，而不是通過觀察人們的吸菸習慣、是

否養寵物，或者諸如拍手跺腳等行為來評估他們的幸福感），應該毫不
猶豫地加以捨棄。

在進行操作化過程中，我們時常會發現有必要重新考慮或回顧先前
的理論定義。通常情況下，操作化過程中出現的困難都是源自概念梳理
工作沒有做到位的結果。比如，我們也許會發覺，我們對某個概念的各
個維度分析得不夠充分。在閱讀文獻（這是澄清概念不可或缺的一個基
本步驟）的過程中，我們會發現，異化這個概念其實有著多個維度或多
方面的涵義。埃里克森（Erikson）在一篇研究馬克思著作的文獻綜述中
認為有四種不同形式的異化：(1)與自己製造出來的產品的分離；(2)脫離
於生產勞動活動之外；(3)疏離群眾；(4)喪失人的本性（*Erikson, 1986*）。
在這種情況下，我們在測量異化時，也許只選擇這個四個維度中的一
個，如著重測量一個人的不合群程度。這種適當的取捨是合理的。實際
上，如果要使測量工具達到有效測量某個抽象概念的目的，這種取捨是
必不可少的。

4.5　測量尺度（量尺）（Levels of Measurement）

在操作化過程中，我們要做出許多決策，其中最基本但卻很重要的
一個決策就是，在哪個「尺度」上測量我們的變數？有四個選項：定類
（名義）、定序（等級）、定距（等距）和定比（比例）。為了弄清楚
這四個尺度之間的區別，我們需要先討論一下數字和測量過程之間的關
係這個問題。

在前面，我們把測量定義為把抽象概念轉換成具體變數的過程。要
理解測量尺度問題，我們必須進一步剖析這一定義。其實，測量意味著
一種數字轉換：也就是說，在測量的過程中，我們給每一個變數的值賦

予一個相應的數字。（一般情況下，所有的變數都有一個以上的值，這也就是「變」數的定義由來。如果一個變數只有一個固定值，那麼這個變數被稱為常數。）為了舉例說明測量是如何給變數賦值的，我們來看一下「年薪」這個變數。這個變數的值變化幅度很大，可以是零（失業狀態），也可以是上百萬（或更多，一些大型公司的 CEO 就有這樣的收入）。為這個變數賦值非常簡單，我們可以根據人們的實際年薪給這個變數賦值：失業的人為 0，最低年薪為 10,712 美元，美國總統的年薪是 400,000 美元，美國運通銀行 CEO 的年薪是 950,000 美元。[1] 或者再看一下身高這個變數，這個變數也可以用數字直接表示：NBA 巨星麥可・喬丹的身高是 6 英尺 6 英寸；格爾格・莫瑞森的身高是 7 英尺 7 英寸。

　　不幸的是，數字和變數值之間的對應關係並不像年薪或身高這兩個例子所顯示的那樣合邏輯與清晰。例如性別這個變數，它只有兩個變項：男性和女性。乍看起來，給這兩個變項賦值似乎有點彆扭。把一個人的性別說成是「1」，這好像並不能說明任何問題（而說一個人的年薪是 45,500 美元，這個數字的意義就十分明顯）。但是，為了讓測量名副其實，我們又必須給每個變數都賦上相應的數值。因此，就性別這個變數而言，研究人員也許會用 1 來代表男性，而用 2 來代表女性。在這個例子裡，數字（1 和 2）充當的是變數值（男性和女性）的標籤。類似的「數字尷尬」情況還有很多，比如測量人們的宗教信仰、黨派、種族、民族、婚姻狀況等等。賦加在這些變數上的數字本身並沒有多大的

---

[1] 這些資料來源於 2002 年的「主管薪資觀察」（Executive Paywatch），見 http://www.aflcio.org/corporateamerica/paywatch/ceou/。請注意，950,000 美元的年薪僅僅是美國快遞公司提供給其 CEO 津貼總額中的一小部分。這裡的*津貼總額*包括薪水以及獎金、長期努力工作獎勵和股票分紅。2002 年，美國運通銀行 CEO 的年總收入為 20,870,154 美元。很明顯，年薪並不等同於年總收入。這個例子告訴我們，在設計具體的測量工具之前，澄清概念的涵義有多麼重要。

實際意義，這裡的數字充當的僅僅是變數值的數字標籤。

4.5.1　定類（名義）量尺

當賦予變數值的數字僅僅只用來指示變數值之間的**定類**（qualitative）差異時，我們稱這樣的測量尺度為定類量尺。[2] 這裡所使用的數字純粹只是一些名稱（「名義」量尺這個術語的由來）或不同變數值的標籤。性別就是一個名義變數。賦予男性和女性的數字完全只是這兩個變項的標籤而已。同樣，「宗教」、「黨派」、「種族」等變數也都是定類量尺的變數，即賦予這些變數值的數字僅僅只是用來指示某個變數不同的取值。

4.5.2　定序（等級）量尺

數字不僅能區分不同的變數值，還能指示變數值的等級或順序。1代表的變數值可能比2代表的變數值小，而2代表的變數值又比3代表的變數值小。如果情況是這樣，我們就是使用定序量尺來測量變數的值。例如，在測量某人正式教育程度時，我們可能會採用如下變數值：⑴高中以下；⑵高中畢業；⑶大學肄業；⑷大學畢業；⑸大學以上。注意看賦予這些變數值的數字，它們的排列代表這些變數值存在一種從低到高的趨勢，即受教育水準逐次提高。類似的，「政治熱情」也可以用定序量尺來測量變數的值，如：⑴無；⑵低；⑶中等；⑷高。

4.5.3　定距（等距）量尺

有些時候，賦予變數值的數字不僅可以用來標指變數值的等級順序，它們還可以用來指示變數值與值之間存在一個等長的距離，並且顯示這個距離的具體大小。如果情況是這樣的話，我們就是用定距量尺來

2　正因如此，名義尺度通常又被稱為定類變數。

測量變數的值。以溫度這個變數為例，華氏溫度計上的刻度代表了不同的溫度（從低到高排列），*每一個刻度之間的距離都是相等的*。華氏 34 度*正好*高於冰點 2 度（在華氏度量中，水的冰點是 32 度），而 30 度則代表溫度是零下 2 度*整*。IQ 值也是一個定距變數。我們知道每兩個相鄰 IQ 值之間的距離是相等的，所以，IQ 150 比 IQ 145 高 5 分，IQ 100 和 IQ 98 之間差 2 分。

4.5.4　定比（比例）量尺

當數字代表變數值的真實數量時，變數就達到了定比水準。比如當我們用上年的總收入測量一個人的收入水準時，我們使用的就是定比變數。又如，用從居住地到工作地點之間的路程公里數測量一個人的上下班距離也是一個定比變數。再如，如果用自我報告的病症出現次數來測量一個人的健康狀況，我們使用的也是定比變數。因為測量的變數值和使用的數值之間存在完全一致的對應關係，所以定比尺度被認為是最高標準的量尺。定比變數是真正意義上的*定量*（quantitative）變數。定比量尺之所以被認為是最高標準的量尺，原因還在於研究者可以對這類變數進行最複雜的統計資料分析，換言之，就是對真正意義上的*實數*進行數學運算。

乍看之下，許多人也許會分不清定距量尺和定比量尺之間的關係。其實只要根據一點就可以把它們區分開來：定比量尺有一個真實且有實際意義的絕對零點，而定距量尺沒有。如果我說自己去年的收入為零，那麼這個零意味著我去年沒有收入。同樣，如果我在健康狀況的測量中報告自己出現不舒服情況的次數為零，那麼這代表我沒有得過任何疾病。然而，如果我報告說室外溫度是零度，這並不代表外面沒有溫度，這個零有另外的涵義：外面非常非常冷。在定距變數裡，零並不意味著被測量的事物不存在。

關於量尺問題還有一點必須加以討論，即研究人員必須自己決定究竟採用哪種量尺，在這個問題上，研究者沒有必要遷就變數本身。通常的情況是，一個變數可以用不同的量尺加以測量。還是以年薪這個變數為例。這個變數可以作為定類變數來測量，提問方式為：

➤2002 年你是否有工資收入？

　1.是。

　2.否。

我們也可以在定序量尺上測量這個變數：

➤2002 年你的年薪是多少？

　1.沒有。

　2.少於等於 15,000 美元。

　3.15,001 至 30,000 美元之間。

　4.30,001 至 60,000 美元之間。

　5.60,001 至 90,000 美元之間。

　6.多於 90,000 美元。

最後，我們還可以把這個變數作為定比變數來測量，具體做法是要求回應者把他們 2002 年年薪的具體數字告訴我們：

➤請問你 2002 年的個人年薪有多少？（請提供具體的數字）＿＿＿

　　＿＿＿＿。

決定採用哪種量尺是研究者要做的最重要的決策之一。量尺水準越高越好，就這一點研究人員已經達成普遍共識。然而量尺水準越高的測量對資訊的準確性要求也越高，而這很可能會增加測量的難度。例如，調查對象也許無法或不願意提供關於他們年薪的具體資料（定比量尺的

變數要求此類資訊）。但是，他們或許可以和願意提供諸如*年薪幅度*的資訊（用定序量尺測量的收入變數需要的資訊）。這些問題與選擇量尺密切相關。

4.6　操作定義

當我們圓滿地完成把概念轉換變數（把抽象轉換成具體）和確定量尺這兩個重要工作後，我們就已經接近測量過程的尾聲了，剩下唯一要做的就是進行**操作化定義**（operational definitions）。操作化定義詳細規定了在執行測量過程中採用的每一個具體步驟或程序。操作化定義好比測量的「食譜」。食譜告訴人們一道菜或點心的原料以及烹調方法，類似的，操作化定義也會指導研究人員如何成功地運用原料與步驟，以便測量一個概念。

我們再以異化這一概念為例。在具體研究過程中，我們也許決定在異化的四個維度中只選擇以下兩個作為研究之用：脫離於生產勞動活動之外和離群。前者的操作化定義也許會要求我們向研究對象詢問以下一些具體問題，以測量這個抽象的維度：

➤上個月，你打過幾次電話請病假？
➤在過去的一年裡，公司的部門會議你無故缺席過幾次？
➤在過去的一年中，你因為工作提報過幾次申訴？
➤工作生涯中，你辭過幾次職？

離群的操作化定義也許會要求我們向研究對象詢問以下一些具體問題：

➤上個月，你和你的同事一起吃過幾次午飯？

➤上個月，在工作時間之外，你和你的同事一起參加過幾次社交活動？

➤在剛過去的一個星期裡，你和同事討論過幾次自己的私人問題？[3]

　　列舉完這些問題就代表我們完成了操作化定義嗎？不是。一般情況下，操作化定義並不僅僅只是列舉一些問題或指標。要完成操作化定義，我們還需要做一些其他具體的工作。（還記得食譜這個比喻嗎？僅僅開列出原料還遠遠不夠，我們還需要一些輔助指導，告訴我們如何攪拌、怎樣和麵以及烘烤時間要多長等等。）一個完整的操作化定義也應該「指導」我們怎樣獨立展開測量工作。例如，研究人員應該指明，問題的後面是一些封閉式的選項呢，還是研究對象需要自己提供答案。如果用多個問題測量同一個概念，那麼研究人員還必須說明如何把各個具體的問題組合起來以產生一個可以代表該變數的測量值。舉個例子，如果有四個獨立的定序量尺的問題來測量異化這一概念，那麼研究人員應該規定把每個問題的測量結果組合成一個總和指標的取值範圍是多少。如果測量過程主要依靠研究人員進行觀察而不是詢問問題，那麼操作化定義必須指導我們如何進行觀察和記錄。

　　下面我們來看一個關於操作化定義的例子，這個研究測量的是行人的安全意識這一概念。在這個例子中，研究人員觀察（而不是提問）行人在通過十字路口時的行為表現。在閱讀這個案例的過程中，思考一個問題：研究者是否提供了足夠的細節以使我們自己能夠獨立地展開這個測量？

---

[3]　你們能辨認出這些問題分別達到哪個量尺水準嗎？

我們在靠近十字路口的人行道附近地上貼了三條膠帶作為測量距離的標記，第一條膠帶距離馬路的路沿一英尺左右，第二條兩英尺，第三條三英尺以上。分成兩人一組的研究者在一旁觀察並記錄如下情況：行人在距離馬路路沿多遠的地方停下來等待；以及行人在過馬路前是否留意周圍的交通情況，測量方法是記錄行人在什麼時候環顧左右觀察交通情況。如果行人先進入街道再扭頭觀察交通，那麼這就不算留意交通，那些沒有扭頭而只是用眼睛的餘光觀察交通情況的也不計算在內。只有那些在紅綠燈交替之前完全停在斑馬線前以及那些在人群前面（即離路沿最近的人群）的行人才被記錄下來。行人等待的地方距離路沿的遠近和他們留意交通的得分加起來就是此人的交通安全意識得分。在距離路沿方面：1 英尺的得 1 分，2 英尺的得 2 分，3 英尺的得 3 分。過馬路前沒有查看交通情況的得 0 分，查看了一個方向交通情況的得 1 分，兩個方向都查看了的得 2 分（*Harrell, 1991*）。

上述例子這樣詳細介紹操作化定義恰好有助於體現科學的一個重要特點：複製。如果我們詳細彙報了在測量過程中使用的具體步驟和程序，那麼其他研究人員就可以根據我們提供的資訊複製我們的研究工作。別忘了，從第 1 章到第 3 章我們再三強調複製是科學的一個重要特徵，只有得到反覆檢驗的結論才被認為是可信可靠的資訊。假如我們沒有詳細說明我們的操作化定義，那麼重複研究就不可能進行。

4.7　結論

　　從兒時開始，我們就學會了如何使用概念看待周圍的世界以及和他人溝通。我們是概念的動物。但是，科學研究卻必須紮實地奠基於經驗世界，如此一來，我們就得逆轉原來偏好概念的本性。我們的早期教育教給我們的是如何從具體現象（觀察某種四條腿一條尾巴的動物）轉化成抽象概念（用「狗」這個詞作為有四條腿、搖著尾巴的動物的名稱或標籤）。而研究方法要求我們把這個從具體到抽象的傳統順序倒過來。概念和理論提供了對經驗世界的抽象解釋。要想檢驗這些理論是否正確，我們必須能夠在經驗現實中找到這些抽象思維或概念的對應物。這項工作要求我們把平常從具體到抽象的思維習慣顛倒過來。科學研究要求我們把概念轉換成變數，亦即從抽象轉到具體。用變數語言觀察經驗世界意味著我們必須從事一些轉譯工作，因為畢竟我們的本性生來就是概念動物。把概念「通俗化和具體化」是科學研究得以繼續進行的必要條件。

Chapter

5

閃光的都是金子嗎？
測量的評估

　　學過外語的人都很清楚，有些翻譯在忠實原文這一點上做得並不十分令人滿意。正如第4章已經討論過的那樣，當我們把思維抽象概念轉換成具體的外在指標時，我們都會不可避免地遇到翻譯準確性這個問題。玩具的數量能否準確地測量家長對孩子的愛？訂婚戒指上鑽石的大小是否能代表未婚夫的愛情深度？在上個月的數學課考試中取得的成績能否準確地測量你們對這門課程內容的掌握程度？「犯罪恐懼感」能否用我們是否害怕夜間單獨行動這個問題來測量（見第3章）？本章將討論一些評估測量是否可靠的技術。

5.1　表面效度

　　首先，最起碼的程度，我們可以檢查某個抽象概念對應的具體指標是否具有**表面效度**（face validity）。評估一個測量表面效度的方法很簡單，我們只需觀察一下這個測量「看上去」（表面上）是否沒有問題就可以了。如果「經驗轉譯」看上去（或者聽起來）不對勁，那麼該測量就缺乏表面效度。例如，一些研究人員就認為，全國綜合社會普查對犯罪恐懼感的測量缺乏表面效度。他們認為，是否害怕夜間單獨行動這個問題和「犯罪恐懼感」這個概念之間並沒有任何明顯的關聯。再看一下這個問題：能否通過詢問某人會不會使用電話來測量「技術精通程度」這個概念？僅從表面上看就知道這個測量並不能讓人十分信服。同樣，僅僅用一些簡單的乘法題來測量「大學水準的數學能力」也不符合表面效度標準。

　　上述各個例子都表明，表面效度的評估十分*主觀*。兩個人在評估同一個測量的表面效度時，很可能會得出兩個完全不同的結論。一個人看起來覺得很好的測量對另一個人而言可能十分糟糕。由於存在類似的不

確定性，一般情況下人們認為表面效度並不是嚴格可靠的效度檢驗標準。因此，儘管任何測量工具必須具備表面效度，但研究人員往往並不滿足這一最低標準的測量效度。

5.2　內容效度

內容效度（content validity）評估的是概念的名義定義和操作化定義之間是否一致，也即是說，名義定義和操作化定義是否相符或重疊？第 4 章已經提到，名義定義是對概念的理論梳理，而操作化定義給出的是測量一個概念的具體步驟或程序。評估內容效度就是檢查操作化定義是否完全涵蓋了名義定義的內容。測量效度中有一個基本的問題，即測量是否能有效測到研究人員想要測到的東西？上一句只是這個問題的另一種提問方式。舉幾個例子你們就會明白我講的是什麼意思了。

試想有一個研究者想研究問題酗酒（problem drinking）。在蒐集和研讀文獻的過程中，她發現並採用了以下這個名義定義：問題酗酒指的是用來逃避個人問題或導致某種問題的酗酒行為（*Thompson, 1989*）。接下來，她用下面這個問題來測量問題酗酒：你是否曾為了逃避生活壓力而酗酒？如果她只問了這一個問題，那麼她的測量就被認為是缺乏內容效度。用來測量問題酗酒的問題並沒有充分涵蓋（這個概念的）名義定義的全部內容。為了獲得內容效度，她至少還應該再問一個問題，這個問題詢問的內容應該是酗酒的負面影響或者酗酒「導致的某種問題」。

內容效度是研究人員應該納入考慮範圍的一個重要問題，尤其是在測量那些複雜的、具有多個維度的概念的情況下。如果研究者在多個維度上定義概念（如上面問題酗酒這個例子那樣），那麼測量這一概念的問題相應地也應該是多方面的。和表面效度一樣，內容效度的評估也帶

有主觀性。一般情況下，研究人員（通常是相關領域的專家）就憑自己的主觀感覺來判斷該等選用的經驗指標是否充分囊括了一個概念的全部名義定義。

5.3　效標效度

考慮到經驗證據在科學探索中占據的重要地位，你們或許已經在思考效度評估應該不僅僅只是主觀判斷那麼簡單。事實確實是這樣。**效標效度**（criterion validity，又叫做經驗效度）就採用某種客觀的經驗證據來檢驗測量的效度。通常，評估效標效度有兩種手段：預測效度檢驗和同時效度檢驗。

5.3.1　預測效度

只要根據某個測量可以準確地預測其他一些在邏輯上相關的結果，我們就說這個測量具有**預測效度**（predictive validity）。如果預測結果是準確的，那麼我們就可以認為我們已經找到了證明這個測量具有效度的客觀證據。例如，試想有人設計出一個包含 10 個項目的測量（一個量表）來測量領導能力。觀察這個量表的各個項目，沒有發現什麼問題（即它們都具有表面效度），但不能就此確定這個量表能夠準確地測量一個人的領導能力，你們還需要一些「證據」。如果研究者能夠準確地預測那些在這個量表的測試中得分高的人將來會在某個組織擔任領導職務（*擔任領導職務*是一個與領導*能力*存在邏輯相關的結果），那麼這個量表就具有預測效度。因此，如果用這個量表來測試某個組織 100 個新員工的領導能力，假如在 12 個月以後那些得分最高的人真的進入了領導職位，那麼我們就說這個量表具備預測效度。現在，假設我們手頭上

有一個包含 20 個項目的量表，據說是用來測量學生的學習能力的。如果你能證明在這個量表的測驗中得分最高的學生期末總成績的成績也出色，那麼你就可以說這個量表具有預測效度。（期末總成績成績出色是一個與學習能力強有邏輯關係的結果。）

　　再看一個從研究文獻中得來的例子。有人設計了一個包含 6 個項目的量表來測量青少年的冒險傾向，在一段時間裡，研究人員沈迷於評估這個量表的效度（*Alexander et al., 1990*）。為了檢驗這個量表的效度，研究者預測，如果八年級的學生中有人在這個量表的測量中得了高分，那麼他們在九年級的時候就會做出一些冒險行為。結果證明這個預測是對的，八年級的得分確實和九年級的一些冒險行為（如初次性行為，以及吸毒等）存在某種關聯。由此，研究者宣稱這個量表具有預測效度。

5.3.2　同時效度

　　同時效度（concurrent validity）檢驗效度的方式略有不同。檢驗預測效度的方法是通過預測將來的結果提供測量效度的經驗證據，相比之下，同時效度檢驗的則是同時的證據。具體的操作方法是：在檢驗某個測量工具的同時效度之前，首先為*這個測量工具所測量的概念再設計一個不同的測量工具*，然後*同時*用這兩個工具進行測量，如果得出的結果相同，那麼我就可以確定這個測量具有同時效度。為了表明某個測量工具的同時效度具有客觀證據，我必須證明兩次測量結果具有一個較高的相關係數。這裡有兩個測量工具，其中一個的效度已經得到確認，如果用我設計的測量工具得出的結果與已有的那個測量工具得出的結果之間存在強相關關係，那麼我就找到了證明我設計的測量工具具有效度的證據。同樣，我們來看幾個例子。

　　假設你現在是一個醫學研究人員，你的任務是設計一個能檢測出人們是否患有一種罕見疾病的測量工具。結果你發現，已經存在一種具備

這個功能的檢驗方法。但是，這個「舊」方法費用昂貴並且會對受試者造成很不舒服的侵犯感，病人都不願意接受這個檢查。你的目標是設計出一種既廉價又比較舒適的新檢測方法。怎麼才能驗證這個新方法的測量效度呢？你可以在臨床試驗中用新舊兩種方法檢測同一個病人的情況。如果兩種方法產生的結果一致，那麼你就可以下結論說新檢測方法具有同時效度。結果一致代表你得到了證明同時效度所需的強相關證據。

或者假設你是一個精明的商人，你想投資巨大的教育考試市場投資。同時，你瞭解到學生十分害怕冗長的大學和研究生入學考試（即SAT和GRE）。所以你決心設計出一種全新的既簡潔又迎合學生心理的考試方法來測試學生的學術能力和知識水準。你怎樣論證你設計的考試方法和已有的這些考試一樣有效呢？如果你能證實用你發明的考試方法進行測驗得出的成績和用已有的考試方法測驗的結果存在很強的相關關係，那麼你就可以宣稱你的新考試方法具有同時效度（然後一路微笑著去銀行取錢就是）。

5.4　建構效度

此外，還可以考慮另一項效度檢驗——建構效度。確立一個測量工具的建構效度或許是所有效度檢驗中要求最高、最複雜的一項任務。建立**建構效度**（construct validity）要求我們把理論和假設檢驗結合起來，以證明我們的測量是有效的。**假設**（hypothesis）是一項能被檢驗的陳述，它預測了兩個或兩個以上變數間的具體關係。舉例來說，我們可以做出如下預測：隨著人口密度的增加，犯罪率也會提高。為了證明它的建構效度，我們（首先）根據相關的理論來建立一系列假設。這些假設可以預測我們所要驗證其效度的測量工具和其他一系列變數之間的關

係。如果我們找到了支持這些假設成立的證據，那麼我們就可以下結論說，被評估的測量工具具有建構效度。舉個例子：設想我們要評估一個關於法律社會控制的測量工具的效度。這裡，我們可以引入唐納德‧布萊克（*Donald Black, 1976*）的法律理論。根據布萊克的理論，一個社會的法律數量的增長，與該社會的文化、社會分層、社會整合和社會組織（以及其他一些變數）相關聯。如果我們發現，我們對法律的測量和上述假設一致（比如我們發現它與有關文化、社會分層和社會整合的測量相關聯），那麼，我們就證實了我們設計的用來測量法律社會控制的工具具有建構效度。

或者假設現在有一個測量社會資本的新工具，我們要對其效度進行評估。社會資本是指個體對社區網路和活動的參與。個體之間的社會資本存在很大差異。有些人擁有大量的社會資本，而有些人則幾乎沒有。一篇關於社會資本研究文獻的綜述表明，社會資本可以影響許多生活領域。比如，有學者假設，社會資本越多，個體感受到的壓力越小，自我實現感越強，有更高的信任感，積累的財富越多，受教育的水準也越高（*Bourdieu, 1986; Kraut et al., 2002*）。為了證實我們用來測量社會資本的工具具有建構效度，我們必須提供能夠支持上述社會資本假設的資料。也就是說，我們給出的資料能夠顯示在社會資本和壓力程度之間存在負相關、在社會資本和自我實現感之間則存在正相關等等。

正如大家在前文的討論中所看到的那樣，論證效標效度和建構效度比論證表面效度和內容效度需要做的工作要多得多。事實上，論證效標效度或建構效度本身就是一個小型的研究專案。因此，如果研究者特意確定了這些形式的效度，他們就很可能會在研究報告中討論他們發現的結論。

5.5　信度檢驗

　　除了確保一個測量工具的效度之外，我們還必須問一問這個測量工具的信度如何。在法庭上，證人的可信度是由他是否能保持其證詞的一致所決定的，也就是說，在不同的時間裡（甚至在激烈的交叉盤詢下），對案件情節的描述始終相同。這同樣適用於測量工具的信度。如果同一個測量工具在不同時間多次對同一變數進行測量，所得出的結果都是相同的，我們就認為這個測量工具的**信度很高**（reliable）。當然，前提條件是被測量的變數本身在多次測量過程中沒有發生任何實質性的改變。換句話說，信度高的測量工具波動幅度小，用它們測量得到的結果是一致的。

　　放在浴室裡的體重計（bathroom scale）是一種我們用來測量體重的標準儀器。如果我們一連五次用它來稱我們的體重，那麼，一個可靠的體重計應該給出五個相同的讀數。這個演示可以證明一個體重計性能的可靠性。現在，讓我們來看一看一種極不可靠的測量儀器，也就是測量我們汽車輪胎氣壓的標準氣壓儀。如果你們有過使用這種機械氣壓儀（就是形狀上類似一支鉛筆的那種）的經歷，你們就會知道這個工具並不那麼可靠！你把這種氣壓儀插入一個輪胎的氣門芯裡，儀器上顯示的讀數是 32 磅整。你可能會認為整數不太可能，所以你把儀器拔出來，又插進去，這次它給出的讀數是 29 磅。哪一個是準確的呢？你又試了一次，結果發現這次輪胎氣壓是 33 磅！這是怎麼回事？顯然，你陷入了一個低信度泥潭。

5.6 再測信度

　　上述體重計和氣壓儀這兩個例子向大家展示了檢驗一個測量工具信度的最簡單的方法，即**重複測量法**（test-retest strategy）。顧名思義，我們只需把同樣的測量程序重複兩次，再觀察兩次測量的結果是否一致。（在找尋具體的經驗證據時，如果我們發現兩個結果之間存在一個高相關係數，那麼就可以認為該測量工具具有較好的信度。）這聽起來十分簡單，事實也確實如此，這個方法的大部分步驟都很簡單。但有一點需要我們進一步思考，即，兩次測量之間應相隔多久的時間？

　　對於體重計和氣壓計這個兩個例子而言，第二次測量可以馬上進行。測完第一次之後再進行第二次即可，不會因為間隔很短而使問題複雜化。（那些測量儀器可不會對每次測量*留有記憶*。）但現在讓我們來考慮一下這種情形：如果我們所進行的測量以人為對象（他們和體重計或氣壓儀完全不同），情況又會怎樣？假如我給你們一份包含十個項目的焦慮量表讓你們填寫，然後立即重複同樣的提問以評估這個量表的信度，情況會怎樣呢？我的這種做法很可能讓你覺得好笑（或許還可能使你們產生焦慮）。在回答第二次提問時，你們也許會努力回憶自己第一次是怎麼回答的，然後根據記憶完成第二次測量。結果是，我得到的回答「看上去」是前後一致的，但這種一致是「人為的」，只是你們良好記憶的一個副產品。那麼，我能僅僅通過較長時間的等待來消除這個問題嗎？這取決於我究竟決定等多久才開始第二次測量。假如我決定等一個月——時間長得足夠讓你忘記自己第一次是怎麼回答的。現在，我發現你們第二次的答案與第一次的答案間出現了明顯的差異。這是否就意味著我的測量工具是不可靠的呢？不一定。（因為）經過一段較長時間

的等待之後，現在我必須考慮你們的焦慮程度已經*發生了改變*這一可能性。（因此）造成兩次測量結果之間低相關的原因可能是測量工具的信度太低，*也可能是你們的焦慮程度在這段時間內發生了實質性的變化*。很明顯，在用重複測量檢驗信度的過程中，我們應該把時間間隔作為一個重要因素納入考慮範圍之內。

5.7　複本信度

假如研究者只有一次和研究對象接觸的機會（大多數社會調查研究都是這種情況），那麼我們就應該考慮使用**複本**〔multiple-forms，又稱**備擇版本**（alternate-forms）〕這一方法來測量信度。這種技術的做法是為一個測量工具設計兩種不同的備選版本。這樣，測量工具的信度就可以通過比較不同版本測量得到的結果來檢驗。對於高信度的測量工具而言，兩個結果應幾近相同。

複本技術在社會調查研究中是一種相當常用的策略。例如，經驗告訴研究者，對年齡的測量會十分不可靠。事實上，人口統計學家在很早以前就注意到了一個非常有趣（但也十分棘手）的現象：人們在回答年齡時會選擇一個自己喜歡的年齡，然後在幾年間都使用這個數字！因此，研究者經常會使用複本檢驗方法來確定年齡測量的信度：調查過程中，在某個時點要求受訪者回答他們具體多少歲；而在另一個時點則要求受訪者列出他們的出生年份。如果兩個問題的答案一致，則說明這種測量具有較高的信度。

複本檢驗技術在評估單項內容的測量工具時是很容易操作的。如上文關於年齡測量的例子那樣，我們先設計一個問題，再設計另一個問題，問的卻是同樣的資訊。然而，這種技術在測定多項目量表的信度時

卻有些捉襟見肘。這裡的困難在於開發兩套形式不同但功能相同的**複合測量工具**（composite measures，一種以兩個或更多個項目來測量某個變數的測量工具）。如果我首先設計了一個包含 10 個項目的焦慮量表，複本檢驗技術就會要求我開發出另一份同樣包含 10 個項目的量表，這份量表從表面上看與第一份不同，但實質上是一回事。這是一件十分棘手的任務。舉例而言，當我們改變兩個量表中各個項目的措辭時，我們很可能把測量的實質內涵也改變了。考慮到這個問題的複雜性，我們在檢驗多項目測量工具的信度時往往採用另一種方法。

5.8　折半技術

通常人們採用**折半技術**（split-half technique）來論證複合測量工具的信度。折半技術的實質是一種論證信度的方法，目的是檢測所有組成某個複合測量工具的項目測量的是否始終是同一個現象。同樣以上面那個包含 10 個項目的焦慮量表為例。折半技術在論證該量表的信度時，會把這 10 個項目拆分成兩組，每組 5 個項目（例如，把所有的偶數項分為一組，剩下的奇數項作為另一組）。然後用這兩個只有 5 個項目的子量表分別對調查對象進行測量，得到兩個結果。如果這兩個結果高度相關，那麼我們就找到了證明該量表具有測量信度的證據。通常我們採用 Cronbach α 係數作為判斷某個量表是否具有折半信度的標準。Cronbach α 係數值在 0 到 1.0 之間。一般如果 α 值不低於 0.80 就被認為是信度較高的標誌。[1]

---

[1]　從技術層面上說，Cronbach α 係數代表的是一個量表中全部項目所有折半組合之間相關係數的平均值。

　　我們來看一個關於信度檢驗的具體例子。約翰遜（*Johnson, 1991*）曾對警察的工作壓力進行過一項研究，為了測量「外部壓力」這個變數，她要求受訪對象回答他們對下列說法的同意或反對程度：

- 我把人們當作物體一樣對待。
- 整天和人打交道對我來說真的是一種壓力。
- 從事這份工作以來，我對人們的態度更加冷漠了。
- 我擔心這份工作會讓自己變得麻木不仁。
- 其實我並不關心在一些人身上發生的事。
- 直接和人們打交道給我帶來了很大的壓力。

折半技術將會向我們證明這些問題的一致性程度有多高。約翰遜測量出這些問題的Cronbach α係數為 0.87。這個相關係數充分證明對「工作壓力」的測量具有較高的信度。

　　到現在為止，你們可能會覺得設計具有較高效度和信度的測量工具需要花費很多的時間和精力。沒錯，這種想法是正確的！有耐心並且埋頭苦幹的人最終會得到豐厚的回報。但是，「眼觀四方」的人也能收穫同樣的果實。就測量工具這個問題而言，我們並不一定非得一切從零開始不可。在圖書館和網路上，有很多現成的資源可以利用，它們不僅涵蓋範圍廣，而且種類繁多。更重要的是，通常情況下，這些測量工具的效度和信度已經得到論證。仔細地研究相關文獻資料也是獲取現成測量工具的重要途徑。假如現成測量工具的效度和信度已經得到論證，那麼我們就應該在介紹研究方法時明確地說明這一點（比如，約翰遜在介紹其工作壓力變數的測量方法時就採用了這種方式）。在為自己的研究專案「重新打造輪胎」之前，你們最好先確認一下是否有現成的「已論證過的」測量工具可用。

5.9　雜訊和偏誤

　　本章第一部分討論的是效度和信度的重要性，也許給你們留下的印象是科學研究的測量過程精確無比，但我要告訴你們的是，情況並非如此。相反，測量過程更多的是對現實情況的*估計*。當你站在磅秤上秤自己的體重時，看到的讀數是 142 磅。這是你的*真實體重*嗎？很可能不是。如果你穿著鞋，或者這個磅秤已經很舊了（裡面的彈簧已經老化了），或者你的身體後傾把重心放在腳後跟上，那麼 142 磅很可能就不是你的真實體重。同樣，大部分測量工具也都帶有一定程度的測量誤差。

　　雜訊（noise）是測量誤差的一種常見表現形式。雜訊指的是測量過程中出現的無固定模式誤差（non-patterned error）。所謂無固定模式，指的是測量過程中出現的誤差沒有一個固定的方向。有時候，誤差的產生是因為測量高估了實際情況；同樣，低估實際情況也會造成誤差。如果你是電視烹飪節目的忠實觀眾，那麼你會發現廚師在測量分量時往往充滿了雜訊。比如，當他／她量出三杯麵粉時，他／她的測量過程就充滿了雜訊。可能第一杯稍微滿了些，第二杯淺了些，而第三杯剛剛好。在烤麵包時，我對這樣的測量誤差不是很在意，因為我知道這些雜訊有個「可忽略」的特點：往往到最後，雜訊多少會相互抵銷。例如在烤麵包量麵粉這個例子中，最後廚師得到的很可能是三杯不多不少的麵粉，因為滿的部分和淺的部分相互抵銷了。

　　但也不是所有的測量誤差都可以忽略。有時候，誤差會呈現出某種固定的模式，也就是說測量過程中出現的誤差會始終朝一個方向或另一個方向，因此測量值可能會一直高估或一直低估真實值。這種具有固定模式的誤差就是**偏誤**（bias）。我早年當過麵包師，那時我一直把茶匙

（teaspoon）的縮寫誤認為是湯匙（tablespoon），結果，我在烤麵包的過程中產生的誤差始終是偏向同一個方向的：我經常添加過量（一湯匙而不是一茶匙）的鹽或蘇打粉！因為偏誤具有固定模式這一特性，所以即使多次的測量，偏誤也不會自行消失（而雜訊會自動消失）。由於這個原因，偏誤是一種很難處理的測量誤差。（也正由於這個原因，從沒有太多人搶著買我的麵包！）

在測量過程中，我們可以容忍一些雜訊的存在，其中的原因很大部分在於我們假設隨著測量次數的增加，雜訊會自動消褪。儘管如此，雜訊還是會降低測量的信度。偏誤的不利影響更為嚴重。未被察覺的偏誤可以從根本上削弱測量的效度。比如，批評家歷來質疑 IQ 測驗的可靠性，認為這種測驗存在歧視少數民族的偏誤，也即是說，測驗題目的涵義對來自不同群體的人來說可能有所偏差，因此會（在不自覺間）低估某些族群的先天智力。同樣，調查人員也應該經常考慮自己的遣詞造句會不會給測量過程帶來偏誤。詢問人們對*社會福利*的態度與詢問他們是否願意*幫助窮*人是兩碼事，從前者得到的肯定性答覆會遠遠低於後者。雖然測量過程中不可避免地會存在一些誤差（雜訊或偏誤），但我們應該盡最大的努力把這些誤差降到最低程度。

5.9.1 雜訊和偏誤的來源

測量過程中雜訊的來源有各種途徑。研究對象本身就會帶來一些雜訊。研究對象精神疲憊、馬虎大意或者年幼無知，這些都有可能成為雜訊的起源。設計不當的測量工具也會引進雜訊。設計不當既可以是過於複雜，設計不合理，也可以是指導說明不明確。此外，雜訊的生產者也可能是研究者自己。假設有 20 個大學生為一家電話市調公司調查居民對當地某社區廣告的反應。情況很可能是，每個學生都會把自己對調查問題的理解摻雜到調查過程中去，由此增加了這次調查的雜訊量。考慮

到雜訊的來源廣泛，因此研究人員最好先對測量過程中最有可能造成雜訊的因素進行預測，並採用一切可能的手段和措施把該等雜訊降到最低水準。

測量過程中的偏誤主要來自於研究人員的期望。有句老話你們肯定已經再熟悉不過了：人們「看到的」都是自己想看到的東西。這是人類的通病，研究人員也不例外。當遇到模稜兩可的結果時，研究者會傾向於根據自己對研究結論的期望來解釋實際得到的結果。或者，研究人員可能在不經意間（通過點頭或語調變化）把自己對結果的期望透露給研究對象，而研究對象也許就會按照研究人員的期望回答問題。為了防止出現此類偏誤，一些研究專案選擇在「隱蔽的」（blind）條件下進行，即故意對執行研究過程的工作人員隱瞞研究目的。

我們的測量工具本身也會成為偏誤的藏匿之地。在第 9 章我們就會看到，有些問題的措辭會「引導」研究對象提供某個特定的（而不是其他）答案。另外，*研究對象*也許會刻意做出某種選擇，從而把偏誤帶入測量過程。當研究主題具有一定危險性或者非常敏感時，研究對象在回答問題時就會隱瞞自己的真實想法或情況，而*猜測*研究人員想要得到什麼樣的回答，並根據自己的估計結果做出回答。這種現象被稱為**社會期望偏誤**（social desirability bias），其後果是系統地歪曲研究結果，把研究結果引向社會期望的方向。

由於未被發現的偏見有可能從根本上削弱測量的效度，所以一些研究人員在偏誤和雜訊這個問題上採取一種折衷的辦法。他們故意在測量過程中引入一些雜訊，以抑制偏誤的不利影響。為什麼這種方法是可行的呢？原因在於，前面已經提到，雜訊具有一個十分吸引人的特點：在重複測量過程中，它可以自我抵消。由此，在訪談過程中，為了排除偏誤，研究人員會故意安排多個採訪者，並把他們隨機分配給受訪者。這種做法會帶來一些雜訊，但重要的是這樣做能防止由單個採訪者帶來的

系統扭曲情況的發生。

5.10　結論

　　以上討論表明，測量不是一項簡單的工作。一方面，我們必須努力確保設計的測量工具具有效度和信度。我們的目標是使測量工具儘可能完美。另方面，我們又必須承認我們的研究工作都存在這樣或那樣的不足。因此，最好的辦法是承認我們的測量工作只代表一種（儘可能準確地）*估計*某些變數的真實值的努力。這種心態敦促我們預期測量過程中可能出現的雜訊和偏誤，並盡自己的最大努力把兩者控制在可以接受的範圍內。科學認知方式的一個基本特徵就是懷疑一切，而承認測量誤差的不可避免也符合這一態度標準。通過懷疑測量過程存在某些不足，我們就能更好地找出錯誤所在。最終，這種懷疑精神會幫助我們獲得絕對真理。

Chapter

6

由此及彼：因果分析

　　廣告商很早以前就明白了一件事：小孩子拍的廣告能吸引大多數人的注意力。（freeinternet.com 網站就利用這一點策劃了一個極為成功的廣告。還記得 freenet.com 的那個唱饒舌的小傢夥鮑勃嗎？他甚至還主演過一段時間的情境喜劇。）用小孩拍廣告是十分明智的做法。誰能夠抗拒那些牙牙學語或剛學會走路的孩子的魅力呢？他們憨態可掬，對身邊的一切都充滿了好奇心。光是他們帶著初到人世的羞澀好奇地探索身邊環境的可愛勁兒，就夠我們樂的了。對一個兩歲的孩子來說，一個「為什麼」就夠他忙活一整天的了。孩子的好奇心告訴我們，也許，瞭解事物如何運轉的渴望是我們人類天生的本性。事情確實是這樣，社會心理學家和進化論心理學家（social and evolutionary psychologists）認為，我們對因果分析的熱衷是「與生俱來的」（hard-wired）（*Shermer, 1997*）。[1] 在人類認知能力的發展這個問題上，麥可·施爾默（Michael Shermer）信奉的是進化論，他堅持認為，我們人類是逐步進化成為「追求模式和因果關係的生物」的（*1997, xxiv*）。有趣的是，與此同時，施爾默還認為，也正是追求因果分析的本性讓我們不時陷入謬論和錯誤的泥潭中不可自拔。他說，我們生來就喜歡*探索*事物的模式，但我們不是生來就具備發現真理或規避錯誤的能力。正因為這個原因，我們必須學習和掌握科學的認知方法。

　　在第 1 章和第 3 章裡，我們已經瞭解到，科學一直致力於分析世界的因果規律。這其中部分假設了一個前提，即每個事物都有一個前導事物。事物不會無緣無故自己出現或發生，它們是被引起的。為了描述和分析因果關係的過程，科學採用了一些獨特的術語，如**自變數**（independent，又叫做預測變數）和**依變數**（dependent，又叫結果）。依變

---

[1]　有學者寫了一篇文章，詳細介紹了圍繞這個問題展開的一些討論，包括認知科學家的觀點，以及社會學家的反對意見。見 Cerulo（*2002*）。

數是我們想要解釋的事物或現象。比如，我們也許想解釋為什麼有些人
走上犯罪道路或使用家庭暴力，或者為什麼有些學生的學業平均成績高
於其他學生。自變數就是「事物的起因」，換言之，就是我們認為導致
依變數出現或引起依變數變化的因素。所以，也可以把自變數看作是
「預測」變數。因果分析從實質上講，就是查找能預測或解釋某個依變
數的自變數。

6.1 因果模型：通則式解釋和個殊式解釋

在進行因果分析時，我們有兩條路可走：通則式徑路和個殊式徑
路。**通則式**（nomothetic）徑路指的是採用普遍性或「宏觀」的視角進
行因果分析，換言之，這種分析感興趣的是那些超越個人、個案或單一
事件的一般因果規律。在這種取向的引導下，我們只尋找能夠解釋某類
行動或事件（如戰爭、犯罪、自閉症、學校暴力）的*一般影響因素*（com-
mon influences）。從本質上講，這種對某種超驗性普遍原因的探究的
目的，就是建立一個*有效率的*因果分析模型。換句話說，通則式模型的
目標，是找到一些能在最大程度上解釋依變數的關鍵變數。在這個前提
下，通則式解釋所致力於分析的，是尋找能夠解釋某一類行為的一般因
素，它對結果的解釋是*概率性的*（probabilistic）。也就是說，在通則式
因果研究中，我們尋找的是那些能夠增加某個結果出現*可能性*的變數。
換句話說，通則式模型也許不能準確地預測某一個人（比如*你*）會離
婚，但它能告訴我們離婚的人一般都具有哪些普遍的特徵。下面兩段話
能夠幫我們理解通則式因果研究的特點：

那些每天抽 1 包或更多菸的學生和從來不抽菸的學生相

比，酗酒的*可能性*增加 3 倍，抽無煙菸草的*可能性*增加 7 倍，
另外，使用違禁藥物的*可能性*增加 10 到 30 倍（*Torabi et al.,*
1993，斜體字是作者所加）。

……和其他流浪者相比，那些酗酒或因酗酒而接受過相應
矯治的人長期流浪的*可能性*並沒有增加。和沒有接受機構治療
的精神病人相比，那些因為精神健康問題而接受住院治療的人
更有*可能長期流浪*（*James, 1992*，斜體字是作者所加）。

和通則式視角沈迷於「一般」因果解釋不同，個殊式視角關注的是
具體的細節。**個殊式**（idiographic）視角的分析是微觀的，在解釋範圍
上遠遠小於通則式視角。個殊式模型感興趣的是對導致*某個特定結果*的
事物及其作用過程進行徹底全面的描述。在這種視角的引導下，我們感
興趣的可能是分析一個好友離婚（而不是普遍意義上的離婚）的原因；
或者，我們可能會把目光集中於解釋今天發生在學校餐廳的鬥毆事件
（而不是一般意義上的學校暴力）為什麼會出現；再或者，我們的目標
可能是解釋一個鄰居自殺（而不是通稱的自殺）的原因。由於個殊式視
角把目光集中在具體的個案，所以個殊式因果分析的目標就是對某件事
情的來龍去脈進行*徹底詳盡地*解釋。就是在這個意義上，有人認為個殊
式模型對事物的解釋帶有*決定論*（deterministic）的味道：因為它的分
析過程是一絲不苟地呈現出某件事情如何導致另一件事情的產生，這另
一件事最終又導致某個結果（依變數）的出現。下面幾段話能夠幫我們
理解個殊式因果研究的特點：

美國太空總署（NASA）的負責人決定在 1986 年 1 月發射
挑戰者號太空梭。在此之前，來自該專案承包商的工程師建議
推遲發射計畫，因為在預定的發射時間裡將出現前所未有的低

溫天氣。我們的調查目標就是弄清楚為什麼太空總署堅持在 1986 年 1 月這個時間把挑戰者號送上太空……調查結果表明，關於這次發射計畫的決策模式在本質上類似於親密關係的瓦解。在挑戰者號最後升空爆炸之前，已經陸續浮現各種警訊，顯示技術上出現了許多問題，卻一再視而不見或沒有認真解決，最後終於一發不可收拾（*Vaughan, 2001*）。

為了解釋人們為什麼吸食大麻這個問題和瞭解這一現象……我們必須逐步分析人們吸食大麻之後，其行為和觀念的變化過程。每一個變化階段都需要分析和解釋。有時候，對某個階段來說，某個因素是原因，但對另一個階段來說，這個因素可能根本不起作用……從某種意義上說，每個階段都有不同的原因，逐步說明所有階段的原因才可能解釋整個行為變化。換句話說，人們從接觸大麻到上癮，每個人經歷的階段都不一樣，並不是每個人都按照同樣普遍的方式一步步走入這個泥潭……對每一個階段的解釋都是導致最終行為原因的一部分（*Becker, 1963*）。

儘管你們以前可能沒有意識到這一點，但個殊式視角主導了我們日常生活中大部分關於因果聯繫的好奇。我們每天的生活總少不要探知某些具體人物和事件的「八卦」。我們對一些瑣碎的生活八卦特別感興趣，比如，湯姆‧克魯斯和妮可‧基嫚（Tom and Nicole）為什麼分手了，或者錢達‧列維（Chandra Levy）失蹤的原因是什麼等等。娛樂節目和雜誌就因為迎合了大眾的這一好奇心而長盛不衰。911 事件過後不久，NOVA（譯按：美國 PBS 公司的一個科學節目）推出了一期特別節目，詳細（逐分逐秒地）描述了世貿大樓雙塔倒塌的過程。個殊式模型也經常被社會工作者、臨床心理醫生和歷史學家採用，這些職業研究人

員的工作目的，就是詳細分析某個具體對象（案主）出現某一問題的原因，或解釋是什麼原因導致了某個歷史人物和歷史事件的出現。無疑，個殊式視角之所以有趣的原因在於，它關注的是某個具體的個人或個例的細節。然而，如果研究目標是增進對某一*社會*現象的瞭解，那麼我們最好採用通則式模型。社會學的學科旨趣在於研究普遍的社會規律，所以這門學科採用通則式視角也在情理之中了。在下面幾頁的內容裡，我們將主要討論和通則式模型有關的一些問題。在本章的末尾，我們會回到個殊式模型上來。

6.2　因果關係的先決條件

說一個變數*引出*或導致了另一變數的出現或變化，其實暗含了三個必須滿足的條件：(1)在時間上，自變數必須出現在依變數之前；(2)自變數和依變數之間存在相關關係；(3)自變數和依變數之間的相關關係必須是真實的，而非假性的，可以經受得住任何證偽檢測的考驗（*Hirschi & Selvin, 1973; Hyman, 1955*）。這三個條件被稱為**因果關係的先決條件**（requirements），因果關係*必須*同時滿足這三個先決條件，少了任何一條，我們就不能說我們找到的是因果關係。

6.2.1　時間順序

對因果性的時間檢驗實際上是個邏輯問題。一個因素或事件要「引起」另一個因素或事件的出現或變化，那麼這個因素或事件在時間上*必須*比所引起的因素或事件先行出現。這是由理性決定的，思維正常的人都會接受這一點。如果我們先自己情緒失控，然後聽到一個壞消息，那麼我們就不能說是這個壞消息造成我們衝著孩子大喊大叫。如果在注射

某種疫苗之前身體的自我免疫系統已經出現失調症狀，那麼我們就不能說，是這種疫苗破壞了自我免疫系統。

初看起來，時間順序這個條件似乎很容易滿足。在大多數情況下，確實很容易證明某些變數先於另一些變數出現。例如，社會學家一般對研究某些固定變數的影響特別感興趣。所謂**固定變數**（fixed variables），指的是那些研究人員沒法人為加以操縱和改變的變數。我們的先賦屬性（即我們一生下來就具備的一些特徵）是固定變數的最好例子，比如，性別、年齡、種族、出生的先後順序等，都是固定變數。一些社會學家試圖解釋為什麼人們在諸如收入水準、政治傾向、對慈善事業的支持程度等方面存在如此明顯的差異。研究這些問題的社會學家對上面提到的這些固定變數特別感興趣。由於這些固定變數在我們呱呱落地時就附著在我們身上，所以當和其他一些變數放在一起時，很容易確定它們在時間上先於其他變數出現。但是，這僅僅只是對固定變數而言。當遇到其他類型的變數時，確定自變數和依變數的時間順序就不再是個如此容易的任務了。當和其他變數混在一起時，並不是所有的變數都貼有明顯的時間順序標籤。當然，這個問題最經典的例子就是雞與蛋孰先孰後的爭論。

讓我們來看思考一下意志消沈和酗酒哪個在先這個問題。這兩個變數哪個先發生？是酗酒導致一個人意志消沈嗎？還是意志消沈導致一個人轉向酒瓶尋求慰藉和發洩。家長和孩子的溝通程度和青少年犯罪哪個在先？是缺乏和家長溝通導致孩子走上犯罪道路？還是對權威人物或法律的叛逆性情給了孩子不和家長溝通一個充分的理由？當變數間的時間順序不那麼明顯時，研究人員就必須為自己確定的時間順序做出合理的解釋。通常情況下，最具有說服力的做法是引述相關研究文獻。對於某些變數的時間順序，其他學者持什麼觀點？支持各個觀點的證據又有哪些？

6.2.2　相關性

　　這個先決條件的意思很簡單，即，如果兩個變數之間存在因果關係，那麼它們必須共同變化。女性比男性更願意參加志願性活動嗎？（答案：是。見 *Independent Sector, 2001*）上網時間的增加意味著和朋友在一起的時間減少嗎？（答案：不是。見 *Cole, 2001*）同樣，這也是個邏輯問題。如果兩個變數不以某種特定的方式一起變化，那麼試圖證明和宣稱這兩個變數之間存在因果關係的做法顯然是十分愚蠢和荒謬的。如果沒有發現兩個變數之間存在相關關係，那麼想都別想它們之間會有因果聯繫。另一方面，就算發現了兩個變數之間存在相關關係，那也並不代表這兩個變數之間就存在因果聯繫。也許，在因果分析過程中，外行人最容易犯的一個錯誤就是，剛發現一個相關關係，就歡呼雀躍地高呼自己找到了一個因果聯繫。相關性並不「等於」因果關係。並不是所有的共變現象或相關性都代表因果關聯。我們也許會發現兩個變數先後出現，並且表現出明顯的共變關係，但僅僅是這樣還不能樂觀的宣稱我們已經找到了一個因果關係。在此之前，還必須滿足第三個因果性先決條件，即我們必須證明，被觀察到的存在於兩個變數之間的共變現象不是一個假性的關係。

6.2.3　非假性關係

　　相關關係並不等同於因果聯繫。為了充分地體會這句話的涵義，你們必須瞭解所謂的**假性關係**（spurious relationship）。如果兩個變數（變數 A 和變數 B）之間表現出一種*似真*的因果關係，但這個關係是不真實的，那麼此時，假性關係就出現了。這裡，假性關係指的是，變數 A 和變數 B 之間之所以會表現出因果聯繫的原因在於：另外存在一個變數 C，而變數 C 和變數 A、B 都有關聯（見圖 6.1a）。如果沒有意識到這

個變數 C 的存在和影響，那麼我們就會錯誤地下結論說，A 是驅動 B 的因素。而實際上，C 才是那隻看不見的手：C 引起 A 出現或變化；*同時*，C 引起 B 出現或變化（見圖 6.1b）。

幾年前，有研究發現，母乳餵養和孩子具有較高的智商之間存在共變關係。第一眼看到這個，我們也許會忍不住認為這中間存在一個因果關係，即母乳餵養能讓孩子更聰明。〔支持這一觀點的人認為，母乳中的 DHA（一種身體必需的脂肪酸）對智商有促進作用。〕但是，建立因果聯繫的第三個先決條件*迫使*我們問這樣一個問題：會不會存在一個第三變數，從而造成母乳餵養和孩子的智商之間出現某種關聯？在質疑一個因果關係真偽的過程中，我們考慮的是，是不是有一個「藏在幕後

由於都和 C 存在相關關係，所以 A 和 B 看起來也是「相關」的。

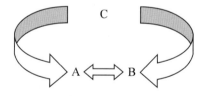

圖 6.1a　假性關係

當阻斷變數 C 的影響之後，A 和 B 之間的相關關係消失了。

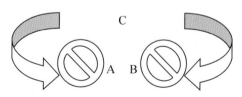

圖 6.1b　控制變數 C 之後的假性關係

的」變數C在起作用？對母乳餵養能提高孩子的智力這一說法持懷疑態度的人認為，兩者出現關聯是由於存在一種前置*社會*環境（antecedent *social* condition）的緣故。也許，某種照料孩子的方式既影響著母親是否用母乳餵養孩子的決策，也影響著如何培養孩子智能的決策（*Lucas et al., 1992; Horwood & Fergusson, 1998*）。

在檢驗因果關係真偽的過程中，研究人員必須考慮*任何*以及*所有*可能的解釋（即幕後影響的變數C），也許就是這些影響變數導致了變數A和B之間出現似真的因果關係。從本質上說，進行假性關係檢驗意味著，研究人員要盡最大努力剔除變數 C 對原先出現的 A—B 關係的影響。剔除某個變數的影響的做法叫做「控制」變數，即我們隔斷該變數對其他變數的影響。在控制住變數 C 之後，如果原先存在於 A 和 B 之間的相關關係消失了，那麼我們就找到了虛假關係的證據。（也就是說，如果我們「隔斷」C的影響之後，A 和 B 之間*原先存在*的關係出現了變化，那麼這就很好的證明了，C在某種程度上造成了這一關係的出現。）另一方面，如果在控制了變數 C 之後，AB 之間的相關關係仍舊存在，那麼我們就可以說，這個關係通過了這次虛假關係檢驗。必須強調的是，我們應該重複這樣的檢驗過程，直到所有可能的影響變數（即所有可能的C變數）都受到控制為止。讓我們來看一個具體的例子。

假設我們發現，在長頭髮和學業成績（GPA，譯按：等級成績點數依學分加權的平均值）之間存在一種正相關關係。如果我們把這種關聯看作是一個因果關係，那麼學生們最好把自己的頭髮養得越長越好！但在把這個聯繫確定為因果關係之前，我們必須思考一下這個表面上看起來是因果聯繫的關係是不是還有其他的解釋。會不會存在一個既影響頭髮長度又影響 GPA 的C變數？性別似乎可以成為這樣的 C 變數。如果控制住性別這一變數（把男生的資料和女生的資料分開統計）後，我們就會發現性別同時影響了頭髮長度和 GPA 這兩個變數：女生一般頭髮

較長，而且成績更好。

　　對家庭暴力的研究發現，在喝酒與對配偶採取暴力行為之間存在關聯。但是，這是不是一個因果關係？許多研究者對這個問題一直猶豫不決。有些學者提出一種假說，認為這中間存在著一個既導致喝酒又導致暴力行為的C變數。或許，自尊或權力問題同時影響著喝酒與暴力行為的使用這兩個變數。最後，回顧一下上文提到過的母乳餵養和智商之間的關係問題。到現在為止，這個關係似乎通過了所有假性關係檢驗，也就是說，當控制了諸如胎教或社會地位這樣的變數之後，這個關係並沒有消失。

6.3　因果分析與研究設計

　　如果我們的研究目標是因果分析，那麼實驗比其他任何研究設計或方案都更有助於實現這一目標。在**實驗**（experiment）過程中，研究人員會採取一系列人為操縱手段有意地控制自變數，以分析其對依變數的影響。這種可控制性使得研究人員能較為容易地滿足前文提到的三個因果性先決條件。實驗者可以控制自變數進入模型的時間和變化情況，從而確保自變數在時間上先於依變數出現或變化。這種可控制性還能幫助實驗者及時有效地發現任何存在於自變數和依變數之間的共變或相關關係。最後，這種特性還能幫助實驗者抵銷（neutralize）第三變數C的影響，從而有效地剔除可能引起依變數變化的其他變數。總之，就檢驗因果關係而言，沒有比實驗更好的方案了。

　　讓我們來看一個經典的實驗設計，看看這種設計是如何幫助我們分析使用戒菸貼片和吸菸行為之間的因果關係。一開始，實驗者把受試者分成兩個小組：**實驗組**（experimental group）和**控制組**（control group）。[2] 在理想狀態下，分組是根據隨機分配確定的。**隨機分配**（random assignment）指的是志願者究竟是進入實驗組還是控制組，這完全由隨機概率決定。這麼做的目的是希望產生兩個相對等的小組。由於只有概率才能決定哪個人被分到哪一組，所以隨機分配完全有可能達到這一目的。〔在經典實驗中，為了檢查兩個組是否相對等，一般情況下實驗者會對這兩個組進行前測（pretest）。〕一旦完成前測工作之後，我們就可以引進各種實驗條件了：實驗組將接受或處於自變數的影響之下；控制組則不接受或不處於自變數的影響之下。在這個例子中，實驗組將接受戒菸貼片的治療，而控制組則不接受任何治療。在實驗組引入自變數（戒菸貼片）之後，我們再對兩組成員的吸菸行為進行測量。如果實驗組受試者吸菸量減少，那麼我們就可以把這個結果歸功於戒菸貼片的作用。

我們怎麼能對這個結論如此確信？原因都在實驗設計裡。實驗設計使我們能夠孤立自變數和依變數之間的聯繫關係（如果存在的話）。我們控制了變數的出現順序（先使用戒菸貼片，然後測量吸菸行為）。通過比較兩個小組的測量結果（吸菸的數量），我們能夠清楚地看到了戒菸貼片和吸菸之間的任何聯繫。另外，由於兩個小組都是相對等的，所以我們可以不考慮存在影響測試後吸菸行為的其他變數的可能性。比如，如果有人懷疑實驗組的受試者吸菸數量的減少是由於他們得到更多的鼓勵，那麼我們完全可以忽視這樣的意見，因為我們可以放心地假設，控制組和實驗組得到的鼓勵程度是一樣的。（隨機分配能確保這個假設的正確性。）

---

2 經典設計只是幾種實驗設計中的一種。之所以把它叫做「經典」設計，原因是其他的一些實驗設計〔如所羅門四組設計、只有實驗後測試的控制組設計（posttest-only control group）、多因素設計〕都只是這個經典方案的變形。

6.3.1 實驗設計和內在效度

內在效度（internal validity）概念可以幫我們更好地體會用實驗設計來查找因果關係的優越性。如果一個研究方案能夠剔除其他變數對結果（即依變數）的影響，那麼這個設計方案就具有內在效度。那些能夠影響結果的其他變數被稱為**內在效度的威脅因素**（threats to internal validity）。實驗設計具有較高內在效度的原因在於，它能有效地剔除許多常見的影響結果的威脅變數。常見的威脅因素有：歷史、成熟和對象選擇偏誤。

歷史（history） 在實驗進行期間，周圍環境發生的事件可能會影響到實驗的結果。當「歷史」發生時，我們就再也不能確保依變數的變化是由自變數引起的；很可能是歷史導致了這些變化。比如，設想在戒菸貼片的實驗過程（預定會持續好幾個月）中，一個名人因為肺癌突然死亡。這件事（而非戒菸貼片）可能導致受試者減少抽菸數量。

成熟（maturation） 在實驗過程中，受試者的生理和心理可能發生變化或成長，當這種變化影響到依變數時，成熟就成為內在效度的威脅因素了。在這種情況下，研究人員不能確定依變數的變化究竟是由自變數引起的呢，還是由受試者的成熟引起的。再設想一下，如果戒菸貼片實驗的對象是一些即將結束青春期的吸菸者，而且研究時間長達一個學年，那麼我們觀察到的依變數的變化可能是由戒菸貼片引起的，但也有可能是由受試者的成熟引起的。他們可能真的長大了，走出了這個危險叛逆的階段。

對象選擇偏誤（selection bias） 如果分組不是嚴格按照隨機分配原則進行，那麼這也會影響到實驗結果。依變數的變化可能是由自變數引起的，但也有可能是由某組受試者的一些特殊屬性造成的。設想如果研究人員讓志願者自我選擇是否到接受戒菸貼片治療的小組中去，那麼

我們觀察到的吸菸行為的變化可能是由於戒菸貼片的作用，但也有可能是由於選擇到實驗組的受試者都是戒菸決心很大（即極端渴望戒菸）的人。

現在，讓我們來看一下，根據隨機分配原則決定實驗組和控制組的實驗設計是如何處理這些常見的內在效度威脅因素。把受試者分為實驗組和控制組的做法能夠有效地抵消歷史和成熟的威脅。如果歷史發生了，那麼兩個小組*都*受到影響，因此就抵銷了其他外部因素的影響作用。對成熟而言，情況是一樣的，因為兩個小組的受試者*都*在變化或成長。如果是這樣，那麼成熟對於兩個小組的依變數所造成的影響也同樣抵銷了。而對象選擇偏誤也在*隨機分組*的過程中被排除了。隨機分組的好處是能夠確保兩個小組的受試者都是對等的，因此不會出現實驗組的受試者比控制組的受試者具有更強的動機（極端渴望戒菸）的情況。總而言之，實驗設計是控制上述以及其他內在效度威脅因素的一種非常有效的手段。[3]

6.3.2 實驗設計的侷限

實驗是尋找因果關係的一種非常強大、有效率並具有內在效度的研究方案。在這個前提下，如果再告訴你實驗並不是因果研究的唯一選擇時，你們也許會覺得不可思議。但事實就是這樣，原因如下。首先，實驗要求一個能被研究者*操縱或控制*的自變數。在社會研究人員感興趣的變數中，有極多變數無法滿足這一條件：如性別、種族、民族、年齡等等。一般情況下，涉及一個人的特徵或屬性的變數都無法用實驗研究加

---

[3] 其他一些常見的威脅因素有：測驗、實驗工具、對象丟失（mortality）、退化（regression）、污染（contamination）以及補充（compensation）。擴充材料裡提供了有關這些威脅因素的網路連結資源。

以操控。但是，通常這些變數又都是社會研究人員特別感興趣的一些主要變數。其次，嚴格按照實驗要求進行研究很可能會給研究者帶來倫理和（或）政治困境。比如，實驗一般根據隨機分配原則把受試者分成實驗組和控制組。但一些人會認為這種做法過於隨意，有失公平。當自變數可能帶來一些積極正面的影響時，這種情況尤為明顯。因為從表面上看，控制組的受試者沒有機會享受自變數可能帶來的好處。反之亦然，人工操控的自變數也可能給實驗組的受試者造成傷害。例如，20 世紀 30 年代後期，有人以愛荷華州的孤兒為對象進行了一項實驗研究。實驗的目的是研究口吃是不是一種後天習得的行為。研究人員跟實驗組的孩子說，你們的講話能力有些問題（實際上根本沒有這回事），所以不要隨便開口說話。這種實驗條件對孩子產生了明顯的影響。60 多年以後，實驗組裡仍健在的那些人把愛荷華州政府告上了法庭，控訴這個實驗的欺騙行為以及給他們帶來的情感上的折磨（*Reynolds, 2003*）。

　　實驗的缺陷還在於，它的外在效度不高（見第 3 章）。實驗的條件和情境具有受控制和人工化的特點，由此得出的結論在非實驗條件下可能就不再是成立了。回到戒菸貼片這個例子上，我們會發現，在實驗條件下，這種貼片的療效顯著，但在現實生活中，使用這種貼片可能看不到什麼效果。下面這段引文講的是研究健康問題的實驗的侷限，從中我們可以看到實驗設計的一些不足：

　　　　儘管已經研究了一個世紀，科學家們對脂肪的作用仍沒有達成一致的看法。原因在於，人的胃口和體重的變化十分微妙和複雜，幾乎不可理解。同時，我們的實驗工具還非常不完善……如果要研究整個人體的生理系統的運作，那麼我們必須不間斷地連續幾個月或幾年餵食著受試者，讓他們特定規劃的食物。這樣會導致研究成本過高以及一些倫理問題（如果研究目

的是要測量可能引起心臟病的食物的作用和影響），而且根本不可能用任何嚴格控制條件的科學方法來研究。但是如果研究者退一步去研究一些成本較低且更容易控制各種條件的課題，那麼很可能會因為考慮降低成本和容易達成的操控程度條件，結果所能進行的實驗就會變得過度簡化，從而得出的結論可能和現實嚴重脫節（*Taubes, 2002*）。

　　當然，也不排除有些實驗設計試圖走出引文中提到的過於簡化的侷限，盡可能的和現實靠攏，即**模仿現實生活情境**（**仿真主義**，mundane realism）。但是，這種做法很複雜，而且成本也不低。經典實驗設計研究的是一個變數的出現與否對另一個變數造成因果影響。但若是我們想同時研究兩個或更多個自變數對某個依變數的影響呢？或者，如果幾個自變數中每個變數都有三個或更多個取值（比如，幾種不同藥物的劑量分為低、中以及高三個等次），那又該怎麼辦？在這些情況下，我們必須採用**多因子實驗設計**（factorial experimental design）。在多因子設計中，每一個自變數及其組合都有自己的實驗組。如果我們要研究兩個變數，而這兩個變數每個又有兩個值，那麼我們就應該安排四個實驗組。但是，如果我們要測量各具有三個等次（低、中、高）的三個自變數的影響，那麼實驗組的數量將是 27 組！很明顯，研究情境越接近現實世界，越不適合採用實驗路線。

　　既然對大多數社會研究來說，實驗設計都捉襟見肘，那麼為何還用了整整一個章節討論這個問題呢？道理很簡單，對於任何以因果分析為目標的研究而言，實驗仍然是「黃金標準」。研究設計越接近實驗，我們在下因果結論時就越有信心。瞭解到這一點之後，現在我們來討論一下目前最流行的一種研究方法（調查研究），看看這種方法是如何和實驗研究的黃金標準相互比較。

6.4　因果分析和調查研究

　　社會研究中最常用也是最有效率的一種方法就是**調查**（survey）。調查是一種依靠問題來蒐集關鍵研究資訊的研究工具。（第 9 章和第 10 章詳細介紹了關於如何有效地展開調查的方法指南。）調查是一種用途廣泛的研究工具，幾乎沒有哪個社會生活領域是不能用調查來研究的，我們要做的就是選擇自己感興趣的課題，然後讓研究對象回答問題和（或）對相關陳述做出表態就可以了。

　　調查採用的是**相關設計**（correlational design），而不是實驗設計。相關設計指的是，研究的目的是尋找研究者感興趣的不同變數間的共變或相關關係。在調查中，我可能會詢問受訪者的年齡及其為慈善事業捐助的金額，目的是想瞭解這兩個變數之間是否存在相關關係。或者，我會詢問受訪者的收入水準及其政治傾向，看看這兩個變數是否相關。事實上，在一些統計軟體（如 SPSS）的幫助下，研究者很容易就能找出調查研究中的任意兩個變數之間是否存在相關關係。

　　儘管相關設計和實驗設計相距甚遠，但這種設計至少能滿足一個因果性先決條件，即相關性。在滿足時間順序這個問題上，調查略顯不足。原因在於，大多數調查都是**橫剖**（cross-sectional）研究。這意味著研究者僅在同一個時間點上一次性蒐集所有相關資訊，沒有任何後續的調查。（第 7 章將更為詳細地討論橫剖設計。）橫剖研究在時間上的侷限影響了調查對因果性時間先決條件的滿足。由於所有的調查資料都是在同一時間獲得的，因此研究人員無法先讓自變數出現，再測量依變數在自變數出現後的變化。所以，研究者應該另闢蹊徑，想辦法確保自變數在時間上先於依變數出現。

　　解決橫剖研究這一時間困境最常用的辦法也許就是採用**回溯性問題**（retrospective questions），即研究者向受訪者提一些問題，以瞭解他們的過去。有了回溯性問題，變數的時間順序問題就一清二楚了：在早些時間發生的事情（如高中的一些經歷）肯定先於之後發生的事情（如工作成就）。我們可以用回溯性問題詢問受訪者小時候所受的紀律教育，得到的資料可以用來研究這些兒時經歷和他們自己成為家長後採用的紀律教育方法是否存在因果聯繫。我們也可以用回溯性問題詢問受訪者在過去 12 個月內的經歷，再用得到的資料研究這些經歷和他們現在對國家安全的態度之間是否存在因果關係。

　　解決時間問題的另一個方法是引進固定變數。由於固定變數通常反映的是一些與生俱來的身分屬性或條件，因此它們自然出現在其他結果或變數之前。我的年齡（根據我的出生年份來計算，因此是固定不變的）（在邏輯上）肯定出現在我的收入、政治傾向、對墮胎的態度等等之前，所以在因果分析中，自然應該算作自變數。（說明這點的另一種方法是問一個問題：上述變數——收入、政治傾向、對墮胎的態度——是否能*引起*我年齡的變化？如果此類問題的答案是否，那麼你很可能就找到了一個固定變數。）

　　對調查研究來說，最難滿足的先決條件或許就是假性關係檢驗了。在理想條件下，調查的對象是能代表研究總體的樣本（見第 8 章）。由於沒有採用隨機分配的實驗組和控制組，所以調查不能十分確定地剔除那些可能對依變數造成影響的干擾變數。在調查研究中，假性關係的辨別大多依靠研究人員的主觀警惕。也就是說，研究人員必須*預測*可能存在的 C 變數，並把這些變數納入調查範圍之內。這樣，在分析調查資料時，我們就可以引進那些 C 變數作為控制變數，隔斷它們對 AB 關係的影響。（如果 AB 間關係保持不變，那麼我們就可以排除 C 對依變數產生影響的可能。）由此可見，調查研究能否有效地剔除影響依變數的干

擾因素，這取決於研究人員的考慮是否周到，相關工作是否到位，以及是否能正確地把恰當的 C 變數納入調查問題之內。如果相關的 C 變數沒有得到調查，那麼假性關係的檢驗也就不可能進行。

6.5 因果關係和田野研究

　　在結束對因果分析的討論之前，我們還應該瞭解一下另外一種常用的研究手段——**田野研究**（field research），看看如何用這種研究手段進行因果分析。所謂田野研究，就是研究者直接在自然環境下觀察人們的活動或事情的進展。這種研究的目標是記錄事件發生的自然過程。（第 11 章將詳細介紹田野研究。）在前面，我們用本章大部分篇幅討論社會學研究最常用的因果模型——通則式模型，現在讓我們來看一下個殊式模型。

　　一般情況下，田野研究經常和個殊式因果分析聯繫在一起。田野研究致力於直接觀察事件和人們在*某一段時間內*的變化和活動，從而方便了對事物間因果順序的深入分析。對事物間因果順序進行深入細緻的分析是個殊式視角的主要特徵。儘管個殊式模型感興趣的只是對*某個*特定事件進行完全徹底的因果分析，但它在滿足因果條件（時間順序、相關性和非假性關係檢驗）這個問題上卻一點也不含糊。除此之外，個殊式模型還把注意力集中在另外兩個因果性條件上：詳細描述特定事物之因果關係的個殊作用過程，以及記錄事件發生的脈絡環境。

　　在解釋一個事件的原因時，個殊式模型給出的是一段**敘述**（narrative），即對前後發生的事件之間的關係進行描述。敘述的主體是詳細描述某特定事件前後環節之間的個殊性因果聯繫，這種具體個例式的推理可以加強因果分析的說服力。此外，因果關係發生的脈絡*情境*也是敘

述的重點，情境脈絡分析的目的是找出那些對充分理解因果關係有幫助的相關因素。如果敘述不能提供以上兩方面的內容，那麼因果關係的分析結果就會失色不少。比如，看看下面這個由魯賓斯坦（Rubinstein）提供的敘述，注意一下這段敘述是如何描述一個巡警毆打一個黑人老頭這件事的前後經過：

> 一個年輕的白人警察注意到，當巡邏車靠近時，街道角落裡有個人轉身避開。於是這個警察把車停下來，搖下車窗，盯著那個上了年紀的黑人。街上空無一人，他坐在車子裡衝著那個黑人喊道：「把手從口袋裡拿出來！」在車子停下來時，那個黑人轉過身去，這時他的右手插在自己的口袋，以至於看起來顯得鼓鼓的。他裝作沒聽見。雙方都停頓了幾秒鐘之後，警察重複了一下他的命令。看到那個黑人還是沒有反應，他坐在車裡把槍拔了出來，很顯眼地握在手上，又一次重複了剛才的命令。那個黑人很緊張，但他仍然沒有出聲，只是慢慢的把手抽出來。但是他的動作有些怪異，以至於警察懷疑他要暗算自己。於是那個警察扣起扳機，把槍口直接對準了那個黑人。突然，那個黑人把手從口袋裡抽出來，扔了一把手槍在地上，然後站在原地，全身顫抖。警察用顫抖的手卸除扳機，慢慢接近那個黑人。當時他幾乎要哭出聲來了，同時有些疑惑、害怕和焦慮。他用槍托砸了一下那個黑人，邊大聲吼罵：「我要你伸出手來的時候你為什麼不照我說的做？我差點就開槍打你了，你這個畜牲！」（*Rubinstein, 1973: 304-5*）

回憶一下最近的一些刑事審判，你會發現個殊式因果敘述有一個致命的缺陷。下面這種情況完全有可能出現，即有很多人看到某件事情，

但每個人對事情經過的描述都不一樣。在一般的刑事謀殺案審判中，對案情經過的描述可能會完全不同，甚至相反。在審判過程中，雙方的律師會給出一個他們各自認為最真實地再現案情經過的陳詞。辯護律師建構的敘述證明被告是清白的，而訴訟律師建構的敘述恰恰證明被告是有罪的。建構一個敘述並不代表其中的因果論證就是正確的。同樣，我們最好採取科學的懷疑精神，對一個敘述論證的時間順序和因果發生的描繪進行評估。

6.6 結論

發掘並確立因果聯繫是一種基本的人類和科學研究活動。不計其數的人直接或間接地被各種各樣的發生在個人或社會層次的問題困擾著，如家庭暴力、吸毒、飲食失調、精神疾病、自閉症、重複犯罪等等。如果能找出這些問題起因，那麼無數普通百姓將從中受益，有時甚至可以改變他們的生活。同樣，如果找出的原因是*錯誤*的，那也將對許多人的生活造成*負面*的影響。因果分析中出錯的代價是非常昂貴的，因此我們必須對因果關係嚴格把關。

為了得到高質量的因果研究結論，我們最好使用實驗。用實驗設計找到自變數和依變數之間因果聯繫的機率最高。實驗是其他一切因果研究的模版。然而，有時候實驗並不符合實際研究的需要。實驗在變數性質、倫理或政治糾紛以及外在效度等問題上的侷限，常常迫使研究者採用非實驗研究方案。但是，我們最終還是必須根據實驗設下的評估標準來判斷非實驗研究設計是否合適。

Chapter

7

研究設計

智者千慮，必有一失。

——羅伯特・朋思*

羅伯特・朋思〔及其後的約翰・斯坦貝克（John Steinbeck）〕告誡我們說，人與老鼠之間訂下的最好的計畫也會落空或出錯。事實確實如此，計畫並不能保證會得到我們預料的結果。但是，與其毫無計畫準備，不如未雨綢繆。在沒有充分考慮關鍵的研究設計問題之前就草率行事，結果往往會不可收拾。在這一章裡，我們將共同探討一下研究設計中的兩個主要問題：研究的時機選擇和分析單位。

7.1 時機決定一切（It's All in the Timing）

自有生命以來，人類對於時間著迷就已結下了不解之緣。愛因斯坦曾經說過：「時間和空間是人類思考的模式……」一分鐘 60 秒，一小時 60 分鐘，這樣的計時方法早在古巴比倫時代就已經開始了。我們的日子、星期甚至生命都是以時間來計算的。如果沒有時間觀念，那麼我們可能會丟失工作、掉

---

* 譯按：原文是 The best laid schemes o' mice an' men/Gang aft a-gley，意思是，人與老鼠之間訂下的最好的計畫也會落空或出錯。這句話出自蘇格蘭著名詩人朋思（Robert Burns, 1759-96）的《致老鼠》（*To a Mouse*）詩。詩人說老鼠的冬窩毀在農夫犁下，又說：But, Mousie, thou are no thy lane/In proving foresight may be vein:/ the best laid schemes o' mice an' men/Gang aft a-gley.（但是，老鼠啊，證明深謀遠慮可能只是白費力氣的，不只是你。老鼠和人所訂最周詳的計畫，都往往出錯。）現在，人們就用 the best laid schemes o' mice an' men/Gang aft a-gley（或 oft go astray）來說最周詳的計畫也會出錯。

錢、危害自己的身體健康，甚至失去朋友和我們所愛的人。很多人相信，成功就是有效的管理自己的時間，即學會什麼樣的時機應該牢牢掌握、什麼時候可以稍微加快一下腳步。〔關於時間管理甚至還有一門專門的學科，叫時間學（horology）。〕但是，時間也意味著變化。時間的流逝就是經歷的*變化*。時間和變化是密不可分的。事實上，變化*需要*時間。變化的產生的前提是*時間*往前推移。所以，時間是任何關於變化之研究的核心。

　　意料之中的是，人類喜歡用各種方式來*記錄*時間和日常生活中發生的變化。如果想捕捉某個特殊時刻，我們就會拿出相機，把這些個時刻永遠地「定格」在拍下的畫面裡：孩子邁出的第一步、高中畢業典禮、婚禮等等。我們都知道，如果這樣的畫面足夠多，那麼我們就可以把這些照片放在一起組合成一個故事。你可以看到牙牙學語的嬰兒，從搖搖晃晃地學步長成活蹦亂跳的小孩，再從成年變成中年，最後是白髮蒼蒼的老人。（照片還能讓我們看到過去 20 年裡一個成年人看著自己脫髮和發福的過程而發愁的模樣！）

　　社會研究人員同樣對時間和變化感興趣。和藝術一樣，研究也模仿人生。科研人員經常從事記錄某個特定時刻以及調查某個事物在一段時間內的變化這樣的研究專案。美國人對槍支管制的態度如何？接連發生的學校槍殺案或哥倫比亞特區狙擊手誤殺無辜是不是改變了他們對私人擁有槍支的支持態度？混合家庭的比例有多少？在過去十年間，這個比率的變化趨勢是怎麼樣的？對於政客們言行的不檢點，我們是更寬容了還是覺得無法忍受？和他們的父母相比，如今的年輕人對婚姻的態度如何，是更加熱衷呢，還是更加冷淡？911 事件是如何改變美國人的國防安全觀呢？要回答這些問題，研究人員在進行研究設計時，必須把時間和變化考慮進來。為了做到這一點，研究人員一般會選擇兩種設計方案：橫剖研究和縱貫研究。

7.2 橫剖研究設計

橫剖（cross-sectional）研究能夠滿足我們記錄某個特定時間點的研究需求，這有點類似於「拍立得照相」（Polaroid moment）。就像照片固定某個時刻一樣，橫剖研究也在「捕捉和蒐集」某個時間點的資訊。因此，橫剖研究只在一個特定的時間點蒐集一個人群的資料，沒有任何後續的跟蹤調查。在執行過程中，為了蒐集所需資料，研究人員會（比如通過調查）訪問各種*具有代表性*（cross-section，譯按：橫剖亦即跨*及各種相關類別*）的人群。上面提到幾個問題可以通過橫剖研究來調查：為什麼現在美國人支持控制槍枝？現在有多少家庭是「混合型」的？美國人對國防安全的感覺如何（尤其是在 911 事件之後）？

橫剖設計在社會研究中是很常見的。對許多描述性和探索性研究專案來說，在某個時間點對母群體的橫剖面進行調查是一個十分明智的策略。國家民意研究中心（National Opinion Research）展開的全國綜合社會普查（GSS）的目的是瞭解美國人各方面的態度和行為，該調查的主體就是橫剖研究。每隔幾年，GSS就抽樣訪問一些美國人，瞭解他們對一些問題的看法。（儘管GSS完成每次調查都需要大約兩個月的時間，但我們還是認為這是個單一時間點的研究設計，即一個受訪者只接受一次訪問。）這種在某個時點對全國人口的橫剖面抽樣群體進行的調查對於及時瞭解美國人民最近的所想所做具有非常高的價值。

橫剖研究實用性強、而且被廣泛採用，但儘管如此，它也有美中不足的地方。一旦遇到要分析*變化*的時候，橫剖研究就不能勝任了。在單個時間點蒐集的資料對於評估或描述當前的情況（比如，對政客言行不檢點的容忍程度，或當前人們對國防安全的態度）而言確實綽綽有餘。

但是，如果想瞭解*經過一段時間之後*情況是否發生了變化，那我們的資料蒐集工作就必須在多個時間點進行。而這種「時間跨度」正是縱貫設計的本質特徵。

7.3 縱貫研究設計

縱貫研究（longitudinal research）的資料蒐集工作在兩個或更多個時間點進行。通過這種方法，在研究變化這個問題上，縱貫研究比橫剖研究更勝一籌。因此，如果想知道在哥倫拜（Columbine）校園槍殺案或哥倫比亞特區狙擊手誤傷事件之後人們對槍支控制的態度是否有所改變，那麼我們最好在兩個時段（哥倫拜事件之前及之後；2002 年 10 月之前以及 2002 年 10 月之後）進行調查。如果想知道 911 事件是如何影響美國人對國防安全的態度的，那麼我們就應該先在 911 事件之前蒐集一次資料，然後在事件發生之後再蒐集一次資料。如果想知道在過去的十年中美國家庭的結構是如何變遷的，那麼我們至少要兩個時點的資料：當前美國家庭的資料以及十年前的資料。多個時間點資料蒐集的出現使得研究人員能夠安心地研究變遷問題。在進行縱貫研究設計時，研究人員可以在下面這個幾個選項中進行選擇：固定樣本小組設計、重複橫剖設計（又叫趨勢分析），以及事件史分析。

7.3.1 固定樣本小組設計

也許，**固定樣本小組設計**〔fixed-sample panel design，又叫做追蹤研究（panel study）〕是「最純粹」的縱貫設計。「固定樣本」，顧名思義就是在多個時間點對*同*一樣本進行調查。在縱貫設計裡，每個資料蒐集點稱為研究輪次（wave）。由於追蹤研究對同一批人進行跟蹤調

查，所以這種研究設計最適於研究特定個體的變化過程。比如，追蹤研究可以幫助我們記錄隨著年齡的增長，某人對墮胎態度的改變（如果存在的話）；或者，記錄隨著時間的流逝，人們是如何應付生活中發生的悲劇。（見圖 7.1）

追蹤研究分析個人變化的優勢已經得到了人們的普遍承認，但是，這種研究設計操作起來十分困難。無需多說，困難在於必須長時間地跟蹤調查對象，並想辦法從他們身上得到我們所需的資料。研究對象的遷移會給資料蒐集帶來很多麻煩，增加研究成本，還會打擊研究人員的信心。人們在搬家時，走之前可能會通知自己的好友以及當地的監理所，但通知駐紮在當地的研究人員可能不在他們的考慮範圍之內。因此，追蹤研究經常面臨一個很實際的問題——**小組成員流失**（panel mortality），即研究對象隨著時間的推移而不斷減少。人們會因為死亡、搬家或失去興趣而退出追蹤研究。不管原因是什麼，研究對象的減少是個很嚴重的問題。如果研究對象不能參加後續輪次的調查，那麼追蹤研究的根本精神就不復存在了。

7.3.2　重複橫剖設計

除了固定小組設計之外，研究人員還經常採用**重複橫剖設計**（repeated cross-sectional design）。同樣，顧名思義，為了達到分析變化的目的，

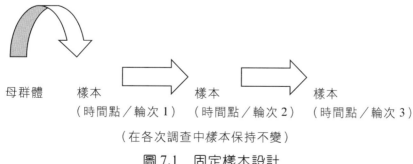

圖 7.1　固定樣本設計

這種設計把橫剖研究「重複」兩次或更多次。更具體地說，趨勢設計分兩次或更多次蒐集資料，但要求*母群體不變*，只是每次調查的是*不同的*樣本。因此，如果想知道美國人對槍支控制態度是否有變換，趨勢分析的做法是，在 2002 年對美國城市人口進行一次抽樣調查，而後在 2005 年對美國城市人口再進行一次抽樣調查，注意，這兩次調查的樣本是*不同的*。如果在每輪調查中研究人員的抽樣工作不出現失誤（即每次抽樣得到的樣本都具有很高的代表性），那麼通過比較每次調查蒐集到的資料就可以回答，*母群體*（即美國民眾）對槍支控制的態度是否出現變化這個問題。

　　所以，樣本的選擇是趨勢設計和追蹤設計的關鍵區別。追蹤設計每輪次研究都必須訪問相同的對象，而趨勢研究每輪次則是從同一個母群體中抽取不同的樣本進行資料蒐集工作。這一特點使得趨勢研究可以克服追蹤設計的主要缺陷。由於趨勢設計允許我們在每次調查時選擇一個新樣本，所以研究人員就可以不必再為繁瑣的記錄保存工作或小組成員流失威脅而操心了。

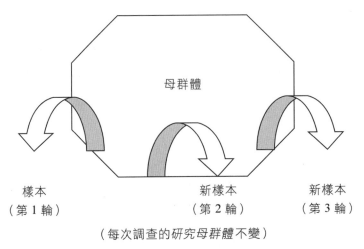

母群體

樣本　　　　　　　新樣本　　　　　新樣本
（第 1 輪）　　　　（第 2 輪）　　　（第 3 輪）

（*每次調查的研究母群體不變*）

圖 7.2　重複橫剖設計

　　這種抽樣方法的改變對趨勢分析的結論解釋有很大的影響。由於在趨勢分析中，只有母群體保持不變（換句話說，每次研究使用的是不同的樣本），所以，*研究人員只能在母群體層面上判斷是否出現了變化*。也就是說，通過比較 2002 年和 2005 年的資料，我們可以說*母群體*對槍支控制的態度是否發生了變化。但我們不能確定 2002 年接受調查的那些人的態度是否有變化，因為我們在 2005 年調查的不是同一批人。

　　第一眼看上去，這是在胡扯。如果母群體情況出現了一定程度的變化，組成這些母群體的個人怎麼能夠保持不變？還真不一定。讓我們來看看下面這個情況。假如我們想要知道華茲邁特大學（Whatsamatter U）的在校學生如何看待環境問題。我們在 2002 年抽取了一個具有代表性的樣本進行調查，得到的結論是，學生對環境問題的關心程度為中等。然後，假設我們在 2007 年重複這一調查。這次得出的結論是，華茲邁特大學的在校學生十分熱衷於環境問題。2002 年接受調查的那些學生在環境問題上改變態度了嗎？我們不知道。我們知道的僅僅是，*母群體*（在此即華茲邁特大學的在學生）對環境問題更關心了。你們也許會產生這樣的疑問：如果 2002 年接受調查的學生態度沒有改變，那麼為什麼會出現這種變化呢？這個問題嘛，答案其實很簡單。在兩次調查間隔的這五年期間，也許一些新進華茲邁特大學的學生對環境問題十分敏感（而這些學生出現在 2007 年的樣本裡），而「原來」那些對環境問題馬馬虎虎的學生可能已經畢業（從而沒有出現在 2007 年的樣本裡）。所以，最終的結果是，*母群體*在經過一段時間之後發生了相當程度的變化，但參與早期調查的某個具體的個人可能一點也沒變。當然，如果想回答個體是否發生變化這個問題，我們必須採用追蹤研究。

　　關於趨勢設計，還有最後一個問題。能否採用趨勢設計來研究母群體變化，這取決於兩點。首先，為了能使趨勢分析成功進行，必須確保我們每次研究選取的樣本具有代表性，並且都來自同一個母群體。如果

要對華茲邁特大學的學生進行趨勢研究，那麼我們就不能一次選擇研究生樣本，而另一次以大學部學生樣本為研究對象。對美國選民進行趨勢分析不能第一次以註冊的共和黨黨員為研究對象，而第二次卻以註冊的民主黨黨員為研究對象。此外，趨勢分析能否成功，還取決於測量過程的一致性程度。換言之，為了準確地描述發生的變化，我們必須確保在各次蒐集資料的過程中，用於研究變數的測量工具完全一致。如果這兩個條件沒有得到滿足，那麼我們觀察到的不同輪次之間的變化*可能*確實是由於母群體變化造成的，也可能是由測量過程的偏差引起的，這樣，不同輪次間的差異就不能正確反映母群體的變化了。專欄 7.1 說明，在趨勢研究過程中，即使是再細微的測量工具變動，也會帶來意想不到的後果。

我們用了很多篇幅來討論趨勢分析，原因很簡單，這種研究設計應用廣泛，尤其是在政治研究領域。比如，每隔四年，每個美國人就要接受一次千篇一律的民意偏好測驗，目的是瞭解民眾對於各個總統候選人的偏好情形。每一屆總統選舉期間，蓋洛普民意調查中心都要發布關於某個總統民眾支持率的趨勢報告。前面我們把全國綜合社會普查作為橫剖研究的例子，其實它的另一個目的是進行趨勢分析。也就是說，由於全國綜合社會普查每兩年對全體美國人進行一次抽樣調查，同時由於該調查儘可能地使用相同的問題，所以，全國綜合社會普查的資料也可以用來進行趨勢分析。全國綜合社會普查的網站有關於 GSS 研究設計及其致力於趨勢分析的討論：http://icpsr.umich.edu/GSS/。

專欄 7.1　棘手的措辭效應

理查德‧莫林（Richard Morin）

民意調查專家們對措辭不同可能帶來的影響瞭如指掌。下面又是一個例

子。這個例子來自蓋洛普民意調查中心為《今日美國》（*USA Today*）及CNN所做的一次民意測驗，調查時間是柯林頓總統發表演說承認自己和莫妮卡‧陸文斯基（Monica Lewinsky）有不正當關係後的當天和第二天晚上。

調查結果相當驚人。柯林頓的支持率驟然下降20個百分點，在一個星期內從60%下降到40%。

這裡存在一個問題：當總統性醜聞正鬧得沸沸揚揚時……蓋洛普公司在兩次調查中使用的問題有些細微的差異。

在8月10至12日進行的調查中，蓋洛普公司使用的問題是：「我想知道您對捲入這起事件的幾個人物的總體印象。當我唸到一個人的名字時，請告訴我您對這個人評價是肯定的還是否定的，或您根本就沒聽說過這個人。」我把這個問題叫做標準版本。

當調查員唸到柯林頓時，60%的人說自己對他有好感。

但在接下來的那個星期一晚上，也就是總統發表演說承認錯誤之後，蓋普洛公司在調查中使用的問題跟上面那個略有出入：「現在，把柯林頓當作普通人，您對他的評價是肯定的還是否定的？」讓我們把這個問題叫做加強版。不管怎樣，還是有40%的人回答自己對他有好感。

當然，兩個問題都非常好。蓋洛普公司的問題出現在民意調查專家把這兩個問題看成是一致的，並把兩個結果進行趨勢分析比較，從而得出柯林頓的支持率下降20個百分點的結論。

為什麼這兩個問題得出的結果相差如此遙遠呢？我估計問題就在加強版的「作為普通人」這幾個字上……在沒有加入這幾個字的情況下，標準版問題的措辭更一般化，從而促使人們將柯林頓作為一個總統來回答問題，而不是回答他們對他處理個人生活的印象。

因此，標準版問題的結論可能代表人們對柯林頓工作能力的肯定（這個比率在蓋洛普公司的兩次調查中都超過60%），而加強版問題把人們的注意力引向了柯林頓那絕對不會為人所稱讚的個人性格。

資料來源："What Americans Think," *The Washington Post* National Week Edition, Monday August 24, 1998.

7.3.3 事件史設計

進行縱貫設計的研究人員還可以考慮採用**事件史設計**〔event-based design，又叫同期群設計（cohort design）〕。事件史設計指的是，研究人員在不同的時點對母群體中的某個特定群體〔即**同期群**（cohort）〕進行調查。同期群指的是那些經歷過共同事件的人，在某段特定時段內，他們經歷了相同的人生境遇。用來界定同期群的一些常用事件有：相同的出生時期〔如嬰兒潮（Baby Boomers）〕，同一年畢業（西元2000年），在同一段時間內服役（越戰老兵），等等。如果研究人員認為發生在某些亞群體（同期群）的變化可能不同於發生在母群總體的變化，那麼就可以考慮進行同期群分析。這種研究方法可以幫助人們瞭解某些特定的生活事件（比如，青少年階段遇上經濟蕭條期，參加波斯灣戰爭，出生在新千禧年伊始）是如何改變人們的生活和他們的個人發展過程的。例如，同期群分析可以幫助研究人員瞭解，二次大戰老兵和越戰老兵的退役生活是否存在明顯的差異。

7.4 分析單位

我關注的可能是……

個人
群體
正式組織
地理區域
社會構造物
等等

討論研究設計問題少了分析單位就是不完整的。**分析單位**（unit of analysis）指的是一項研究的目標對象在社會生活中所處的那個層次，也就是蒐集的是哪一種類型的資訊。在計畫研究專案時，研究者可以在下列幾個不同的分析單位或

層次中進行選擇：個人、群體、組織、地理區域和社會構造物（即人類互動的文化副產品）。就大多數社會研究而言，分析單位是個人。也就是說，我們一般通過向研究對象提問、讓他們回答有關他們自己的一些資訊（他們的背景屬性、態度以及行為）來蒐集資料。然後，我們根據這些資訊來分析諸如年齡與政治傾向、性別與對墮胎的態度，或者個人收入與捐贈給慈善事業的金額等變數之間的關係。

社會研究最常用的分析單位是個人，但研究對象還可以是任何一個社會生活層次上的事物。如果研究的是家庭的日常開支預算，那麼我們就可以採用群體（家庭）作為分析單位。如果想研究一些大公司的高級領導層（the glass ceilings of major corporations），那麼我們就可以把組織（公司）作為分析單位。或者，如果研究目標是分析過去十年內汽車廣告的內容，那麼我們就可以採用社會構造物（汽車廣告）作為分析單位。

通常情況下，學生會覺得分析單位這個問題十分費解。因為，群體、組織、甚至地理區域都是由一個個的人「組成的」。在研究中我們怎樣才能確定合適的分析單位呢？理想情況下，如果一個研究專案給出了具體的研究假設，那麼在研究假設中應該會明確指明該研究的分析單位。也即是說，研究假設應該明確指出預計的關係將在哪個事物上呈現：

- 組織成員的數量與成員的無力感之間存在正相關關係。（分析單位＝個人）
- 隨著組織複雜程度的增加，橫向的任務溝通速度也隨著增加。（分析單位＝組織）
- 一個地區每人消耗的電量（以千瓦為單位）和該地區的犯罪率成正比。（分析單位＝地理區域）

這些假設十分清楚地為研究工作規定了合適的分析單位。令人遺憾

的是，並不是所有的研究都包含假設檢驗。此外，即使有時給出了研究假設，其中也並不一定就指明了相關的分析單位。由此，出現了確立研究單位的另一種技術，即根據研究旨趣和測量目標的特徵、屬性或品質來分辨分析單位。特定的分析單位「具有」一些固定的特徵。例如，只有個人才具有態度、智商或行為；只有社會群體（如集體或正式組織）才有「規模」或「社會結構」；只有地理區域才有「面積」或人口密度。充分理解研究背後的主要研究問題可以幫助你們正確地找到相應的分析單位。

7.4.1 層次謬誤

為什麼要確立分析單位呢？其實我們關心的是如何在根據研究資料推出結論的過程中使出錯的機率最小，正是對這個問題的考慮促使我們確立正確的分析單位。分析單位可以影響我們根據研究資料下結論的過程。如果分析單位是個人，那麼我們得出的結論只能跟個人有關。如果蒐集的是關於群體的資料，那麼我們就只能得出關於群體的結論。在一個分析單位上蒐集資料，卻把結論下到另一個分析單位上，這種做法很容易導致錯誤。其中一個常見的和分析單位相關的錯誤就是**層次謬誤**（ecological fallacy）。

無論什麼時候，一旦研究人員在集體層次（即*超*個人的層次，例如：群體、組織、地理區域）上蒐集資料，得出的卻是個人層面的結論時，層次謬誤就出現了。這樣的結論是不正確的，原因是蒐集到的資料不是關於個人的。例如，假設你們得到了一些美國東岸城市的資料：老年人口比例高的城市，竊盜案的發生頻率也高。這兩個都是關於城市的「特徵」，所以任何研究結論都必須是關於城市的陳述。如果你們下結論說，老年人是竊盜案頻繁的原因，那麼你們就犯了層次謬誤了。在得出這個結論的過程中，你們的錯誤在於，蒐集到的資料都是關於集體

的，而你們的結論卻是關於這些集體中的個人。在個人層次沒有相關關係的情況下，群體層次也可能出現相關現象。事實上，在群體層面上出現的老年人口數量和竊盜案之間的相關關係，其原因可能是，老年人容易成為小偷的*作案對象*，而不是老年人容易成為*作案者*。如果想要確定這兩種原因哪一個才是真的呢？唯一能夠確保不出錯的辦法就是，用個人作為分析單位，然後蒐集個人的資料。

　　群體層次的相關關係可能和這些群體中的個人層次的相關關係完全不同。這種情況的一個經典例子就是魯賓遜（Robinson）對受教育程度的研究。他在研究過程中發現，當使用地理區域作為分析單位時，擁有較多外國移民的*地區*受教育程度也高。當他把分析單位換成個人時，卻發現在同一地理區域內，外國移民的受教育程度低於本土居民（*Robinson, 1950*）。你們可以看到，分析單位變了之後，相關關係的性質也發生了變化。[1]

　　我們再來看一個例子。設想有個對教堂的研究發現，一個教區的人均收入越高，教堂每個禮拜得到的捐贈也越多。這個群體層面的相關關係也許會誘使我們做出這樣的推論：在每個禮拜的募捐時間裡，最富裕的教民捐出的錢也最多。其實，我們並不知道最富裕的人是否也是最慷慨的，或者，相對收入少一些的人是否不到萬不得已不出錢。如果想瞭解不同的人捐贈的方式有何差異，我們應該採用個人作為分析單位，即，我們應該調查每個人一星期放進募捐箱的錢各是多少。

---

[1]　那麼，為什麼外國移民較多的地區人口受教育程度就高一些呢？一個可能的原因是，移民會挑選受教育程度高（即公共教育體系發達）的地方定居。

7.5 結論

一項成功的研究需要精心佈置、周密策劃。事實上，如果你覺得某項研究不值得花時間策劃，那麼這個研究專案很可能就是沒有任何價值的，根本不需要去做！本章討論了研究設計中兩個最重要的問題：研究的時間選擇和分析單位。時間的選擇能幫助我們事先確定，為了達到研究目的，資料蒐集需要在幾個時點進行。例如，為了達到預期目標，我們是只需和研究對象接觸一次呢，還是應該再次和他們聯繫以獲得後續資料？如果研究目的是瞭解變化的情況，那麼我們就應該採用縱貫設計。分析單位也能幫助我們回答研究課題提出的問題。如果想把研究結論推廣到其他個人身上，那麼我們就應該採用個人作為分析單位來蒐集資料。另一方面，如果只想在集體層次上應用結論，那麼我們就可以安心地蒐集集體層面的資料。

當然，想要成功地完成一項研究任務，要考慮的問題還有很多。有關抽樣、蒐集資料的具體方法、資料分析等等問題，都需要研究人員一一決定。在本書後面的部分，我們將對這些問題進行討論。

Chapter

8

抽樣：以少數反映整體

　　大多數人對抽樣都有過一些親身體會。在日常生活中，我們使用樣本來粗略地把握一些較大的實體，例如試吃樣品。事實上，樣本在我們的生活中的應用極為普遍而深遠。例如，許多大學開始要求若干學系的學生必須收集就學期間具有代表性的作品與成果，這些作品集（portfolio）就成為學業成績的評分重點。同樣，用人單位可能會要求求職者在提交上來的簡歷裡附上自己的作品樣本。當我們每天去檢查信箱時，很可能從裡面掏出一包最新的強效止痛藥試用品。在電影的正片放映之前，製片商首先會公布一些預告片。最近幾個月的股市熱鬧非凡，我們也明白了，原來為了掌握整個股票市場的運轉狀況，美國人一直在密切監視部分主要股票的走勢：如道瓊斯工業指數、S£P500，以及納斯達克指數。儘管上述這些例子在內容上相距甚遠，但它們都說明了一個共通的簡單道理：樣本在獲取和處理資訊的過程中扮演著重要的角色。

　　日常生活對樣本的使用其實是從正規的科學研究中延伸出來的。研究人員常常對研究大規模的人群或事物感興趣。這些大的集體被稱為**研究母群體**（research populations）。也許，我們會對老年人口、小學生、千禧年寶寶以及 20 世紀初最高法院的判例等等產生研究興趣。像這些例子一樣，很多研究的母群體數量太大，根本不可能對其進行全面調查。事實上，對全部母群體進行研究的做法極為少見，我們給這種做法起了個特殊的名稱，叫做普查。全面研究母群體是一項既龐大又麻煩，而且耗費鉅資的任務，美國政府即使是動用所有資源，也只能每隔十年對全國人口做一次普查！

　　如果不願意或沒有能力對研究母群體進行全面調查，那我們該怎麼辦？我們可以選擇調查研究母群體中的一小部分，即**樣本**（samples）。也許，研究人員想知道美國大學生的抱負和志向有什麼變化。然而，要得到這個問題的答案，研究人員沒有必要調查所有在學的大學生，而只須調查其中的一小部分（樣本）。類似地，研究人員可能對電腦遊戲中

的暴力內容產生研究興趣。在展開這項研究的過程中，研究者很可能只對市場上的部分（樣本）電腦遊戲進行分析。製藥公司不會在所有的目標病人身上試驗新藥，而是只在一部分志願者（樣本）身上進行實驗。

因此，全面調查母群體任務過於艱巨，常常讓人望而卻步，樣本可以有效地解決這個問題。我們可以把樣本作為母群體的代表。從這個意義上說，樣本是一個效率非常高的工具，它能幫助我們根據「少數」瞭解多數。樣本可以減少研究時間，降低研究成本。如果想瞭解我們的血液狀況，醫生沒有必要把我們身上所有的血都抽出來，只須抽幾盎司就可以得到結果。為了評鑑一種酒的質量和口感，品酒師不會把整瓶酒都喝下去。所以，從理論上說，樣本應該「模仿」或準確描述母群體的情況。

能夠準確傳遞母群體資訊的樣本被稱為**具有代表性的樣本**（repre-sentative samples）。具有代表性的樣本可以使研究人員從樣本中獲取必要的資訊，然後再把這些資訊反過來推廣到母群體。因此，如果樣本人群的平均年齡是 32 歲，並且這個樣本具有代表性，那麼我們就可以安全地推斷母群體的平均年齡也是 32 歲。這種把樣本的結論或資訊推廣到母群體的能力被稱為**樣本可推廣性**〔sample generalizability，有些領域把它叫做**外在效度**（external validity）〕。

如何透過好的樣本準確推斷母群體的情況，這是抽樣過程關注的重點。這句話提醒我們要注意樣本中的一個非常重要的問題：只有代表性的樣本獲得的關於母群體的資訊才值得我們信賴。我們能想當然地認為，絕大部分樣本都是有效的、具有代表性的嗎？在回答這個問題之前，讓我們再次回到我們日常生活中的一些抽樣經驗上來。

再來看看那些在電影正式放映之前出來的預告片。完整的影片和預告片之間的差別，可以說明樣本的誤導性能有多大。你們都很清楚，預告片一般只有兩分鐘，這個短短的時間濃縮了整部電影最搞笑、最煽情

或最精彩的內容。但是，預告片和觀眾看到的影片的其餘部分之間常常存在巨大差異。用技術語言來說，這些電影樣本裡含有**抽樣誤差**（sampling error），即樣本和母群體之間的出入。

　　抽樣誤差存在的原因在於，通常樣本都是不完美的。也就是說，樣本並不總是能準確地反映母群體的情況。讓我們暫時回到剛才那個關於年齡的例子。樣本的平均年齡是 32 歲，但母群體的平均年齡可能有所出入，比如31歲或33歲。這種存在於**樣本統計值**（sample statistic，根據樣本資料得出的值）和**母群體的母數或參數值**（population parameter，母群體的真實值）之間的差異就是抽樣誤差，這種誤差在抽樣過程中是不可避免的。因此，在抽樣過程中，我們的目標是儘可能使抽樣誤差最小化（完全排除抽樣誤差是不可能的）。為什麼有些樣本能更好地代表母群體，並且抽樣誤差很小，而有些樣本卻做不到這些呢？下面我們來討論這個問題。

8.1　抽樣代表性的障礙

　　上文已經指出，樣本的質量好壞相差很大。在醫院驗血抽取的樣本被認為能夠很好的代表我們全身的血液。但是，如果我們對只選取精彩片段的電影預告片也採取同樣的信任態度的話，那就很傻了。為什麼會有如此大的差別呢？驗血抽取的樣本在代表性上之所以能夠表現如此出色，原因在於，我們體內的血液是一個**同質性母群體**（homogeneous population），也就是組成母群體的成分都是一致的。〔組成母群體的事物叫做**成分**（elements）。〕在我們腳掌流動的血液和手臂、心臟等其他地方流動的血液是一樣的。從同質母群體中進行抽樣是件很簡單的事。如果母群體中所有的成員都相差無幾，那麼只要抽取一個成員就可

以瞭解整個母群體的情況了！這就是為什麼醫生在驗血時滿足於一個血樣的原因。

對於社會研究人員而言，問題可沒有這麼簡單，因為在社會生活中，母群體很少是同質性的。社會學家面對的研究母群體通常都是**異質性**（heterogeneous）的，即組成這些母群體的成分都是豐富多樣的。為了舉例說明母群體的異質性，讓我們再來看看電影預告片這個例子。電影的正片一般都有超過 100 分鐘的長度。影迷們都知道，在這一百多分鐘裡，會出現很多情節變化。在一部典型的電影裡，有緩慢鋪陳的情節、激動人心的情節、幽默搞笑的情節、煽情感人的情節以及枯燥乏味的情節等等。整部電影情節或場景的變化多樣是**母群體異質性**（population heterogeneity）的一個很好的例子。事實上，這種異質性也正是我們對整部影片的期望。如果在這一百多分鐘的時間裡，我們看到的都是重複出現的同一個場景，那麼我們就會感到沈悶乏味和痛不欲生。

母群體異質性僅僅反映了一個事實，即許多母群體中的成分都是極其多樣的。想想你所在地的大學生母群體。儘管他們都是大學生，但每個學生之間還是存在很大的差異，比如他們的社會階層、性別、種族、民族、年齡、宗教背景、婚姻狀況等等，都不一樣。在實際生活的許多領域，我們欣賞這樣的多樣性。我們說，多樣性是生活的調味品。單調統一或無休止地重複同一件事的感覺比死還難受。

有件很簡單的事實，母群體多樣性是生活的一個現實，也是獲取有代表性樣本的最大障礙。母群體異質性程度越高，抽取一個能反映母群體變化程度的樣本的難度也越大。如果要想忠實地再現*所有的*電影場景，那麼預告片就必須既包含精彩動人的鏡頭，又體現蹩腳乏味的畫面。當然，這樣做對票房可不好。這個問題把我們引向了獲得有效樣本的另一個障礙：抽樣過程。

8.1.1　樣本是如何選取的？

電影預告片的例子已經暗示我們，人們的欲望、動機或偏見都會降低樣本的代表性。那些製作預告片的人對從影片中抽取出一部分能反映電影全貌的樣本可不感興趣。他們感興趣的是，如何製作出能說服觀眾買票來看這部電影的畫面。那些為電視脫口秀節目尋找來賓的工作人員對樣本的代表性也不一定會感興趣。節目製作人員也許會發布消息，招募那些「和自己女兒的男友約會的母親」。但是，當進入真正的選拔時，脫口秀節目只會選擇那些最能提高收視率的母親：即那些完全不顧倫理道德的、口無遮攔的、放蕩不羈的，等等的母親。同樣，那些為市場研究人員做商場訪問調查的人也很容易忽視樣本的代表性。這些訪問員也許會故意回避某些人（衣衫不整的、年紀大的、怪里怪氣），而把眼光只放在另一些人（年輕人、具有吸引力的潛在約會對象）身上。儘管對這些訪問員來說這樣的選擇很有意思，但是，卻已經嚴重破壞了樣本的代表性。很明顯，不能讓抽樣過程受到諸如個人動機和意圖的影響，否則，獲取有代表性樣本的目標就難以實現。

8.1.2　樣本規模

有些樣本因為規模太小而無法代表母群體。小樣本能夠代表同質性的母群體（還記得嗎，只需要一個個體的樣本就可以代表一個完全同質的母群體），異質性母群體所需的樣本規模要更大。道理很簡單，母群體的異質程度越高，樣本就必須包含更多的成分才能代表所有的多樣性。

但是，樣本規模問題會帶來兩難困境（catch-22）。前面我們已經提到，抽樣是一個頗具吸引力的研究手段，因為這種方法效率高。樣本使得我們能夠根據少數研究多數。但是，大規模的樣本會降低這種效率。因此，研究人員發現樣本規模問題存在著一個效益遞減點（a point of diminishing return）。也就是說，儘管在一般情況下，規模大的樣本比規模小的樣本更具代表性，但是，這種優勢的效益會隨著樣本規模增大而帶來的研究成本增加而遞減。樣本規模增加一倍，抽樣費用也會上漲一倍，但樣本資料的準確性卻不能提高一倍。事實上，概率理論指出，在嚴格精細的抽樣條件下，把樣本規模從 1,000 個增加到 2,000 個（增加 100%）只能提高 1 個百分點的樣本精準度（*Newport et al., 1997*）。所以，樣本規模並不是越大就越好。實際上，研究人員運用比例原則，根據適當的比例就可以從不同大小的母群體中抽出規模適當的樣本。普遍採用的一條規則是，母群體規模越大，取得代表性樣本所需要的抽樣比例越小。蓋洛普公司以及其他一些大型的調查公司能夠根據 1,000 到 1,500 個個體左右的樣本獲得有關全國人口的準確資訊（*Newport et al., 1997*）。圖 8.1 給出了不同規模的母群體所需的標準抽樣比例。（這最後一點常常令學生產生疑惑。按照常理，母群體規模越大，所需的樣本也應該越大，這樣才能做到有代表性。而事實上，如果你們仔細觀察圖 8.1 就會發現，規模最大的母群體其樣本個數規模也最大。只不過抽樣*比例*變小了而已。）

規模小於 200 的母群體，普查（抽樣比例 100%）

母群體規模	抽樣比例
500	50%
1,000	30%
10,000	10%
150,000	1%
100 萬	0.025%

圖 8.1　常用的抽樣比例原則

8.2　樣本代表性：隨機抽樣

　　排除抽樣障礙的最好方法是採用所謂的**概率抽樣**（probability sampling）。在概率抽樣技術中，母群體的每個個體被抽中的機率是已知的。概率抽樣的核心在於**隨機選擇**（random selection）過程。隨機選擇採用隨機概率作為決定母群體中的哪個個體進入樣本的唯一根據。

　　這種隨機選擇過程在小學班級中經常被使用。當學校舉行一個特殊活動時，為了體現公平，參與活動的學生名單不是交給老師決定（老師可能會選擇自己喜歡的學生），而是採取隨機選擇。在選取學生名單時，把整個班級學生（母群體）的名字都放入一個帽子裡，再從帽子裡隨機抽取一部分學生（樣本）。在這個過程中，母群體中的每一個成員（即帽子裡的名字）被選中的機會是已知的，並且是平等的。如此反覆同一個抽取過程，直到滿足樣本數量為止。被選中的名字是由隨機概率決定的（而不是老師的偏見或學生的人緣）。這是典型的隨機選擇過程。抽樣選擇過程越接近這種隨機抽取，得到的樣本越具有代表性。事實上，概率抽樣的一個前設假定是，如果母群體中的每個成員都有相同的機會被抽中，那麼得出的樣本就是有代表性的。

　　代表性樣本的選取主要取決於機率，這種做法可能會讓一部分人覺得奇怪。因為，習慣告訴我們，不能把重要的決策交給機會來決定。常識鞭策我們提前做好計畫，排除一切不確定的因素。我們購買保險，立下遺囑，為的就是防患於未然，趕在災害、疾病和死亡（命運的喜怒無常）之前做些準備。當我們想要獲得與自己的個人喜好、性格或生活方式相呼應的結果時，這種建議是非常合理的。正如上文指出的那樣，如果想要獲得適合自己胃口的樣本，我們就應該謹慎對待每一個對象的選擇（如，挑選最八卦的人作為脫口秀節目的來賓）。但是，要想獲得的

樣本能夠真正代表總體，那麼就必須排除我們的個人喜好（偏見），讓機會來支配整個選擇過程。克服個人喜好和偏見的最佳途徑是依靠隨機選擇。

8.2.1 抽樣框

為了能夠採用概率抽樣，研究人員必須先確定一個**抽樣框**（sampling frame）。所謂抽樣框，就是組成一個研究母群體的所有個體的完整名冊，它是概率抽樣不可或缺的一個組成部分。事實上，如果沒有抽樣框，研究人員就無從得知每個個體被選中的機率。如果知道一個抽樣框內包含有 1,000 個個體，那麼研究人員也就明白，每個個體被選中的機率是一千分之一。沒有母群體成分的完整名冊，概率抽樣就無法進行。

顯而易見，在確立抽樣框之前，研究人員需要先給研究母群體下一個明確的定義。明確的母群體定義能夠幫助研究人員找到樣本所要代表的具體母群。模棱兩可或含糊不清的母群體定義只會導致抽樣框和抽樣過程錯誤百出。在定義研究母群體時，最好明確給出母群體的各個界限。舉個例子，我們不能把研究母群體僅僅定義為公共電視台的支持者，應該再加以具體說明，如在 2002 年承諾給予本地公共電視台（PBS）以經濟支持的人。再如，我們不能僅僅把研究母群體寬泛地界定為社會學家，最好把研究母群體定義為美國社會學協會現在登記在冊的會員。如果在定義研究母群體時能夠達到這種具體程度，那麼我們就能比較容易地編製或找到一個好的抽樣框。[1]

---

[1] 母群體定義的具體性能夠幫助研究人員建立一個完整的抽樣框，但這需要付出代價。母群體定義越具體，研究結論的可推廣性就越差。採用美國社會學協會的會員名單作為抽樣框意味著，研究人員只能把結論推廣到加入這個協會的社會學家，而不是所有社會學家身上。如果這兩個母群體相差甚遠，那麼研究人員就應該重新考慮這樣定義母群體是否合適。

　　因此，能否建立一個好的抽樣框對概率抽樣至關重要。最終，樣本是否合格還取決於抽樣框的質量。質量好的抽樣框（完整、準確、不重複的成員列表）有助於提高樣本的代表性。質量差的抽樣框（不完整、不準確、有重複的成員列表）不利於樣本代表性的提高。釐清研究母群體和抽樣框的工作值得我們投入時間和精力。

　　有些研究人員必須從頭開始建立一個抽樣框，但有些時候，也有現成可用的抽樣框。如果你們想訪問一些社會學專業的學生，那麼註冊組或社會學系辦公室能夠為我們提供一個完整的名單。有了這份名單（並且修改了一些明顯的錯誤，如缺失或重複的名字之後），研究人員就可以進行概率抽樣了。專欄 8.1 給出了美國最高法院所有法官的名單，包括卸任的和在任的。這份名單來自西北大學 Oyez 專案的網站（http://oyez.itcs.northwestern.edu/oyez/frontpage），可以被用來作為研究最高法院法官的抽樣框。

8.2.2　簡單隨機抽樣

　　最基本的概率抽樣是簡單隨機抽樣。這種抽樣技術的步驟*很簡單*：首先給抽樣框裡的名單編號，然後從中隨機抽出幾個數字，被抽中的數字對應的個體就組成了樣本。（例如，如果把專欄 8.1 列出的所有法官逐一編號，然後，我們就可以對這些法官進行簡單隨機抽樣了。）

　　隨機選擇可以根據亂數表（統計學方面的書籍一般都附有亂數表）進行。研究人員可以（隨意地）從亂數表中選擇幾個數字，被選中的數字對應的抽樣框中該編號的個體就進入樣本。反覆進行這個步驟，直到獲得足夠多的樣本。

8.2.3　系統隨機抽樣

　　你們也許已經想到了，簡單隨機抽樣對於母群體較小的研究來說，

專欄 8.1　美國最高法院法官名單（按姓氏字母排序）

Henry Baldwin	Pierce Butler	William R. Day
（在任時間：1830-1844）	（在任時間：1923-1939）	（在任時間：1903-1922）
Philip P. Barbour	James F. Byrnes	William O. Douglas
（在任時間：1836-1841）	（在任時間：1941-1942）	（在任時間：1939-1975）
Hugo L. Black	John A. Campbell	Gabriel Duvall
（在任時間：1937-1971）	（在任時間：1853-1861）	（在任時間：1811-1835）
Harry A. Blackmun	Benjamin N. Cardozo	Oliver Ellsworth
（在任時間：1970-1994）	（在任時間：1932-1938）	（首席法官：1796-1800）
John Blair	John Catron	Stephen J. Field
（在任時間：1790-1795）	（在任時間：1837-1865）	（在任時間：1863-1897）
Samuel Blatchford	Salmon P. Chase	Abe Fortas
（在任時間：1882-1893）	（首席法官：1864-1873）	（在任時間：1965-1969）
Joseph P. Bradley	Samuel Chase	Felix Frankfurter
（在任時間：1870-1892）	（在任時間：1796-1811）	（在任時間：1939-1962）
Louis D. Brandeis	Tom C. Clark	Melville W. Fuller
（在任時間：1916-1939）	（在任時間：1949-1967）	（首席法官：1888-1910）
William J. Brennan, Jr.	John H. Clarke	Ruth Bader Ginsburg
（在任時間：1956-1990）	（在任時間：1916-1922）	（在任時間：1993- ）
David J. Brewer	Nathan Clifford	Arthur J. Goldberg
（在任時間：1890-1910）	（在任時間：1858-1881）	（在任時間：1962-1965）
Stephen G. Breyer	Benjamin R. Curtis	Horace Gray
（在任時間：1994- ）	（在任時間：1851-1857）	（在任時間：1882-1902）
Henry B. Brown	William Cushing	Robert C. Grier
（在任時間：1891-1906）	（在任時間：1790-1810）	（在任時間：1846-1870）
Warren E. Burger	Peter V. Daniel	John M. Harlan
（首席法官：1969-1986）	（在任時間：1842-1860）	（在任時間：1877-1911）
Harold Burton	David Davis	John M. Harlan
（在任時間：1945-1958）	（在任時間：1862-1877）	（在任時間：1955-1971）

Oliver W. Holmes, Jr.
（在任時間：1902-1932）

Charles E. Hughes
（在任時間：1910-1916
首席法官：1930-1941）

Ward Hunt
（在任時間：1873-1882）

James Iredell
（在任時間：1790-1799）

Howell E. Jackson
（在任時間：1893-1895）

Robert H. Jackson
（在任時間：1941-1954）

John Jay
（首席法官：1789-1795）

Thomas Johnson
（在任時間：1792-1793）

William Johnson
（在任時間：1804-1834）

Anthony Kennedy
（在任時間：1988- ）

Joseph R. Lamar
（在任時間：1911-1916）

Lucius Q.C. Lamar
（在任時間：1888-1893）

Brockholst Livingston
（在任時間：1807-1823）

Horace H. Lurton
（在任時間：1910-1914）

John Marshall
（首席法官：1801-1835）

Thurgood Marshall
（在任時間：1967-1991）

Stanley Matthews
（在任時間：1881-1889）

Joseph McKenna
（在任時間：1898-1925）

John McKinley
（在任時間：1838-1852）

John McLean
（在任時間：1830-1861）

James C. McReynolds
（在任時間：1914-1941）

Samuel F. Miller
（在任時間：1862-1890）

Sherman Minton
（在任時間：1949-1956）

William H. Moody
（在任時間：1906-1910）

Alfred Moore
（在任時間：1800-1804）

Frank Murphy
（在任時間：1940-1949）

Samuel Nelson
（在任時間：1845-1872）

Sandra Day O'Connor
（在任時間：1981- ）

William Paterson
（在任時間：1793-1806）

Rufus Peckham
（在任時間：1896-1909）

Mahlon Pitney
（在任時間：1912-1922）

Lewis F. Powell, Jr.
（在任時間：1972-1987）

Stanley Reed
（在任時間：1938-1957）

William H. Rehnquist
（在任時間：1972-1986
首席法官：1986- ）

Owen J. Roberts
（在任時間：1930-1945）

John Rutledge
（在任時間：1790-1791
首席法官：1795-1795）

Wiley B. Rutledge
（在任時間：1943-1949）

Edward T. Sanford
（在任時間：1923-1930）

Antonin Scalia
（在任時間：1986- ）

George Shiras, Jr.
（在任時間：1892-1903）

David H. Souter
（在任時間：1990- ）

John Paul Stevens	Roger B. Taney	Bushrod Washington
（在任時間：1975- ）	（首席法官：1836-1864）	（在任時間：1799-1829）
Potter Stewart	Clarence Thomas	James M. Wayne
（在任時間：1958-1981）	（在任時間：1991- ）	（在任時間：1835-1867）
Harlan Fiske Stone	Smith Thompson	Byron R. White
（在任時間：1925-1941	（在任時間：1823-1843）	（在任時間：1962-1993）
首席法官：1941-1946）	Thomas Todd	Edward D. White
Joseph Story	（在任時間：1807-1826）	（在任時間：1894-1910
（在任時間：1812-1845）	Robert Trimble	首席法官：1910-1921）
William Strong	（在任時間：1826-1828）	Charles E. Whittaker
（在任時間：1870-1880）	Willis Van Devanter	（在任時間：1957-1962）
George Sutherland	（在任時間：1911-1937）	James Wilson
（在任時間：1922-1938）	Fred M. Vinson	（在任時間：1789-1798）
Noah Swayne	（首席法官：1946-1953）	Levi Woodbury
（在任時間：1862-1881）	Morrison R. Waite	（在任時間：1845-1851）
William Howard Taft	（首席法官：1974-1888）	William B. Woods
（首席法官：1921-1930）	Earl Warren	（在任時間：1881-1887）
	（首席法官：1953-1969）	

資料來源：西北大學 Oyez 專案：http://oyez.itcs.northwestern.edu.oyez.frontpage

執行起來很方便，但對於母群體較大的研究來說，這種抽樣方法就太麻煩了。如果情況是這樣，那麼就可以考慮使用系統隨機抽樣。同樣，研究人員從建立抽樣框開始，然後根據亂數表選取第一個進入樣本的個體。一旦第一點確定了之後，樣本中的其他個體就可以根據特定的抽樣距離逐個選取。抽樣距離是一個系統化的跳躍模式，可以用來加快抽樣速度。計算方法是，用母群體規模除以樣本規模，得到的數字就是抽樣距離。如果母群體包含 10,000 個個體，樣本的大小為 500 個個體，那

麼，抽樣距離就是 20（10,000/500=20）。根據亂數表確定一個起點。
（起點數字必須落在*抽樣距離之內*，在這裡，起點必須是 1 和 20 之間
的一個數字。）如果得到的隨機起點是 8，那麼，進入樣本的就是 8、
28、48、68 等等數字對應的個體。（如此往下進行，直到獲得 500 個個
體的樣本為止。）

8.2.4　分層抽樣

　　還記不記得前面我們提到，根據同質母群體比根據異質母群體更容
易得到具有代表性的樣本。分層抽樣利用的就是這一點。採用這種技術
進行抽樣的過程中，在選取個體之前，研究人員把抽樣框分成同質性程
度相對較高的小組（層，strata）。對於分組後的群體來說，這個步驟可
以增加最終樣本的代表性。因此，如果要求樣本在性別這一層面上能準
確地代表母群體，那麼我們就可以先根據性別來分組，即把所有的男性
分為一組，女性分到另一組。然後，再對每個小組進行簡單隨機抽樣或
系統抽樣。如果研究人員對某些關鍵變數（如性別、種族、民族、政治
傾向、年齡，等等）的代表性有特殊要求，那麼最好在抽樣之前根據這
些變數的取值對母群體進行分組。一旦這個工作完成之後，研究人員就
可以進行**等比例分層抽樣**（proportionate stratified sampling）。這種方
法能夠確保研究人員選取的樣本中個體之間的比例和他們在總體中的比
例相等。例如，假設有一個志願者群體，其中 60%是女性，40%是男
性。設計的樣本規模為 100 個，那麼研究人員就可以根據分組的抽樣框
隨機選擇 60 個女性和 40 個男性組成樣本。這樣，樣本中的性別比和母
群體人群的性別分布就保持一致了。〔反過來，研究人員有時也可能採
用**不等比例分層抽樣**（disproportionate stratified sampling）。這裡，為
了確保統計分析的順利進行，某些類型的個體數量不能過小，因此，對
於那些規模小但很重要的小組，從中抽取的個體就可以多一些。〕

分層抽樣會遇到一個困難，即研究人員必須對研究母群體的情況有所瞭解。例如，看看專欄 8.1 中最高法院法官的抽樣框。根據名字，我們可以很容易地把這份名單按照性別分類。（沒錯，我們看到，到現在為止，最高法院的法官只有兩位是女性。）[2] 但是，如果要求我們根據另一個變數（如宗教背景、上任年齡、在提名總統候選人時表現出來的政黨傾向）來進行分組，那麼僅僅根據專欄 8.1 給出的資訊是不可能完成這個任務的。要做到這一點，我們首先必須獲得每個法官的相關資料。如果這些資料無法獲得，那麼分組就不可能進行。

8.2.5　整群抽樣（Cluster sampling）

我們已經提到，抽樣框是概率抽樣不可或缺的一個組成部分。我們還提到，獲得抽樣框一般來說相對容易。然而，如果獲取研究母群體的全部名單這個想法連聽上去都覺得不可能，那麼我們該怎麼辦？假設你想對你所在州的高中生進行抽樣。你的第一個念頭是編製一份包括這個州所有高中學生的名單，但真有這個必要這樣做嗎？幸運的是，答案是沒有。當建構抽樣框的任務只在理論上說得通，而實際操作起來不可能完成時，研究人員可以採用整群抽樣這一概率技術。整群抽樣分幾個步驟進行，目標是找到那些自然形成的、包容程度越來越強的終極抽樣單位「群」。假設你要研究畢業班的學生。這些畢業生在哪裡？高中學校。高中學校在哪裡？城市裡。城市在哪裡？州裡。最後，我們到達了抽樣的最高群層。現在，研究人員可以逆著這個方向來考慮問題了。建

---

[2] 就這個例子而言，我們發現，按照性別進行分類得出的小組並不合理，因為最高法院的法官中只有兩位女性。在這種情況下，研究人員就應該採用不等比例抽樣，讓小群體中的個體都進入樣本，這樣，就確保這些個體不會因為數量少而被隨機過程排除在最終的樣本之外。

立一個州所有城市的抽樣框可行嗎？可行（實際上，這樣的抽樣框已經有了，可能就在你們州的網站首頁或公路駕駛指南手冊裡。）根據這個城市抽樣框，我們可以採用簡單隨機抽樣、系統抽樣或分層抽樣選取一個樣本。有可能為選中的城市建立一個該市所有高中學校的抽樣框嗎？有這個可能。在這個高中學校抽樣框裡，我們可以抽取學校的樣本。給這些被選中學校裡的所有畢業生建立一個抽樣框可能嗎？可能（同樣，學生花名冊可能已經存在了，就在被選中學校的學生註冊組裡。）正如你們所看到的那樣。整群抽樣操作起來相當麻煩，技術不到家的話恐怕不敢輕易嘗試。要做的工作和付出的努力比其他概率抽樣技術要多出太多。（同時，由於整群抽樣的次數重複太多，所以也增加了抽樣誤差的出現機會。）但是，對於大規模研究母群體而言，整群抽樣仍不失為一個獲取有效樣本的可行方案。

8.3　非概率抽樣技術

整群抽樣告訴我們，編撰抽樣框有時要求研究人員具有極高的創造力（和耐性）。儘管如此，我們還是得承認，並不是所有的研究都適合採用概率抽樣。有些時候，概率抽樣的基本成分──抽樣框──可能根本就不可能獲得。假設你想研究你們州的街民（the homeless）人口。進行概率抽樣可能嗎？你能夠編彙出（不管在短時間內還是經過很長一段時間）一個抽樣框嗎？這個問題的答案是，不能。高中生的名單和住址行政部門都有，但街民不一樣，他們是一個匿名的研究母群體。即使是那些資助街民的組織（如施粥站或宗教組織）也常常在保護救助對象匿名性的情況下進行工作。再舉個例子，有些人熱衷於大面積的紋身〔他們自己都相互稱「收藏家」（collectors）〕（*Vail, 2001*），如果要

對這些人進行抽樣研究，怎麼才能獲得這些人的全部名單？一些全身紋繪了刺青的人會想方設法把自己的紋身藏起來。他們穿著長袖衣服去工作，而且在選擇展示對象時非常謹慎（*Sander, 1999*）。在這種情況下，為研究母群體編撰一個抽樣框是件不實際（和幼稚可笑）的任務。

那麼，當概率抽樣不可行時，有沒有其他的抽樣方法可以用來代替？在無法獲得抽樣框時，我們就必須考慮採用非概率抽樣技術。和概率抽樣一樣，非概率抽樣也有幾種不同的形式。

8.3.1 方便抽樣（Convenience samples）

也許，最古老的抽樣方法就是方便抽樣（又叫做偶遇抽樣，accidental sample）。顧名思義，這種抽樣方法決定某個個體是否進入樣本的依據是，該個體是否方便找到。進入樣本的是那些研究人員容易接觸到的個體。當你走出學生活動中心或圖書館的大門時，如果有人要求你填寫一份問卷，那你就處於方便抽樣過程中了。這種抽樣方法有一個明顯的缺陷。那些研究人員不方便找到的人就沒有機會進入樣本。例如，那些很少去學生活動中心（或圖書館）的學生就沒有機會成為上文提到的方便抽樣的對象。把無法接觸到的個體排除在抽樣範圍之外，而只選取那些容易接觸到的個體，這種做法極大地削弱了方便抽樣得出的樣本的代表性。

8.3.2 滾雪球抽樣（Snowball samples）

滾雪球抽樣的依據是轉介（referrals）。（這個名稱很形象，就像小雪團滾成越來越大的大雪球一樣。）首先，研究人員會接觸一些能進入樣本的個體。然後，要求這些人提供一些願意參與研究的人的名字。對上文提到的紋身研究來說，滾雪球技術是一種很好的方法。在接觸並取得少數「收藏家」的信任之後，研究人員進而向這些人詢問其他收藏

家的名字。得到名單之後，研究人員會對他們進行訪問，再向這些人打聽更多紋身的人的名字。這樣不斷重複這一過程，直到得到足夠數量的樣本為止。滾雪球抽樣也存在一個顯而易見的不足。要是存在「獨來獨往」或「和研究母群體中的其他對象沒有聯繫」的人，那麼他們就會被排除在滾雪球抽樣過程之外。

8.3.3　配額抽樣（Quota samples）

也許，可以把配額抽樣看作非概率抽樣裡的分層抽樣，這樣能幫助你們理解這種方法。在配額抽樣過程中，研究人員假設研究母群體具備某些基本特點，並根據這些特點選擇個體組成樣本。每個特點都被賦予固定的配額再進行抽樣。也許你們曾經就參與過這種抽樣。如果一個市場調研要求訪問對象具備某種特徵，如二十幾歲的、戴隱形眼鏡的年輕女性。訪問員帶著這些要求在商場門口等待合適的對象出現，看到你走進來，就迎上來和你搭話。這時，你就成為配額抽樣過程的一部分了。一旦獲得滿足某一特徵的足夠配額，研究人員就會接著尋找滿足另一特徵的樣本，比如，三十幾歲的戴隱形眼鏡的男性。同樣的過程會一直重複，直到得到滿足每一個特徵的配額為止。

對於所有這些非概率抽樣技術來說，必須記住的最重要的一點是，我們不能指望根據這些抽樣技術得出的樣本具有代表性。抽樣完成之後，研究人員還必須對抽樣誤差和樣本的代表性進行評估。但是，如果抽樣過程沒有嚴格按照概率理論和技術來操作，那麼這些工作就沒法進行。考慮到這些問題，研究人員最好能夠採用某種形式的概率抽樣。

8.4 抽樣誤差的估計

　　不論採用何種方法，抽樣的最終目的都是，樣本能夠有效地提供關於母群體的資訊。換句話說，研究人員想得到的是有代表性的樣本。我們剛剛已經看到了，要使樣本具有代表性的最好方法是採用概率抽樣。事實上，概率抽樣可以增加獲得有代表性的樣本的*機率*。但是，概率抽樣必然能*保證*樣本具有代表性嗎？這個問題嘛，你們再回頭好好看看概率抽樣這個術語就能得到答案了。概率抽樣能增加獲得有代表性的樣本的可能性，但這不是必然會發生的事。那麼研究人員該怎麼辦？這種不確定性不會削弱研究結論的可推廣性嗎？答案既是肯定的，也是否定的。儘管概率抽樣不能確保樣本的代表性，但卻能幫助研究人員妥善地處理這種關於獲得有代表性樣本的不確定性。也就是說，概率抽樣能夠幫助研究人員*估計*樣本中的抽樣誤差。

　　根據樣本得到的資訊可以推論母群體的情況，但在進行這樣的推論時，研究人員必須時刻警惕存在抽樣誤差的可能性。也即是說，樣本不可能毫釐不差地反映母群體的情況，這樣的可能性一直存在，研究人員對此必須做好心理準備。樣本和母群體之間總是多少存在一些出入。承認了這個缺陷之後，研究人員就可以計算出一個修正幅度，彌補樣本資料的不完美。為了和母群體值儘可能接近，研究人員必須對樣本值做一些調校，修正幅度代表的就是這種調校的程度。

　　在做出某些估計性陳述時，就可以使用修正係數。可能有人會問你每天上網的時間有多少。你的回答可能是大概 3 個小時，*上下加減 30 分鐘*。也許有人會問，你每個月花多少錢給你的汽車加油？你可能會回答，100 美元，*上下加減 20 美元*。你的這種上下加加減減的估算對研究

人員來說就是修正幅度。修正幅度的學名是**信賴區間**（confidence inter-vals），即我們相信（信賴），母群體的真實值落在某個範圍的數值之間。因此，在估計研究母群體（比如說一個全國性野鳥觀察組織的會員）的平均年齡時，研究人員給出的數值也許是 55（+/-2）歲。55 歲是研究樣本的平均年齡，而+/-2 則是修正幅度，即信賴區間，或研究人員估計母群體中野鳥觀察者的平均年齡的波動幅度。

信賴區間通常也會以**信賴水準**（confidence levels）來加以表示，即研究者對給出的區間確實涵蓋母群體真實值的信賴程度。一般情況下，社會研究人員選擇的信賴水準為95%或99%。也就是說，研究人員估計有95%或99%的把握母群體的真實值可能落在信賴區間內。如果上過統計學的課，那麼你們肯定接觸過這些術語。為了提高信賴水準，我們必須加大估計數值範圍的幅度，以便增加母群體值落入這個數值範圍的可能性。因此，信賴水準的提高必須以準確性的降低為代價。

儘管所有這些看上去十分複雜或費事，但這就是概率抽樣的最寶貴的長處。在本章一開始我們就已經指出，通常樣本是用來瞭解母群體的。在最後的資料分析中，樣本精確度是一個非常重要的問題。樣本提供的資訊都是為了要推及群體的真實情況，我們希望在經過這麼多的研究努力之後，最後能夠很有信心地說這些資訊確實是值得信賴的。最近的一起政治事件可以幫助你們理解這一點。在 2000 年總統選舉結果揭曉前的最後幾天裡，民意調查專家們一直宣稱，11 月份的競選雙方都在伯仲之間，不相上下，因此無法預知結果如何。例如，CBS電視台新聞在 10 月初做了一次民意測驗，發現樣本中大約有 46（+/-3）%的人會選擇布希，而投票給高爾的人占 47（+/-3）%。如果做一下算術運算（即在兩個百分數上分別加上或減去後邊緊跟的修正幅度），那麼你們就會發現，民意專家的意思是，*兩個*候選人在全國選民的投票支持率上打了個平手，誰都有勝出的可能。現在回想起來，他們的預測是確實沒

錯。總統競選的結果很接近（如此的接近，以至於一個州的問題選票決定了結果）。如果沒有概率抽樣技術，我們就不可能獲得如此精確的關於母群體的洞見。

8.5 結論：對於抽樣議題的抽樣介紹

抽樣是蒐集資訊的一種常用且有效的方法。然而，奇怪的是，這種想法仍然不時招致眾多懷疑和非議。蓋洛普公司最近調查了美國人對民意調查的信任程度，結果證明了這一點。調查發現，儘管我們中的大部分人接受民意調查告訴我們的關於公共輿論的結論，但我們還是不相信，一個不超過 2,000 個人的樣本能夠準確地代表所有美國人的意見（*Newport et al., 1997*）。

這種對抽樣的懷疑影響了一場重要的政治辯論，辯論的主題是抽樣技術能否用來作為全國普查的補充。美國憲法規定，每隔十年要進行一次人口普查，即對美國的所有人口進行一次全面的調查。普查的結果是劃分國會、州以及本地選區的依據，同時，也被用於每年在各州之間分配鉅額的聯邦財政資金。如果把一個州的人口算少了，那麼帶來的後果將會非常複雜和嚴重。這個州在國會的席次會被削減，用於社會專案、學校、醫院、鐵路建設等等的財政分配也會被降低。據估算，1990 年的普查少統計了 400 萬人；2000 年少算了大約 300 萬人口。因此，普查的人口統計工作是否準確可是件大事。但是，正如我們看到的那樣，對錯的標準更多的是政治性的。

人口普查困難重重，其中之一就是有些人口（如居住在農村的人口、內地城市的人口、少數民族人口、貧困人口等等）在調查期間聯繫不上，因此需要利用抽樣技術作為補充，以免把這部分人口排除在外。

總體上說，民主黨支持這種調查方法。[3] 相反，共和黨反對用抽樣調查作為普查的補充修正。白宮在這個問題的態度明顯地刻下了黨派的印記：克林頓政府支持抽樣調查，而布希政府（不論是老布希還是小布希）反對抽樣調查。（民主黨和共和黨在這個問題上的對立和各自的政黨利益是一致的，因為沒有被統計在內的人口傾向於投票給民主黨。）甚至最高法院也介入了這起事件。1999 年，最高法院做出判決，考慮到眾議院議席的重新分配問題，2000 年普查不能使用抽樣調查，原因是，抽樣違反了聯邦人口普查法。高等法院就這個問題的表決結果是 5：4，因此並沒有解決抽樣本身是否違反憲法這個問題。考慮到抽樣問題複雜的政治影響（比如，國會議席的連任，以及牽涉到的聯邦財政和權力分配問題），2010 年人口普查肯定還會就這個問題展開討論。

　　儘管關於抽樣還有很多的疑問和抽樣牽涉的政治問題，但抽樣還是一種有廣泛基礎的社會和研究活動。同時，抽樣也值得我們信任，優良的概率抽樣技術能為我們提供關於母群體的準確資訊。但是，要想獲得質量好、有代表性的樣本，我們需要付出很多時間和精力。為了獲得一個較好的結果，我們要考慮很多問題。希望本章為你們提供了這些問題的有效樣本。

---

[3]　許多抽樣專家認為，從方法論角度來看，民主黨的這一立場是合理的，因為抽樣技術確實能夠提供更精確的統計結果。要想知道更多有關這個話題的內容，見擴充材料中《新聞時間》普查項目下的相關連結。

Chapter

9

問卷調查：我們的好奇本性

　　我們一直依靠提問獲取知識，這是我們的基本認知方式。下次去超市的時候稍微留意一下，你就會發現這一點。當你在收銀台排隊付錢時，抬頭四處看看周圍的畫報，你就會發現自己漂浮在一個問題的海洋裡。好萊塢最近的愛情組合會持久嗎？瑪丹娜會把自己再從頭到尾改造一遍嗎？歐普拉（Oprah）和史特曼（Stedman）什麼時候會結婚？同樣，每天各個時段（早上、下午、晚間）的脫口秀節目說明，我們想知道許多問題的答案，人類的好奇心是永無止境的。一問一答似乎成了流行媒體文化的核心。

　　通過提問尋找答案並不是新聞畫報和脫口秀節目的專利。作為社會科學的主要資訊蒐集工具，調查研究也採用這種基本的認知方式。簡單地說，調查（survey）是一種通過提問蒐集關鍵資訊的研究工具。通常情況下，我們採用兩種途徑進行調查研究。一是訪談（interview），另一個是問卷（questionnaire）。訪談是一種較親密的調查研究形式，訪問員和受訪者的問答是面對面地進行或通過電話交流完成的。（訪談技術是下一章討論的重點。）問卷相對獨立，是一種能自我執行的提問工具。儘管缺乏訪談所具備的和調查對象的近距離接觸，但問卷仍然是蒐集資訊的一種極為有效率的工具。事實上，用問卷進行調查不但效率高，而且省時省力，這正是問卷成為最常用的調查手段的原因。一份設計得當的問卷可以「獨立自主」地自行展開調查，研究人員無須為了蒐集資訊而去走訪聯繫調查對象。這個特點使得問卷能夠超越時間和空間的限制。通過郵政服務（平信或電子郵件），研究人員「足不出戶」就可以完成一項對全體美國人口的調查。

　　正如新聞畫報和脫口秀節目所體現的那樣，通過提問幾乎可以找到任何我們想知道的東西。而實際上，也正是因為類似的無所不能，使得調查成為如此受歡迎的資訊蒐集工具。不管研究目標是什麼（探索、描述、解釋或評估），我們都可以採用調查來進行研究。同樣，通過提問

得到的*資訊種類*也是多種多樣的，幾乎不受限制。我們可以詢問客觀的事實和情況（你今年多大？出生在哪裡？）；可以就行為提問（你吸煙嗎？你參與團隊運動嗎？）；問人們的態度、信仰或觀點（你支持現行的國會議員任期限制嗎？你支持購買槍支前設立一段強制性的等待期嗎？你對總統的經濟施政表現滿意嗎？）；還可以詢問人們對未來的希望和期待（你準備獲得的最高學歷是什麼？你準備生幾個孩子？）；我們甚至還可以詢問人們的知識廣度（在你所在的州，丈夫強姦妻子是否違法？擔任美國總統有沒有年齡限制？）。事實上，只要我們注意提問方式，調查能獲得的資訊是沒有限制的。

對許多人來說，調查研究是一種耳熟能詳的、天然的資訊蒐集工具，就像說話和寫作是我們的第二本性一樣。這讓一些人認為，調查研究很簡單。許多人認為，每個人都能夠展開調查研究。然而，本章的討論將會告訴你們，這種想法是極其天真的。問卷調查需要花費很多的時間和精力，如何提問、怎樣安排問卷的結構、如何確定問題的順序和形式，這些問題都不是想當然就能夠處理好的。之所以需要進行這樣的全盤謀劃，原因是，調查研究有一個致命的弱點，這個弱點能使我們的全部努力付諸一炬，而不管我們提的問題有多好。為什麼會出現這樣的情況？首先，要想調查研究取得成功，我們必須確保得到受訪者的*合作*（或回覆）。必須讓潛在的調查對象相信，我們的問卷值得他們花時間和精力填寫，並且，我們還必須說服他們如實提供準確的答案。

這中間沒有哪一件任務是簡單的。一般情況下，問卷的**回應率**（response rates，即寄回問卷的受訪者占全部潛在調查對象的百分比）都很低。問卷在一開始遭遇低回應率（低於30%）的情況並不罕見。這種低回應率十分棘手，因為它會擾亂我們的抽樣方案。事實情況往往是這樣，為了確保得出的樣本具有代表性，研究人員盡自己最大可能，想方設法地把工作做得面面俱到（例如建構一個準確的抽樣框，根據關鍵變

數進行分組，採用隨機抽樣技術），結果卻發現，因為回應率太低，所有一些努力都是流於白費。當出現只有樣本中的少部分人送回問卷的情況時，我們就必須考慮是否存在這樣的可能性：這少部分人和沒有回應的大部分人之間肯定存在極大的差別。簡言之，回應率是*回應偏向*（response bias）的同義詞（*Hager et al., 2003*），低回應率的情形應該懷疑有可能存在一種「自我選擇」偏向，而自我選擇偏向會削弱調查結論的可推廣性。

在最後的資料分析時，研究人員不能對回應率視而不見。一個好的調查設計中的一部分工作就是在討論那些影響回應率的因素，即封面信和（或）指導語是否能引起調查對象的興趣，問卷的佈局是否合理、邏輯關係是否協調，開放式和封閉式問題的搭配是否恰當，有沒有安排後續調查，等等。[1] 事實上，在精心策劃和執行之下，研究人員有可能使調查的回應率達到公認最低要求的 50-60%（*Babbie, 2001*）水準，甚至可以達到 70%或更高（*Bailey, 1987; Dillman, 2000*）。[2]

受訪者是否如實回答提問，這個問題評估和控制起來更加困難。也許這是人類的天性，我們喜歡根據人們公認的最美好的標準來表現自己。〔這種根據「社會公認恰當的標準」（socially appropriate way）來回答問題的傾向被稱為社會期望偏向。〕這也就解釋了為什麼人們會誇大「好事」，如提高他們捐贈給慈善事業的錢物，誇大他們的婚姻幸福感程度。我們還傾向於短報自己的負面情況。例如，美國人在報告他們的飲食習慣時，總會多少有些藏掖：

---

[1] 本章將在下文詳細討論這些因素。要想瞭解更多關於提高回應率的方法，見迪爾曼（Dillman）在 2000 年寫的一篇文章，該文對這個問題進行了全面詳盡的討論。

[2] 即使是人口普查局這樣一個資源豐富、技術熟練的組織，在 2000 年普查時也只達到 67%的回應率。不過，這個調查的回應率和以前幾次普查相比，已經是一個明顯的提高了，並且標誌著人口普查合作率的回升（http://rates.census.gov/）。

40 磅白麵包，32 加侖飲料，41 磅馬鈴薯以及幾加侖用於炸烤馬鈴薯的植物油。這可不是 7 月 4 日軍隊的補給清單，而是一個普通美國人每年吃掉的所有食物中的一部分。

注意，這些只是人們承認了的那部分。如果說研究人員在調查美國人的飲食習慣時有發現任何事情的話，那麼這件事情就是，不管是出於謙虛或只是拒絕承認，美國人在報告自己實際吃了多少東西時都是大騙子（*Winter, 2002*）。

簡而言之，普遍意義上的調查研究，特別是問卷設計，都不是容易的事。調查研究需要花費大量的時間精力，要考慮和注意的問題很多。

9.1　措辭和用語

在調查研究中，所提的問題就是我們的操作化定義（見第 3、4 和第 5 章）。也就是說，研究課題感興趣的概念（如對犯罪的恐懼感）是通過我們向受訪者展示的問題或陳述（比如，為了測量人們對犯罪的恐懼感，全國綜合社會調查的問題是這樣的：「在這附近，有沒有你不敢晚上一個人單獨去的地方？有或沒有」）來測量的。考慮到我們提的問題就是測量工具，而測量工具對效度和信度有很高的要求，因此我們在設計問題時，必須對提問的方式和措辭用語倍加小心。我們必須明智合理地選擇提問的語言。唐納德‧魯格（Donald Rugg）曾對提問的措辭做過一個實驗，發現不同的提問方式可以在很大程度上改變美國人對言論自由的態度：

➤你認為美國應該禁*止*公開發表反對民主的言論嗎？

➤你認為美國應該允*許*公開發表反對民主的言論嗎？

（*Schuman, 2002*，斜體字是作者所加）

　　用了「禁止」這個詞的問題得到的同意率（54%）較使用「允許」這個詞的問題得到的同意率（75%）要低得多。類似的，幾十年之後，斯米斯（*Smith, 1987*）也發現，人們對全國綜合社會調查中「福利」一詞和「窮人」一詞的反應不一樣，前者得到的支持率明顯低於後者。當問及公眾對墮胎的態度時，如果用「終止懷孕」這個詞取代「墮胎」，結果會出現什麼不同嗎？社會學家霍華德‧舒曼（*Howard Schuman, 2002*）起先懷疑這種替代會增加人們對合法墮胎的支持率，後來卻發現結果並沒有什麼兩樣。魯格的「言論自由」例子很明顯地告訴我們，措辭對結果*確實*有影響。而「墮胎」這個例子產生的結果和霍華德‧舒曼的期望相反。但儘管如此，他的發現對加深瞭解測量過程還是很有價值的。這兩個例子*都*說明了考慮和評估提問用詞的影響的重要性。

9.1.1　一些標準

　　調查資料的好壞（是否有效和可靠）取決於提問的質量，調查資料的質量不會好於問題的質量。但是，問題的質量經常遠遠達不到我們的期望。要想獲得高質量的調查資料，我們必須在提問時遵循一些具體的標準。你們可能會認為這些標準跟常識沒有什麼兩樣，但是，要嚴格達到這些標準的要求，可不是件簡單的事。

　　標準 1：*問題的涵義必須清晰準確，不能模稜兩可。*這條準則看起來再簡單不過了。但是，稍微思考一下，我們就會發現，人們使用的日常語言充滿了歧義。讓我們來看看下面這兩個問題：

➤你是否定期鍛鍊身體？

➤你的總資產有多少？

第一眼看上去，你們也許覺得用這兩個問題相當不錯，足以「找到」關於受訪者的關鍵資訊。但是，這兩個問題都會引起歧義。例如，受訪者該如何理解第一個問題中的「定期」這個詞？定期指的是每天鍛煉身體，還是僅僅指一個星期幾次？如果受訪者每個星期六早上慢跑，那麼他對這個問題該做出肯定回答嗎？一般而言，類似「定期」、「經常」、「很少」這樣的頻率用詞都是含糊的說法，會降低測量過程的精確性。把這些詞語用在提問過程時，我們要三思而行。第二個問題也存在類似的情況。受訪者應該僅僅計算收入（勞動所得和非勞動所得）呢，還是把諸如不動產和股票等資產也算進來？這個問題問的是個人資產呢，還是家庭資產？受訪者需要把借出去尚未償還的債務也計算進來嗎？這裡的關鍵問題是：模糊的問題得出的資料也是模糊的。問題越模棱兩可，得出的結果也越不確定。調查人員必須儘可能地排除問題中的猜測部分。

標準 2：*提問必須使用日常用語，避免使用諸如行話、縮寫或首字母簡寫等特殊語言*。對於像我們這樣受過社會科學專業訓練，以及那些為特殊利益集團做研究工作的人來說，尤其應該注意這條規則。社會科學的不同專業都有各自特殊的語言，這能幫助我們分清專業界線。例如，社會學家討論原生家庭（family of orientation）和婚姻家庭（family of procreation），他們講道德失範的社會和集體的良知。這些術語儘管對社會學家來說涵義深遠，但卻是一個領域裡相當神秘莫測的行話。如果社會學家把這些術語放在問題當中（比如，你的原生家庭規模有多大？），那麼就會犯極其嚴重的錯誤。類似的，想當然地認為受訪者瞭解與某些特殊利益集團有關的縮寫或首字母簡寫詞也是不對的。NRA是

一個首字母簡寫詞，既可以代表全國來福槍協會（National Rifle Association），也可以代表全國啄木鳥保護協會（National Redheads Association）。如果問題是，你是否支持 NRA？那麼部分受訪者可能把這個問題理解為是否支持個人持有槍支，也有部分人可能會認為這個問題詢問的是對保護啄木鳥的態度，因為這些人不知道 NRA 這幾個字母代表的是全國來福槍協會。

標準 3：*提問的語言必須中立，避免使用情緒化或引導性的語言。* 我們都明白語言的力量。語言可以傷害、刺激、撫慰或激發我們的某種情緒。這種力量在調查研究中也同樣存在。帶有個人情感的語言通過「正中要害」影響受訪者的思維，從而使他們的回答帶有偏見。這種提問方式會鼓勵受訪者根據語言，而不是問題所針對的事進行回答。最近有一項關於海洋哺乳動物的調查，讓我們來看看其中的一個問題：

> 1992 年 12 月 31 日，聯合國的一項關於禁止在公海使用流刺網的國際公約正式生效。流刺網捕漁是當代極其殘忍的暴行，這種巨大塑膠絲漁網可以捕捉並殺死任何進入其中的海洋生物：海豚、海豹、海鳥、甚至鯨魚。迄今為止，沒人能夠確信地說這項國際公約起到了應有的效用，也沒人能肯定這種流刺網已經不復存在了。如果說建立一個國際組織來監督和確保聯合國禁止使用流刺網的公約生效，你會支持這一舉措嗎？

當你閱讀這個問題時，如果你發現自己對問題中描述的屠殺無辜海洋生物的駭人聽聞的流刺網產生情感反應的話，那麼你就在親身體會語言的強大影響力了。

通常情況下，情緒化的語言被用來激起受訪者做出符合提問者期望的反應。這種帶有引導性的問題向受訪者暗示，某種回答比其他回答更

好或更令人滿意。很明顯，上面這個關於使用流刺網的問題是不中立
的。這個問題試圖說服受訪者站到支持禁止使用流刺網的立場上。為了
避免問題帶有引導性，研究人員在設計問題時必須謹慎選擇語言，努力
讓受訪者感覺，所有的答案都是可以接受的，無所謂對錯。看看下面這
兩個問題是怎麼違反這個原則的：

➤為什麼你覺得焚燒國旗是令人厭惡的？
➤為什麼你認為打孩子是不對的？

　　這兩個問題都帶有引導性：焚燒國旗是令人討厭的；打孩子是不對
的，並且暗示受訪者最好做出怎樣的回答。這兩個問題告訴受訪者，*不
管你們實際上怎麼想*，焚燒國旗是一種言論自由的表現；打孩子是一種
可以被接受的管教孩子的手段，這些不一樣的想法都是不恰當的答案。

　　標準4：*提問用語必須通俗易懂，以方便受訪者理解、作答。* 同樣，
這個準則對你們來說太明顯了，以至於你們覺得根本沒有必要提及。但
是，這個準則卻經常被忽視。例如，調查中經常會出現「多重」的問題
（"double-barreled" questions），即不容易回答的問題。多重問題表
面上看起來是一個問題，其實問的是兩個（或更多個）問題。最近一個
關於社區政策的調查中有一個問題，我們來看看這個問題有什麼不妥：

➤你對於警察回應緊急求助電話和非緊急求助電話的速度有什麼樣
　的評價？

　　提供給受訪者的回答選項只有一組（從滿意到不滿意），而其實問
的卻是關於兩種警察活動的問題：緊急電話和非緊急電話的回應速度。
有部分受訪者可能對警察對緊急電話和非緊急電話的回應速度有不同的
意見，如果不改變提問方式，那麼這部分受訪者就無法回答這個問題。

　　如果要求受訪者做一些不合理的計算，那麼這樣的問題也很難回

答。一個醫學研究人員也許想知道受訪者的健康風險。如果他問受訪者一年（或一個月）共吸了多少根菸，那麼這種提問方式就不合適。吸菸者一般不會以一年或一個月為時間單位計算自己的吸菸量。（一般情況下，他們會用一天為單位描述自己的抽菸習慣，比如，一天一包。）類似的，研究人員可能想知道各個家庭的日常開支。但是，我們不能問受訪者一年的食物開銷是多少，這樣的提問不好回答。事實上，回答此類問題所需的計算量太大了，這會降低回應率，即受訪者乾脆不回答這些問題，直接跳過去。在這種情況下，研究人員最好選擇一個合理且常用的時間單位（如一個星期），來詢問受訪者的平均食物開支。一旦獲得這些基本資訊，研究人員就可以自己進行計算，估計他們每年用於食物的金額。

標準5：如果提問用語不符合語法規則，那麼受訪者也會覺得難以回答。那些採用了雙重否定的問題就特別麻煩。把雙重否定*放在寫作或調查中都不是一個不荒謬的做法*（知道我在說什麼嗎？）。如果為了理解問題的涵義，受訪者必須重新把問題讀一遍，那麼這樣的問題就是不可取的。最近，羅珀（Roper）就美國人是否相信納粹對猶太人進行過種族大屠殺這個問題展開了一項調查，其中就有一個雙重否定問題：

➤ 納粹黨對猶太人的種族滅絕屠殺根本就沒發生過，對你來說，這可能還是不可能？

用這個問題進行調查，得出的結果是，22%的受訪者認為，大屠殺沒發生過的可能性確實存在。猶太人領袖對這個結果十分震驚。研究人員重新檢查了這個問題的措辭，最後認為，問題出現在使用的雙重否定（不可能和根本就沒有）上，正是這個雙重否定導致了意外結果的出現。最後，研究人員修改了這個問題，去掉了原先擾人耳目的雙重否定：

➤你認為納粹黨屠殺猶太人的事發生過還是沒發生過？

這次，認為大屠殺其實沒有發生過的受訪者只有3%。

9.2 問題的結構：封閉式和開放式

除了要注意提問的方式和措辭用語之外，研究人員還必須確定，受訪者在回答問題時擁有多少自由。這個自由度是由研究人員採用多少封閉式問題或開放式問題決定的。**封閉式問題**（closed-ended）指的是，研究人員給出一組事先確定（預定）的答案選項，受訪者在回答問題時只需從中選擇即可。在回答**開放式問題**（open-ended）時，受訪者可以完全自由地給出自己獨特的答案。也許，在平常的考試中，你們已經碰到過這兩種問題了。試卷上的多項選擇題就是封閉式問題，而作文題就是開放式問題的一個例子。

影響選擇開放式還是封閉式問題的因素很多。當我們可以預計出一個問題的全部可能回答，並且這些答案的數量不多時，那麼我們就可以給出一組預先確定的選項。類似受訪者的婚姻狀況、政治傾向，或最喜愛的速食店之類的問題就適合採用封閉式問題。當問題比較複雜，而且答案不明顯或不能給出現成的答案選項時，我們就可以採用開放式問題。如果想瞭解受訪者對某個問題或事件的獨特觀點時，我們最好也採用開放式問題。此外，對於受訪者的未來計畫，或是他們對於以成年人的身分來起訴未成年罪犯的態度等話題，也可以採用開放式問題。

在決定究竟採用開放式還是封閉式問題時，研究人員還必須考慮兩者的優缺點。你們也許從生活經驗中得知，封閉式問題回答起來比較容易。（你覺得選擇題考試難嗎？應該很少人會因為覺得它們難而跳過不

做的！）由於封閉性問題比較容易回答，所以可以降低無回應率。對研究人員來說，封閉式問題還有一個明顯的好處：在登錄資料與進行分析之前，這種問題可以減少花在編碼上的時間和精力。因為編碼工作在設計答案選項時就已經完成了。但是，封閉式問題也存在一些不足。由於這類問題容易回答，受訪者可能會選擇那些並不能真實代表他們的想法的選項。（再回憶一下你參加選擇題考試的經歷。有時候你只是猜測某個答案是正確的，而事實上你並不知道正確的答案。）

封閉式問題還會歪曲或混淆受訪者提供的答案之間的差異或共性。例如，看看下面這個詢問身高的問題：

➤ 你的身高是多少？
1. 高於平均身高
2. 平均
3. 低於平均身高

一個身高 6 英尺 9 英寸的受訪者可能會選擇 1（高於平均身高）。而一個高 5 英尺 9 英寸的人也可能會選擇第一個選項。這兩個受訪者的身高相差很多，但在封閉式問題中，他們的身高看上去是一樣的。相反，我們可以想像得到，身高相同的受訪者（例如 6 英尺 2 英寸）可能會選擇不同的選項，有人選擇平均身高，而有人選擇高於平均身高。此時，相同的屬性在封閉式問題裡顯示的卻是不同的回答。可以想像，研究人員在分析資料時對這些模糊的回答會多頭疼。

開放式問題最明顯的優點是，這類問題充分尊重受訪者的主動性，不會把研究人員的思想強加在受訪者的頭上。這個優點意味著，開放式問題與封閉式問題的比較優勢在於，開放式問題能更有效地測量出受訪者的真實想法或行為（而不是僅僅測量*研究人員眼中受訪者的所想所做*）。開放式問題還可以給研究人員帶來意想不到的資訊。開放式問題

提供給受訪者的自由意味著，受訪者有可能提供一些研究人員從未想過
要放入封閉式問題答案選項的資訊。然而，這些優點同時也會帶來一些
缺陷。因為可以暢所欲言，受訪者提供的答案就會千變萬化，這給資料
的編碼帶來很大的困難。事實上，有可能每個受訪者提供的答案都會完
全不同。對受訪者來說，開放式問題回答起來也更困難。說困難是因為
受訪者為了回答問題，必須把自己的想法「寫下來」。因此，開放式問
題的回應率比封閉式問題低。（再回憶一下你參加考試的情景。作文或
問答題總令學生頭疼，因為他們必須寫一段文章，而不是簡單地從一些
選項挑選一個。所以，學生把這類題目空著是很常見的事。不管問題多
有價值，如果你不熟悉這個問題，再要你把答案寫下來，那就更是件痛
苦的事了。）

9.2.1　封閉式問題、開放式問題與量尺

選擇封閉式問題還是開放式問題還和我們想要達到的量尺有關。通
過改變封閉式問題的選項，我們可以改變量尺。看看下面這個例子：

➤你租影碟看嗎？

　1.是

　2.不是

➤通常情況下，你一個月租多少次影碟？

　1.從來沒有租過

　2.每個月 1-3 次

　3.每個月 4-6 次

　4.每個月 7 次或更多

➤在過去的兩個星期裡，你一共租過多少次影碟？（請寫明具體的
　數字）＿＿＿＿＿

第一個問題達到了定類量尺。賦予兩個選項的數字僅僅代表兩個名義上不同的答案：是和不是。第二個問題達到了定序量尺。賦予每個選項的數字表達的是一個等級序列，隨著數字的增大，租影碟的頻率也增加。把封閉式問題轉換成開放式問題之後，研究人員就可以把量尺提高到定比量尺。答案給出的數字代表的是受訪者在過去兩個星期裡租影碟的實際次數。

一般情況下通用的準則是，只要可能，就採用定比量尺。由於資訊含量大，定比量尺被認為是測量的「最高」水準。根據需要，研究人員可以隨時把定比量尺的資料分解成水準較低的定序或定類量尺的資料。就統計分析而言，定比量尺的資料也是最合適的資料對象。然而，受訪者通常不願就某些情況回答開放式的定比量尺問題（比如，詢問人們準確的年收入或年齡）。在這種情況下，研究人員最好採用水準較低的量尺。

9.3　問卷的總體佈局

本章在開頭就已經指出，使用問卷蒐集資訊的主要障礙之一是如何取得受訪者的信任與合作。回顧一下前文提到過的一個注意點：問卷必須是一個「獨立自足」（stand-alone）的調查工具，即問卷必須包含指導受訪者完成調查的所有資訊。也就是說，問卷要承擔儘可能說服潛在的受訪者進行合作，並確保他們完成調查的任務。要保證這一任務的完成，在問卷設計和形式的選擇上，我們必須考慮幾個關鍵問題。

9.3.1　首當其衝：封面信或指導語要具有說服力

如果認為好的調查只需要從問題開始斟酌就可以，那你們就錯了。

在接觸具體問題之前，我們必須說服受訪者相信，他們手頭上拿著的問卷調查是有價值的。不管問題設計得有多好，如果受訪者把問卷扔進廢紙簍裡，那麼一切努力都白費了。為了逃過這種殘酷（且經常如此）的命運，問卷首先應該向潛在的受訪者做一個自我介紹。進行這種自我介紹的最好途徑就是給問卷加上一份具有說服力的指導語或封面信（對郵寄問卷而言）。指導語應該向受訪者解釋調查的重要性與合法性，並使其相信，他們花在填寫問卷上的時間是有價值的。為了做到這一點，研究人員最好具體闡明研究課題的特殊性和必要性。告訴受訪者，為什麼我們的研究專案這麼重要，為什麼他們的合作如此關鍵。指導語和封面信還應該明確說明調查的保密性或匿名性（見第 2 章）。研究人員應該告訴受訪者，保護他們隱私的具體措施都有哪些。封面信必須個性化，即要在開頭寫上受訪者的名字，末了再加上研究人員的親筆簽名。封面信還應該把聯繫電話告訴受訪者，以便他們需要瞭解研究專案的更多資訊時使用。如果條件允許，封面信最好列印在有箋頭的信紙上，這能增加研究專案的可信度。

9.3.2 問題的順序

問題的順序或先後排列可以在很大程度上影響受訪者是否決定合作。好的開始是成功的一半，反之，不好的開始則可能讓之前的努力全部白費。問題的順序還會影響獲取資訊的質量。哪些問題應該放在開頭，哪些放在中間，哪些則可以放在最後呢？把某些問題放在一起是否合適？問題的順序或起伏會影響人們的回答嗎？

第一印象　在指導語奏效，順利說服受訪者決定作答之後，最好先讓受訪者回答一些簡單有趣的問題。記住，你還沒有完全得到受訪者的合作。不管指導語或封面信具有多強的說服力，如果一開始就提那些冗長乏味、令人厭煩或具有威脅性的問題，那麼受訪者也可能拒絕合作。

考慮到這個原因，許多專家建議不要一開始就問有關個人背景資料的問題。對受訪者來說，這些問題可能具有冒犯性或單調乏味。同樣，也不要一開始就提那些咄咄逼人的開放式問題！儘管你覺得這種方法可以抓住受訪者的注意力，但是他們可能覺得這種「待客之道」有些傲慢或唐突。如果有些問題可能冒犯受訪者，那麼最好在取得他們的信任之後再問這些問題。相反，試試從一些有趣的意見或態度問題問起，這可以增強受訪者這樣的印象：研究人員確實對我的想法感興趣。

　　邏輯順序　一般情況下，根據一定的邏輯順序安排問題會是一種比較好的方法。你們可以把問題按照時間順序排列（比如，先問受訪者少年時期的情況，再問青年時期的情況）。或者，可以根據特定的話題組織問題（即把關於家庭的問題都放在一起，再把有關工作的問題放在一起，等等）。在轉換話題的地方，研究人員應該幫助受訪者調整思維，以便他們做好準備開始回答另一個話題的問題。話題轉換引導語可以幫助受訪者做好回答新問題的思想準備，比如「現在，我想把重心轉移到您的高中生活……」

　　在安排問題的順序時，研究人員必須清醒地認識到，前面的問題會影響受訪者對後續問題的回答。如果先問受訪者是否覺得自己過於肥胖，然後詢問他們的飲食習慣，那麼我們就可以斷定，受訪者對第一個問題的回答肯定會影響他們對第二個問題的回答。但是，要想瞭解問題順序的影響效果可不是件容易的事。但也還是有章法可循，列舉如下。也許，研究人員只需告訴自己，要對問題順序影響回答的可能性保持警惕，然後，在資料分析的過程中考慮這些影響因素。也許，研究者可以對問卷進行前測，然後詢問「試驗」對象，問題的順序是否影響了他們的回答。除此之外，還有一種更正規的方法，就是為同一些問題設計兩套的問卷，差別就是提問順序不同。這種辦法可以幫助研究人員經驗性地評估提問順序是否真的會對受訪者的回答產生影響。

9.3.3　哪些可以問，哪些不該問

　　如果強迫受訪者回答與他們（的經歷）無關的問題，那麼研究人員肯定會遭到拒絕。沒有孩子的人肯定不會想回答一大堆關於他們如何養育子女的問題。那些沒有結過婚的人肯定不會對如何和根本不存在的配偶分擔家務這樣的問題感興趣！如果出現一些問題可能與部分受訪者無關的情況，那麼我們最好採用過濾問題或相倚式問題讓這部分受訪者直接跳過這些問題。**過濾問題**（filter question）指的是決定是否合適或有沒有這個必要讓受訪者繼續回答下面問題的問題。**相倚問題**（contingency question）指的是那些只供通過了過濾問題篩選的受訪者回答的問題。例如，假設過濾問題是你有沒有孩子，如果一些受訪者回答有，那麼研究人員就要求他們繼續回答一些關於他們如何跟自己的孩子互動溝通的問題。那些回答沒有的受訪者則直接跳過這部分提問，繼續回答與他們相關的下一部分問題。在設計過濾問題和相倚問題時，最好把相倚問題和其他問題分開，用箭頭或直線把相關的受訪者引向這部分問題。

➤你現在抽菸嗎？

　1.抽（如果你抽菸，請回答問題3）

　2.不抽（如果你不抽菸，請跳至問題4）

3.在過去的一年裡，你的家人
或好朋友有沒有勸過你戒
菸？

(1)有

(2)沒有

9.3.4　問卷的長度

研究人員一般會偏好較長而不是較短的問卷（和訪談）。這是情理之中的事，無可厚非。長問卷可以節省成本，一旦得到了研究對象，我們就傾向於從他們身上獲取儘可能多的資訊。但是，光考慮問卷容量的經濟利益是不行的。通常情況下，隨著問卷長度的增加，回應率會隨之下降（*Smith, 1994*）。過於冗長的問卷可能在一開始就把受訪者嚇跑，或者即使他們答應填寫，也可能在中途放棄。儘管就問卷長度而言，沒有一個明確可操作的標準，但在一般情況下，我們建議問卷的長度以半小時之內可以完成為宜（*Monette et al., 1998*）。

9.3.5　問卷的格式

問卷呈現在紙面（或電腦螢幕）上的格式肯定和受訪者是否選擇合作有關係。看到不專業、邋遢或亂成一團的問卷，受訪者肯定不情願把他們手中的筆伸向紙張（或把手放在滑鼠上）。調查問題的格式或外觀也是研究人員在設計有效可靠的測量工具過程應該考慮的一個重要因素。如果不注意問題的呈現方式，那麼得到的結果可能會大大出乎我們的意料之外。（見專欄9.1）如果你覺得這難以置信，那麼回憶一下2000年總統選舉日中發生在佛羅里達州的糟糕情況吧！那次選舉的選票設計採用的是蝶翅形狀（**butterfly ballot**），即把候選人的名字交錯分開，分別印在選票的兩面，選擇欄被放在整張選票末行的中間。現在回頭再反省這起事件，我們還會覺得使用蝶翅型選票是個好主意嗎？佛羅里達州的許多選民明確聲明，選票上的畫記並沒有準確記錄（測量）他們的選舉意圖（選票的設計讓他們畫錯位置了）。

格式和封閉式問題的關係尤為緊密。最基本的問題是，應該列舉幾個選項？如果問題是在定類量尺上測量，那麼答案就必須具有窮盡性和

專欄 9.1 小事情，大問題

　　國家輿情研究中心的湯姆·斯米斯（Tom Smith）發現，調查格式中的小細節不容忽視。類似下面這些「細微的」錯誤也會影響調查資料的質量，並且降低回應率：

- ·作答空格沒有對齊。
- ·題目行距過於緊湊。
- ·過濾問題和相倚問題佈局位置不恰當。
- ·開放式問題留出的作答空間太小。

資料來源：Smith（1993）

　　互斥性。為了達到窮盡性的要求，研究人員應該列舉儘可能多的選項，以便涵蓋所有可能出現的答案。互斥性就是不互相重疊。對一些變數來說，窮盡性和互斥性要求很容易達到。比如，用封閉式問題詢問受訪者的性別，研究人員只需給出兩個備擇選項：男性和女性。這兩個選項不僅窮盡了所有可能的答案，而且相互排斥。但是，如果要詢問調查對象在大學所學的專業，那麼要列舉出一個窮盡所有大學可能開設的專業的答案選項可不再如此簡單。有些大學開設的專業達幾百個、甚至上千個之多！這時，研究人員必須想出一個合理可行的解決問題的辦法。為了把選項的數量控制在合理的範圍之內，她或他可能選擇列出大學專業的幾個大分類（如社會科學、自然科學、人文科學等）。如果研究人員決定走這條路，那麼最好再加上一個「其他」選項（後面標上「請具體說明」的字樣），因為有些專業可能不能根據這種常規的分類方法進行歸納。（「其他」選項使得研究人員可以滿足窮盡性這個要求。）還有一種解決的辦法，就是乾脆把問題設計成開放式的，讓受訪者自己填寫他們所學專業的名稱，這樣，我們就可以不用再為提供一個完整的答案清

單而犯愁了。不過，研究人員轉而就必須面對資料蒐集到之後，還得再分析蒐集到的答案，然後進行事後的編碼工作。

　　和定類量尺的測量工具一樣，定序量尺的答案選項也必須滿足窮盡性和互斥性這兩個要求。但是，光這樣還不夠。在設計定序量尺的選項時，研究人員的迴旋餘地相當大。例如，她或他必須決定選項的數量。如果要測量受訪者對某個問題的贊同程度，研究人員可以設計三個選項（同意；沒意見；反對），四個選項（非常同意；同意；反對；強烈反對），五個選項（非常同意；同意；沒意見；反對；強烈反對），甚至六個選項（非常同意；大部分同意；有點同意；有點反對；大部分反對；強烈反對）。答案選項數量多寡應該根據我們的研究需要來選擇，即我們想得到與現實情況吻合度或精確度多高的資訊。選項的數量還會影響受訪者的「選擇餘地」。如果選項的數量是偶數，那麼受訪者就必須明確自己的立場，表明自己在某個問題上的正反態度（如，非常同意；同意；反對；強烈反對）。如果選項的數量是奇數，那麼受訪者就可以採取「中立」態度，避免對某個問題的明確表態（如，非常同意；同意；沒意見；反對；強烈反對）。對此，研究人員應該做到心中有數，在考慮究竟設計奇數個還是偶數個選項時，要慎重決策。

　　上文列舉的「從非常同意到強烈反對」的設計格式是一種**兩極**（bipolar）或**雙向**（two-directional）的答案選項。這種封閉式問題的答案選項是相互對立的（比如，非常同意與強烈反抗相對；十分贊同與強烈反對相對；非常喜歡與極其討厭相對，等等）。有些時候，研究人員可能想設計**單極**（unipolar）或**單向**（one-directional）的備選項，即只朝一個方向變化的選項，這種選項設計可以避免受訪者的負面或中立的回答。為了做到這一點，研究人員可以要求受訪者給某個陳述評分，評分標準是一個多點尺度（如 1-5 點、1-7 點或 1-10 點），其中，1 代表最低評價，最高的尺度代表最高評價。例如，研究人員可能要求受訪者在

1-5 這個尺度上評價自己對真人秀電視節目的興趣，其中 1 代表的興趣最低，5 代表最高興趣。

　　備選項的佈局安排怎樣才最合理？應該垂直排列呢，還是水準排列？（一般認為，垂直排列選項可以減少出錯率。）受訪者應該怎樣表示他們的回答，把圓圈塗黑（●），還是在小方格裡打勾（☑）？選項的標注用字母好呢，還是用數字好？（數字標注會幫助我們對選項進行「前編碼」，因此有助於資料的輸入。）這些問題並不是信手拈來的空穴來風。這些做法中哪些可以降低測量誤差？研究人員必須認真考慮這個問題。

　　我們會經常會使用這樣的佈局，即幾個問題問的內容不同，但備選項卻相同。我們也許會給出一系列的陳述，然後要求受訪者回答他們對每個陳述在多大程度上贊成，或在多大程度上反對。類似的，我們也許會要求受訪者回答他們對某些問題的感興趣程度（從低到高）。這類問題可以採用**矩陣格式**（matrix formatting），即把所有的陳述或問題垂直列在左邊，而把選項放在右邊。

　　➤下面給出了一些語句，請回答您對這些觀點的態度：非常同意（SA），同意（A），強烈反對（SD），還是不確定（U）。

	SA	A	U	D	SD
孩子僅僅只是看上去可愛，但他們太吵了	[ ]	[ ]	[ ]	[ ]	[ ]
孩子是我們最寶貴的財富	[ ]	[ ]	[ ]	[ ]	[ ]

　　儘管矩陣格式可以有效地節省空間，因此頗具吸引力，但這也會帶來問題：即回答固著傾向。所謂**回答固著傾向**（response set），就是受訪者在回答問題時表現出一些固定的模式，但這些模式卻不是提問的實際內容造成的。打個比方，假如受訪者強烈反對某個矩陣給出的第一個

觀點，那麼他們可能*看都不看後面剩下幾個觀點的內容*，一律選擇強烈反對。回答固著傾向極大地削弱了調查項目的效度和信度。對付回答固著傾向最有效的辦法是，故意改變矩陣中某些陳述的「方向」或觀點。一些陳述採用「正」方向，另一些採用「反」方向。讓我們回到上面這個例子。第一個關於孩子的觀點是負面的，第二個則是正面的。非常同意第一個觀點的人應該會反對第二個觀點。把相互矛盾的觀點一起放在矩陣裡可以有效防止受訪者陷入回答固著傾向的圈套。要準確回答故意混雜在一起的正、反向問題，受訪者就必須時而做出同意選擇，時而做出反對選擇。

9.4　前測（Pre-testing）

　　在設計出一份令人滿意的問卷之後，研究人員應該進行一次前測。要檢驗問卷是否有問題，沒有比前測更好的辦法。進行前測時，我們應該找到一小部分與母群體類似的調查對象，再讓他們填寫問卷。（前測的對象不能再成為正式調查的樣本。）「出聲思考」（think aloud）是一種特別有效的前測技術（*Patten, 2001*）。其具體做法是，要求受訪者說出他們對問卷中每一個問題的反應和看法──他們是如何理解問題和選項的涵義的？這種方法可以有效檢測出研究人員和受訪者對問卷的理解是否一致，從而找出那些彆腳的問題。用更專業的角度來看，「出聲思考」技術可以給研究人員提供評估問題的效度和信度所需的關鍵反饋資訊。前測還可以幫助研究人員評估提問措辭、問題順序以及各種格式和佈局問題的影響。

9.5 問卷的回收：郵寄問卷的特殊挑戰

從本章開始到現在，我們一直反覆強調受訪者的合作以及高回應率在調查研究中的重要性。到現在為止，我們討論了提問的內容和方式、問題的格式和順序，並且一直在強調要注意這個注意那個，其實這一切都只為了一個目的，即設計出一個好的調查工具，以提高回應率。下面這些技巧對於採用郵政系統進行問卷發放和回收的調查特別有用。

9.5.1 封面信（Cover letter）

上文已經指出，提高郵寄問卷回應率的最好辦法是設計一封論證充分、並具有說服力的封面信。要讓受訪者相信，我們的研究專案具有非常高的價值，這可以極大地鼓勵他們填答完問卷，並把問卷寄回給研究人員。

9.5.2 為受訪者寄回問卷創造便利條件

我們應該提前估計受訪者不把問卷寄回來的原因，並且做好相應的預先補救措施。在郵寄問卷時，我們可以附帶向受訪者提供一個回郵信封。問卷的長度要適中，儘量精簡，把不必要的問題刪去或與其他問題合併。說服人們填答一份較短的問卷，比說服他們填答一份較長的問卷要簡單得多。問卷的郵遞時機選擇也關係到回應率的高低。我們要儘量避免在每年的「繁忙時間」郵遞問卷。如果人們都在度假、付個人所得稅或正處在開學的頭幾天，那麼你就別指望他們會關注我們寄給他們的問卷。如果時間處於長假最美好的那幾天，那麼在投遞問卷之前，你必

須得再考慮考慮。如果你一意孤行，堅持把問卷寄出去，那麼這些問卷可能會被冷落在信箱長達兩、三個星期之久，因為信箱的主人（受訪者）正在享受他們每年的野營旅行呢。

我們還可以考慮向受訪者提供一定的報酬。你們也許認為這樣做研究經費不允許，那可千萬別這麼想，這裡，重要的是心意，受訪者倒不在乎我們具體給多少。這種報酬主要是傳達一種象徵意義。你可以考慮付給他們少量的錢，甚至還可以送一些折價卷、書籤或與調查課題相關的網站位址清單。有人建議，向受訪者提供「快遞」郵遞的資費，這樣他們就會欣然寄回問卷。這些做法背後包含的資訊很簡單，即告訴受訪者，我們並沒有想當然地認為可以隨意占用他們的時間和精力。

9.5.3　系統追蹤調查

為了確保調查的回應率保持在一個較高的水準，我們應該安排系統性的追蹤調查。如果受訪者在規定時間內沒有寄回問卷，那麼我們就應該準備跟他們進行聯繫（要麼通過信件，要麼打電話），向他們再次說明研究專案的重要性，以及他們提供的資訊的價值。我們還應該做好投遞第二份、甚至第三份問卷的準備。實踐證明，這種系統地追蹤調查可以明顯地提高回應率。

9.6　網路調查

電腦時代的到來為問卷的投遞開闢了又一條康莊大道。研究人員可以通過電子郵件或網路來投寄或發布問卷。網路調查的倡導者認為，這是未來調查的趨勢。隨著越來越多的家庭擁有了電腦並接入互聯網，我們完全可以相信，網路問卷很可能就是未來的電話採訪。儘管這種方法

極大地增加了調查的涵蓋範圍，但是，網路調查並沒有解決問卷的內在缺陷。網路調查仍然受到本章討論過的這些問題的困擾：提問方式、問題順序、格式、調查或某個問題的無回應，等等。最近，有人認為網路具有侵犯隱私的潛在可能，這引起了公眾的普遍關注（*Cole, 2001*）。在這種環境下，網路調查的匿名性和（或）保密性問題顯得特別突出。此外，網路調查必須考慮技術條件問題。儘管現在網路飛速發展，但網路調查還是會「排除」那些因條件限制而無法上網的個人、家庭和組織。與此相反，由於全球網（World Wide Web）技術進步驚人，幾乎所有人都可以隨意登入任何一個網頁，這樣，網路調查就會遇到那些「閒雜人士」，他們並不是目標樣本中的個體。簡而言之，網路調查在調查研究中確實占有一席之地，並且，只要技術條件的限制問題得以解決，那麼這個地位就會更加穩固，從而成為市場、政治和社會研究領域裡的新寵兒。

9.7　結論

　　系統蒐集資訊有許多途徑，不同的研究手段各顯身手，最終，問卷調查技勝一籌，成為研究人員愛不釋手的寵兒。問卷調查適用範圍廣，既節省時間又節約成本，並且，它能全面滿足調查研究的大部分要求。正由於它的這些優點，問卷成為了研究工具裡不知疲倦的老耕牛，隨時聽候研究人員的召喚。但是，問卷也不是完美無瑕。事實上，任何人（甚至一個傻瓜）都能設計出一份問卷。也許，到現在為止，我們已經被不少愚蠢幼稚的問卷糾纏過！所有調查研究都具備一個共同目標，即努力用合適的方式設計合適的問題，以獲取有效可靠的資訊。希望這章內容能夠讓你們明白，為了達到這一目的，我們在設計問卷的過程中必須考慮很多問題，並付出艱辛的勞動。

Chapter

10

訪　談

　　每個星期天上午，《會晤媒體》（*Meet the Press*）和《面對國家》（*Face the Nation*）都會準時粉墨登場，各自使盡渾身解數吸引觀眾，目的是想證明自己才是訪談節目的王牌。在過去幾季裡，CBS電視台的《晨聞秀》和賴特曼主持的《深夜漫談》安排的來賓，個個都活像剛剛從《我要活下去》節目給淘汰出局的模樣。警察秀節目每集至少都要上演一次以上的「歹徒活逮」秀，這樣才不會顯得太混。新聞和娛樂似乎存在一個契合點，要不這兩類節目就不會像現在這樣密不可分，那麼這個契合點究竟是什麼呢？答案是訪談。與現行的所有其他資訊蒐集工具相比，訪談可以增進研究人員對於調查對象的瞭解，並且可以在較短的時間內深度挖掘事情的真相，這些優點讓訪談成為一種簡單有效的研究手段。

　　在流行文化裡，參加訪談節目是一個人成名的必經之路。當芭芭拉・華特絲（Barbara Walters）想邀請你作為她「年度最具魅力人物」特別節目的嘉賓，那麼你就已經成名了。如果你有機會和歐普拉一起錄製訪談節目，那麼你也已經晉身名人之列了。〔前不久，大衛・賴特曼（David Letterman）在他自己主持的訪談節目中發起了一場聲勢浩大的宣傳，目的就是為了讓歐普拉採訪他！〕事實上，參加此類訪談節目也許是一些人「一夜成名」（fifteen minutes of fame）的最好說明。儘管莫妮卡・陸文斯基（Monica Lewinsky），蓋瑞・康迪特（Gary Condit）和 OJ 辛普森（OJ Simpson）已經被人們漸漸遺忘，但前不久他們還是很多節目爭相爭取的熱門對象。

　　訪談在我們的日常生活也具有重要地位。訪談或面試是許多學術活動的必要組成部分，研究生入學申請、各種獎學金的評審，等等都要進行面試。在求職時，我們能否得到一份工作通常取決於最重要的「初試」，以及（如果運氣好的話）後面的複試。〔求職建議網（job-hunting advice web sites ）和各種求職指導手冊裡都有關於如何準備面試的技

巧。〕如果用社會學視角審視我們的日常生活，我們就會發現，面談是
人們約會初期相互瞭解的重要一環。事實上，圍繞這個階段的面談出現
了一個很具時間效率的新興行業：快速約會（speed dating）。在這種故
意限制時間（7分鐘！）的「約會」裡，男女雙方迅速交換自己的重要
資訊。這種見面方式既節省時間，又花不了多少錢，這也正是訪談的特
點。（見專欄10.1）

　　訪談不僅只是新聞、娛樂、求職或約會領域的寵兒，科學研究同樣
鍾愛訪談。人們之所以如此喜歡訪談，也許原因就在於，與問卷相比，
訪談的回應率較高。（如果執行得當，訪談研究的回應率可以達到
80-85%。）也許是因為研究人員認為，訪談比問卷更有價值。問卷調查
得到的資料經常被認為過於膚淺，而且形式單一呆板。（有批評家抱
怨，封閉式問題有越俎代庖之嫌，因為這種問題給人的感覺是，研究人
員把自己當作受訪者的發言人，從而蒐集到的資訊缺乏深度和意義。反
對開放式問題的批評家則認為，開放式問題像偵探一樣剖根問底，但又
缺乏人情味，因此受訪者不可能耐心地花大量時間把自己的答案寫在紙
上。）也許，又是我們的社會好奇心這一本性，使得訪談成為一種如此
吸引人的研究手段。訪談通常以調查對象為中心，而且簡單易行，就像
平常聊天一樣。毫無疑問，對許多研究人員來講，這就是訪談的魅力所
在。對於普通老百姓來說，如果有人十分渴望與他們*當面談談*，這無疑
是萬般榮幸的事。在訪談過程中，研究人員可以投入時間，慢慢地和研
究對象接觸，和他們建立和睦互信的關係，傾聽、瞭解他們的心聲，並
和他們展開互動交流。

專欄 10.1　婚姻速配

對於婚姻介紹業來說，快速約會無疑是當頭潑來的一瓢冷水，但你真能在這 7 分鐘裡找到自己的終身伴侶嗎？

丹・萊因斯（Dan Reines）

　　按照我們平時的眼光，7 分鐘是一段不算太短的時間。在 7 分鐘裡，你可以……跑步一英里……或者煎兩個雞蛋，一個只需 3 分鐘，還剩 1 分鐘呢。7 分鐘足以聽完《通往天堂的樓梯》（*Stairway to Heaven*）。如果你正好在憋氣，那麼 7 分鐘就像一輩子那麼長。

　　但在 7 分鐘內你能邂逅並且確定你的終身伴侶嗎？誠實地說，絕大多數人做不到這一點……

　　但是，在這個國家裡，每天都有渴望愛情的單身男女試圖通過這種途徑找到自己的另一半。他們聚集在咖啡廳、餐館和夜總會，花 20 美元買一杯飲料，只為了能夠和其他單身男女對面而坐。然後，在前台響起清脆的鈴聲之後，他們就開始互相配對！……7 分鐘之後，鈴聲再次響起，配對也在此時停止。人們彬彬有禮地互相道謝，然後回到自己的座位等待下一次「約會」。這樣的約會過程可以持續到天亮，有時候一個晚上會進行 10 次或 15 次……

　　快速約會已經成為一個熱門的敏感話題……這種活動現在已經傳到加拿大、英國、澳大利亞、維也納、特拉維夫，甚至基輔。與此同時，據說在國內的洛杉磯已經有五對新人通過快速約會走向婚姻，其中有一對甚至連孩子都有了。

　　喬納森・特斯勒（Jonathan Tessler）在馬里布（Malibu）長大，現在經營著一家房貸銀行。在 35 歲那年的一天，也就是 1999 年 6 月，他第一次接觸到快速約會，當時他就覺得這種約會方式挺好。他說：「你和 7 個人出去約會，但不用花很多錢。你不必花錢請別人吃 7 次晚飯。只要你提的問題合適，而且你清楚自己要找的是什麼樣的人，那你就可以很容易把某些人排除在你的考慮範圍之外。不管對方多有魅力，如果你問的問題到位，那麼就很

容易發現你跟對方是否屬於同一類型的人。這樣，你就不必為了弄清這一點而花時間和對方約會 4、5 個小時。考慮到時間問題，對我來說，這樣做讓人難以忍受。」

特斯勒對自己要找的對象要求十分明確，所以在去比佛利山莊的 Peet's 咖啡館之前，他就把自己要問的問題準備好了。他在一個全然沒有精神信仰的猶太人家庭長大，隨著年歲的增長，他開始變得虔誠篤信，並渴望找到一個同樣追求宗教信仰的人廝守終身。每次約會，他都會向對方問下面這些問題：你渴望得到什麼樣的關係？在宗教信仰上，你想達到什麼樣的虔信程度？你打算要幾個孩子？你覺得男人的哪些品質很重要？特斯勒說：「我約會過的對象中有很多是縱慾物質型的，碰到這樣的人我就把她們排除。我不喜歡那些整天把豪宅、名車放在嘴邊，不斷地要這要那的女人。如果她們反感我的問題，那麼我就知道，我不會和她們再見面了。」

值得我們注意的是，特斯勒的這種策略應用收穫頗豐。有三位女士通過了他的盤問……但在公開的交流配對活動時，他又接觸了第四位女士，名叫崔西·紐曼。她在南加大從事社會學研究工作。他們以前見過一次面，但從沒相互交換過聯繫方式。他對這個 27 歲的女士說：「我在尋找一位伴侶，而不是約會對象。」幸運的是，這位女士也一樣。

快速約會認識 4 天後，在他們居住的布瑞特塢（Brentwood）附近的一家餐館裡，他們一起吃了晚飯……5 個月後，他們訂婚了。2000 年 4 月，在認識不到一年的時間裡，喬納森和崔西成了特斯勒先生和特斯勒太太。

原文載於《新時報》（*New Times*），洛杉磯，2001 年 5 月 10 日。《新時報》有限公司版權所有。未經許可，嚴禁轉載。

10.1 對話交流

訪談（interview）在很大程度上就是訪談員與受訪者之間的資訊交流。好的訪談往往氣氛融洽，發言積極踴躍。在訪談過程中，必須讓受

訪者感到自然隨和，就像日常生活裡的交談一樣。在很大程度上，能否達到類似效果取決於研究人員是否能和受訪者建立一種和諧或**契合**（rapport）的關係。訪談員必須能夠使受訪者感到輕鬆舒適，要表現出對他們的強烈興趣，並且仔細聆聽他們的談話。此外，還要讓受訪者明白，整個訪談過程都會有人全程支持，因此不必有任何擔心。要和受訪者建立友好契合的關係，研究人員的人際交往能力必須很強。這就提醒我們，並不是所有的社會研究人員都擅長進行訪談，有些欠缺社交能力的研究人員就不適合做訪談員。

儘管訪談的目的是盡力活躍雙方的談話，但如果把訪談和日常對話等同起來，那你們就錯了。你們都非常清楚，普通的交談只是一系列隨機出現的「話題」，其功能更多的是娛樂，而不是交流資訊。訪談是*有目的*的對話，訪談員是帶著研究提綱進行訪談的，即訪談中必須談到一些關鍵的話題或問題。為了達到這一目的，研究人員會設計並採用一個訪談指南或訪談計畫。相對而言，**訪談指南**（guides）沒有嚴格的結構，僅僅列出一些訪談中必須談到的一些話題或問題。根據訪談指南進行的訪談也沒有嚴密的結構，而且多為質性訪談。在這種訪談中，受訪者有較大的選擇餘地，可以自由決定談話的內容和方向。和訪談指南相比，**訪談手冊**（schedules）具有嚴格的結構，問題都是事先設計好的，如果問題是封閉式的，那麼備選項也是預先給出的。根據訪談計畫進行的訪談更標準化，而且如果採用封閉式問題，那麼訪談就帶有定量的性質。

訪談的類型（結構式還是無結構式）取決於研究目的。如果研究人員想要進行探索性研究，或者，試著詳細描述某些現象或過程，或者，試圖瞭解某個受訪者的特殊經歷或想法，那麼，無結構式訪談會是一個非常好的選擇。

無結構式訪談還能有效緩和受訪者的抗拒心態，並解決受訪者的記憶模糊問題。讓受訪者自己來控制訪談的節奏和方向，這樣他們就可以

按照自己的語言、速度以及根據自己喜歡的方式來談論有關話題。如果允許他們根據自己的思路來談論，那麼受訪者就有可能靈感迸發，記起那些在直接詢問情況下不容易想到的事情。1986年，貝倫姬（Belenky）和她的同事對女性的認知方式進行了研究。在研究過程中，她們明顯感受到了無結構式訪談的優點：

> 每次訪談的第一個問題都是：「回過頭看，在過去幾年裡發生的事中，你最先想到的是什麼？」接著，訪談的主動權就慢慢地交給受訪者，從自我形象、重大意義的人物、教育培訓經歷，到生活抉擇和道德困境；從描述個人成長和變化過程、在成長過程中感受到的有利和不利因素，到對未來的期望，我們努力讓問題涵蓋範圍廣並且容易理解（*Belenky et al., 1986: 11*）。

在另一方面，當研究人員要想在總體上把握研究母群體的行為、態度、價值觀等問題時，結構式訪談就比較適合。結構式訪談還適合於量化研究母群體的資訊。有時候，研究人員在下結論時想要說，百分之幾的人贊成某項社會政策，百分之幾的人反對；或者百分之幾的人表現出某種行為。但一般情況下，我們沒有辦法這麼說，除非我們對所有受訪者提的問題都是一樣的。你們對全國綜合社會普查可能已經很熟悉了。該調查就是高度結構化訪談的一個最佳例證。看看下面這幾個出現在全國綜合社會普查裡的問題。問題問的是人們對墮胎的態度：

➤ 請您告訴我，您覺得在下面哪些情況下應該允許懷孕的女性合法墮胎？（請逐個唸出每個選項，並在相應的選項前劃圈。）[1]

---

[1] 訪問員指導語。

A.孩子有嚴重缺陷。

B.她已經結婚，並且不想再要孩子了。

C.懷孕給她帶來了嚴重的健康危險。

D.家庭收入很低，養不起孩子。

E.她因為被強姦而懷孕。

F.她沒有結婚，也不想和使她受孕的男人結婚。

G.她就是想要墮胎，沒有其他理由。

　　每個受訪者都回答了這個問題，而且每個選項的答案備選項也是一樣的：應該、不應該、不知道，或無回應。按照這一方式進行下去，就可以定量地描繪受訪者對這個問題的態度概況。（關於這個問題幾年來的回答情況分類百分比統計，見全國社會普查的首頁上的墮胎主題：http://www.icpsr.unich.edu/GSS/）

10.2　無結構訪談指南的設計

　　儘管看上去設計一份無結構式訪談的指南十分輕鬆，但事實上，我們要考慮的問題和要做的工作並不少。洛夫蘭德夫婦（*Lofland & Lofland, 1995*）給出了一些這方面的建議。研究人員要做的第一步工作是進入他們所謂的*疑惑階段*（puzzlement phase）。在這個階段，研究人員的任務是清理出有關研究課題的所有仍存在疑問的事情。假設你現在想對個人首頁進行研究。在考慮這個課題時，研究人員可能對以下這些問題存在疑問：個人首頁具備什麼功能？人們什麼時候會覺得有必要為自己建立一個首頁？個人首頁上的內容是「真實可靠的」還是「虛無縹緲的」？等等。這個階段可能會持續好幾天或幾個星期，在這段期間，研究人員

會把自己想到的關於研究課題的東西都記下來。（洛夫蘭德夫婦建議把各個問題分別記在獨立的卡片上。）為了獲得關於研究課題的所有問題和資訊，研究人員應該問問其他人的想法，看看別人對這個課題有什麼問題，或者，瀏覽一下相關的文章或書籍。

一旦疑惑階段結束，並且研究人員積累了足夠多的資訊卡片，那麼現在就可以根據卡片的內在聯繫把它們分類。分類完成之後，仔細分析一下得到的問題類型，這可以幫助研究人員大致瞭解課題的概況，以及問題應該按照什麼順序來提問等訪談指南中必備的一些項目。最好是給訪談指南在適當的地方再加上一些補充的追問問題。**追問問題**（probes）是對受訪者提到或沒提到的一些事情進行跟進詢問的問題。把追問問題列入訪談指南可以幫助訪談員記得必須完成該等訪談的重點。

訪談員的社交能力在質性訪談中發揮著重要的作用。由於這種類型的訪談能否成功，在很大程度上取決於受訪者是否願意詳細深入地談論所問的問題，所以，研究人員必須為訪談營造一個積極輕鬆的氛圍，以鼓勵受訪者多談多說。為了達到這一目的，有兩個重要問題必須注意：⑴訪談員必須知道如何扮演一個「積極的」傾聽者；⑵訪談員還必須知道如何處理受訪者的短時沈默。

10.2.1　積極地傾聽

積極的傾聽者？這聽上去好像自相矛盾。在平常的看法裡，傾聽意味著訪談員扮演的角色應該是沈默被動的。而事實上，有效的傾聽要求研究人員集中注意力，積極地傾聽受訪者談論的內容。也就是說，研究人員必須認真聽取從受訪者口中說出的每一個字。為了讓受訪者意識到有個人在積極地傾聽他們的談話，研究人員應該不時重複受訪者說過的一些話，換句話說，研究人員應該把受訪者講過的話以另一種更明確簡潔的方式再表述一遍，但不附加任何自己的評價意見，這叫做**語言轉述**

（verbal mirror）。假如有個大學生把她的大一生活描述為一場噩夢，因為她好幾門課都要重修。此時，研究人員可以這麼回應：「你說你的大一生活是一場學業災難，對嗎？」語言轉述向受訪者表明，研究人員確實在認真傾聽他們說話。並且，語言轉述可以讓受訪者有機會適時地糾正研究人員的理解錯誤。但是，最重要的是，語言轉述為受訪者打開了一扇傾訴的大門，鼓勵他們繼續深入地就某個話題展開討論。

　　積極傾聽還有一個基本的成分，就是上面提到的追問問題。追問技術可以鼓勵受訪者進一步深入闡述或澄清某個論點。為了達到讓受訪者繼續談話的目的，訪談員還可以簡單地只是表現出疑惑的表情，直到受訪者再次開口講話。此外，訪談員還可以適時使用「嗯哈」或「繼續」等短語進行追問。但是，有時候，追問信號必須更加清晰明確一些。假設有個大學生說，她想自己出去租房子住，因為家庭生活給她帶來了很多壓力。這時候，訪談員也許可以請她更詳細地談談這個問題，比如，追問家庭生活怎麼讓她感到壓力，以及為什麼自己租房子住可以緩解這種壓力。掌握什麼時候以及如何進行有效的追問是訪談的兩個重要技巧。下面摘錄的兩段訪談可以很好的說明這個問題。第一個訪談摘錄自約翰・基特休斯（John Kitsuse）對同性戀身分的汙名化研究，這個例子清晰地表明，追問是如何澄清受訪者的回答的。第二個訪談引自安格魯希特（Angrosino）對精神病患的研究，這個例子可以說明，追問是如何幫助受訪者集中精力以致不偏離話題的。

基特休斯的研究（*2002: 98*）：

訪談員：在你們交談的時候，發生了什麼事？

受訪者：他問我有沒有上過大學，我說上過。然後，他問我在大學
　　　　學什麼專業。當我告訴他我學的是心理學時，他表現出很

感興趣的樣子。

訪談員：你說「很感興趣」是什麼意思？

受訪者：你知道，男同性戀十分愛好心理學的那一套。

訪談員：然後呢？

受訪者：嗯，讓我想想。我記得不是很清楚了，好像我們開始就心
　　　　理學進行爭辯。為了證明我的講法才是對的，我要他隨便
　　　　挑個心理學的領域來討論。他聽了這個之後陷入沈思，想
　　　　了很久才回話說，「好吧，那我們就來討論同性戀。」

訪談員：你的反應呢？

受訪者：那個時候，我明白原來那個傢伙是同性戀，所以我就拔腿
　　　　離開了那個鬼地方。

安格魯希特的研究（*2001: 253*）：

訪談員：告訴我，你在你叔叔的酒吧裡做些什麼事？

受訪者：對，約翰叔叔，他是個好人，我非常愛他。

訪談員：你在那裡幹什麼？

受訪者：他自己做飯，甚至還自己烤食物，麵包、蛋糕什麼的。

訪談員：你有沒有幫忙一起做？

受訪者：他每天吃早飯時就開始營業，晚上很晚才打烊。他向來都
　　　　是歡迎客人的。

訪談員：你有沒有在廚房做他的幫手？

受訪者：哦，是的。我很樂意幫他。他和我爸爸一樣，都樂於助
　　　　人。這就是為什麼他在退休後買下這家酒吧的原因。他想
　　　　幫助人們。他說，人們總是需要美味可口的食物。

10.2.2　沈默

　　積極的傾聽非常重要。但是，訪談員不能為了做到這一點而一味打斷受訪者的沈默。在社會成長過程中我們學會了，善意的玩笑可以防止尷尬的沈默出現。（想想這種情況：你在和一個人打電話，突然電話那頭開始默不做聲，讓你一個人尷尬不已。如果你和大多數人一樣，那你肯定會立即想辦法填補這一空檔。）但是，研究人員在質性訪談過程中必須把這個慣例放在一邊。訪談過程中出現的暫時沈默是好事，應該被看作沈思的標誌。這個時候，如果研究人員冒失地打斷受訪者的沈默，那麼可能就會永遠丟失一些重要的資料。受訪者也許會因此感到不好意思，從而不會再回到沈默之前談到的話題。一個好的訪談員應該學會尊重沈默。這樣，研究人員才會發現，短暫的沈默是爆發前的積累，沈默之後受訪者就會滔滔不絕，妙語連珠。

10.3　訪談手冊（Interview Schedule）

　　如果要使訪談過程標準化（即讓每個受訪者接受的訪談都一樣），那麼研究人員就應該用訪談手冊代替質性訪談指南。前一章討論了一些設計問卷應該注意的問題，這些問題同樣適用於訪談手冊的設計，即問題的中心必須明確，提問語言必須中立（不能引導受訪者）。問題答案的備選項必須互相排斥、涵蓋範圍必須窮盡。也許，進行結構式訪談的最大困難在於，這種訪談帶有一種強烈的人為做作色彩，這是大部分結構式訪談的尷尬處境。所謂結構式訪談，就是訪談的問題和答案選項都是經過標準化設計的。在這種情況下，受訪者也許會覺得，研究人員對他們腦子裡想著什麼不感興趣，只把精神集中在訪談手冊的問題和選項

上。高度結構化的訪談手冊可以被看作是一份腳本（script），訪談員就是根據這份腳本確保每次訪談過程的一致性。一般情況下，一份訪談手冊包括以下幾部分的內容：訪談員的開場白，訪談中要提的問題（和答案選項，通常按照固定的順序逐字逐句列出），開放式問題的追問和跟進問題，以及提供給訪談員記錄受訪者回答開放式問題的空白處。

當然，這種腳本可能會讓受訪者覺得標準化的訪談不真實，有矯揉造作之嫌。在這種情況下，責任就落在訪談員身上。訪談員應該努力讓整個訪談過程生動活潑，避免呆板說教。這裡，我們再一次看到訪談員社交能力的重要性。之前在訪談員和受訪者之間建立的契合關係可以讓訪談過程輕鬆自然。積極的傾聽（甚至對封閉式問題也不例外）也是一種解決此項問題的基本手段。

10.4　敏感話題

對訪談而言，可以面對面觸及個人層面的資訊也許是這種調查方法的最大優點。但在有些情況下，這種優點也會造成某些困擾。在面對面的訪談中，如何訪談敏感或具有威脅性的話題是件十分棘手的任務。受訪者也許會拒絕回答他們認為過於隱密或私人的問題，如個人性行為、家庭經濟情況、家長的管教方法等等。受訪者還可能傾向於提供**標準答案**（normative responses），即根據社會期望來回答問題。克服這些障礙的最好方法是獲取受訪者的信任。如果對訪談員有信任感，那麼受訪者在回答一些不便回答的問題時就會無所顧忌地暢所欲言。此外，妥善搭配訪談員和受訪者也可以為敏感話題的討論提供便利條件，如男性採訪男性，女性採訪女性，年紀大的採訪年紀大的，少數民族採訪少數民族，等等。經驗證明，妥善的搭配可以有效防止受訪者提供標準回答。

最後，還有一種方法可以用來訪談敏感話題，即改變訪談的形式。當涉及威脅性話題時，研究人員可以把有關這一話題的所有問題都列在一起，然後把這些問題給受訪者，讓他們在私底下填寫好後裝入一個密封的信封裡，再交給訪談員。全國綜合社會普查就採用這一技術成功地調查了人們的性行為（*Smith, 1992*）。

10.5　電話訪談

　　　　　　還有一種方法可以幫助研究人員和受訪者近距離地一對一交流，這就是面對面訪談的另一種形式，電話訪談，它的應用範圍也相當廣泛。這種依靠技術的訪談手段要求訪談員通過電話向受訪者提問，並記錄他們的回答情況（一般利用電腦）。在過去的幾十年裡，使用電話訪談進行調查的做法日益普及，尤其是在市場調查、政治和公共輿情研究等領域（*Smith, 1990*）。

　　電話訪談有很多長處。與面對面訪談相比，電話訪談更為經濟，可節省三分之一到十分之一不等的成本。電話訪談的速度相對較快。根據公共輿情調查的經驗，電話訪談可以幾乎同步地為我們提供公眾對國內或國際事件的即時反應。電腦可以隨機確定受訪的電話號碼。通過這種手段，受訪者可以在完全匿名的情況下回答訪談員的問題。電腦還可以用來幫助訪談員逐字記錄受訪者的回答資訊。最後，與面對面訪談相比，受訪者會覺得電話訪談比較不帶有侵犯性與脅迫感。對受訪者來說，接受電話訪談比打開家門迎接一個陌生人較為容易，感覺也比較安全些。同樣，電話訪談還能保證*訪談員*的安全。對訪談員來說，在高犯罪率地區進行調查，選擇電話訪談肯定比選擇面對面訪談更為安全。

　　另一方面，電話訪談也有一些明顯的不足之處。通過電話訪談，我

們看上去比較容易接觸某些人，但實際操作起來要困難得多。比如，電話號碼簿是個充滿偏誤的抽樣框（研究母群體中所有成員的名冊）。稍微花點時間想想這個問題，哪些號碼根本就沒有進入樣本的機會？如果我們根據電話號碼簿進行抽樣，那麼那些沒有安裝電話和電話號碼沒有編入電話號碼簿的人就不可能進入樣本。[2] 考慮到電話號碼簿的侷限，許多研究人員利用電腦採用亂數撥號（random digit dialing, RDD）來選擇電訪的電話號碼。亂數撥號照顧到了有些號碼未被列入號碼簿的情況，但也會產生一些難以處理的號碼，比如，停用的號碼和辦公電話。研究人員也許會發現，根據這種方法得出的號碼，5 個或 6 個中只有一個住家電話。

　　電話打通了並不代表我們已經聯繫上了相應的受訪者。面對日益普及的自動答覆機和快節奏的生活方式，訪談員必須做好充分的心理準備，同一個電話號碼，我們可能要重複打許多次（可能是 20 通）才能找到我們要找的人。而且，*找到了*要找的人並不意味著採訪就可以進行了。如今，電話行銷甚囂塵上，人們可能有些厭煩，因此對任何主動找上門來的電話可能都不怎麼友好。所以，電話訪談的回應率比面對面訪談低，這也是情理之中的事。

　　由於對話雙方缺乏近距離的接觸，所以電話訪談必須簡短通俗，研究人員最好別指望通過這種手段詢問一些深層次的、開放式的問題。在

2　1936 年總統選舉時，《文學摘要》（*Literary Digest*）對羅斯福及其對手蘭登（Landon）的支持率進行了一次民意測驗。那次調查就以有限的名單為抽樣框進行抽樣，結果不堪收拾。現在成為此類調查的一個反面例證。該調查把電話號碼簿和汽車車主登記表作為抽樣框，得出的結果是，蘭登將以壓倒性的優勢勝出。事實上，羅斯福以絕對優勢勝出。為什麼《文學摘要》的預測會出現如此嚴重的誤差呢？問題在於，抽樣過程存在偏向上層階級的缺陷。在 1936 年的美國，只有最富有的人才擁有電話和汽車。美國的普通老百姓被《文學摘要》調查排除在外，而這些人才是羅斯福及其新政的堅強後盾。

電話訪談中，訪談員無法很好地控制訪談過程。受訪者家裡的其他人或發生的事情會很容易分散他們的注意力。而且，受訪者隨時有可能覺得，訪談時間已經夠長了，於是乾脆掛斷電話，中止採訪，這種情況可能會隨時出現。最後，電話訪談也存在涵蓋範圍的問題。在美國，超過90%的家庭擁有電話，但這個數字會隨著許多因素發生變化，比如收入水準。收入水準處於最低層次的家庭中只有75%安裝了電話，而在收入水準的最高層，97%的家庭擁有電話（*Smith, 1990*）。考慮到採訪的對象可能不同，這種涵蓋範圍差異有可能使電話調查的結果產生偏差。

10.6　越多越好：焦點團體座談

現在，你們應該已經明白，問卷調查和訪談之間存在著明顯的差別。訪談是一種依靠**社會互動**（social interaction，訪談員和受訪者之間的交流）的資訊蒐集技術。有一種訪談類型就完全把這種社會互動本身作為資訊、視角和理解的主要來源，這就是焦點團體。**焦點團體**（focus group）就是有一定計畫安排的、就某個事先確定的話題展開的小組討論。根據這種技術的要求，研究人員召集大約 6-12 個人，一起就大家普遍關心的一些事情，如某個問題、事件、專案或政策，進行詳細深入的討論。提倡用焦點團體蒐集資訊的人認為，小組成員之間的社會互動能夠為我們提供鮮活具體和發人深省的資訊，這是其他任何一對一訪談所無法比擬的。研究人員可以從小組成員之間的交流中更多地瞭解到，人們對正在討論的話題有*什麼*想法，以及他們*為什麼*會這麼想。這種與眾不同的視角使得焦點團體成為實現許多研究目標（市場調查、政策分析，以及評估性研究）的一種非常有用的工具。

儘管焦點團體和傳統的一對一訪談有著明顯的差異，但這兩種方法

在依賴交談這一點上卻是相同的。只有在受訪者同意參與討論的前提下，焦點團體才可能進行。事實上，小組成員之間的交流和辯論，正是他們在一些事情、態度、立場等等方面的不同觀點形成的過程。和傳統的訪談一樣，焦點團體也要求研究人員具備特定的社交技能，這樣，才能扮演好主持人這一角色。考慮到焦點團體的優點完全取決於小組成員之間的互動交流，因此，主持人應該盡力鼓勵、促進參與者積極踴躍地討論。對主持人來講，最困難的任務是，在主持過程中避免摻入自己的意見。主持人可以引導討論，但不能過度控制討論的動向。一般的做法是，如果焦點團體討論的目的是探索性的，那麼主持人介入的程度就必須比較低。但是，如果目的是尋找某些具體問題的答案，或者檢驗特定的研究假設，那麼主持人就要發揮應有的職能，妥善控制討論過程。

在引導焦點團體討論的過程中，主持人要扮演好兩個角色：表現性角色和工具性角色。**表現性**（expressive）角色指的是，主持人必須時刻關注小組的社會情感表現（socio-emotional expressions），密切注意討論的內容，平等地對待每一個參與者，使討論的氛圍友好輕鬆。**工具性**（instrumental）角色說的是，主持人必須確保每個參與者都知道並且遵守討論的程序。例如，主持人可以告訴參與者，要暢所欲言，所有觀點都是有價值的；不能一個人霸占發言權；不能打斷他人的發言（插話）；不得使用貶抑他人的語言。為了扮演好工具性角色，主持人還可以適當地安排參與者的座位：那些強勢而健談的人應該坐在主持人的邊上，而那些性格靦覥的人應該被安排坐在可以和主持人眼神自在交流的地方。（研究人員可以在正式座談開始之前，先安排一個小型的面談，以分辨哪些人健談，哪些人靦覥內向。）工具性角色還要求主持人明確研究目的，並且確保座談朝著這一目的進行。

在其著作《政治漫談》（*Talking Politics*）一書中，加姆森（*Gamson, 1992*）就採用了焦點團體座談來研究工人階級對政治問題的觀點是如何

形成的。他對主持焦點團體座談的經驗之談不僅對於焦點團體座談，而且對一般的訪談都具有很高的參考價值：

> 　　主持人應該注意在某個人結束發言之前（比日常禮儀規定的時間再提前片刻）終止和他的眼神接觸，並將眼神轉向關注其他人。這樣做可以鼓勵參與者積極對話，而不是變成以主持人為中心的一對一面談……我們安排了兩個主持人，都是女性，而且和參與者同種族……如果討論偏離了預定的路線，那麼主持人就會藉由提出表列的下一個問題把話題拉回來。但是，我們對於有沒有偏離主題的判斷標準比較寬鬆，只要參與者提出的內容和我們原先準備的話題有所關聯就可以……一旦所有的參與者都就某個問題發了言，並且沒有人還想補充，那麼主持人就開始提下一個問題。遇到討論顛躓不前的情形，主持人可以藉由追問或跟進問題（follow-up questions），提醒參與人員把討論導回正題（*Gamson, 1992: 17-18*）。

卡倫·西魯洛（Karen Cerulo）在她的《解讀暴力：善惡觀念的認知結構》（*Deciphering Violence: The Cognitive Structure of Right and Wrong*）（*1998*）一書中也採用了焦點團體。這本書分析了媒體如何對暴力進行描述和渲染，以及其對讀者和觀眾的各種影響。西魯洛認為，焦點團體尤其適合於對文化和認知過程的研究：

> 　　焦點團體座談是一種非常特別的研究工具。這種方法可以用來捕捉參與者在評價某些刺激性話題時的所思所想……焦點團體座談的互動氣氛可以鼓勵參與者大膽發表、反思和論證自己的觀點。每一場座談都是一次自我反省的過程，這是其他任

何資訊蒐集手段所無法做到的。此外，拜座談的結構所賜，參與者之間可以互相交流，而不是和研究人員一對一交流。這種方法可以避免出現研究人員引導受訪者作答的情況。在這裡，參與者的觀點才是真正的中心（*Cerulo, 1998: 112-13*）。

10.7　訪談員的培訓

到現在為止，讀者應該明白，訪談（一對一面談以及焦點團體座談）要求訪談員具備特殊的社交技能。研究人員在選擇訪談員時，最好小心謹慎些。一個好的訪談員必須甘願身體力行、挨家挨戶進行訪談（或打電話採訪）。訪談員還必須要有足夠的時間，可以隨叫隨到。（一般情況下，訪談都安排在晚上或週末，因此，訪談員必須能夠在這些時段裡執行任務。）訪談員不能給人專制武斷的印象，而要能贏得受訪者的信任。好的訪談員應該能夠勝任不同的訪談任務，在短時間內確定某個訪談應當採取怎樣的氣氛或風格。他們必須具備較強的遊說能力，以便讓潛在的受訪者接受研究專案和自己。就這最後一點而言，訪談員必須瞭解第一印象的重要性，因為第一印象的好壞可以決定受訪者是否合作。

良好的社交技能是訪談員必須具備的基本能力，但是，要使訪談順利進行，專門的訓練還是必不可少的。儘管夜間脫口秀節目的主持人看起來一派輕鬆自如，但是訪談的順利進行並不會憑空而降。用訪談來蒐集資料需要付出的成本是最高的，這其中的一部分原因就是，訪談員的訓練既費時間，又花錢。和人們說說話也是要花錢的，至少對於把訪談當作蒐集資料的工具來講是這樣。

訪談員必須詳細深入理解研究專案的目的，以及訪談指南／訪談手

冊是如何體現這一目的。因為這個原因，有些人認為，負責研究專案的人〔PI，專案主持人（Principal Investigators）〕是訪談員的最佳人選。就對專案的瞭解和負責程度而言，專案主持人確實具有優勢。但使用專案主持人也有一個潛在的不利因素。有些專案主持人可能缺乏訪談所必需的良好社交能力。此外，他們和研究專案的密切聯繫有可能給訪談帶來偏見。和其他與專案比較沒有利害關係的人相比，專案主持人更清楚這個研究專案需要什麼樣的資料，這可能使他們更容易傾向於只聽到他們想要或需要聽到的資訊。即使專案主持人可以勝任參與訪談工作，在實際操作過程中，還是需要另外僱用一些訪談員，一些比較大的研究專案尤其如此。因此，研究專案一般都會僱用經過專門培訓的訪談員來蒐集資料。

在培訓過程中，最好給訪談員上一堂研究方法的速成課。要讓他們瞭解抽樣的基本原理以及隨機抽樣過程的重要性。他們還必須瞭解操作型定義和測量效度的重要性。一旦瞭解了這些，他們就比較不會隨意更改或調整訪談指南了。受訓者還必須瞭解，他們對受訪者答案的反應和記錄是如何把偏誤引入訪談過程。在質性訪談專案中，訪談員還必須學會如何成為一個積極的傾聽者。此外，受訓者還要學會如何在必要與適當的時機使用追問技術，以及如何在受訪者岔開話題或偏離預定的訪談程序時，把他們引回到正題上來。

對於那些標準化程度較高的研究專案，必須訓練訪談員如何準確可靠地執行訪談手冊的表列程序，與此同時還要保持受訪者或參與者濃厚的興趣。無論是面對面的訪談還是焦點團體座談，訪談員都必須掌握一定的社交技能，以便和受訪者建立必要的互信契合關係。訪談員還必須學會如何結束一次訪談。他們應該知道，突然中斷訪談過於魯莽，而拖泥帶水的告別也是不合適的，並且要學會在這兩者之間找到一個合適的平衡點。還要讓訪談員瞭解「任務後的解說與回饋」（debriefing）的重

要性。一旦要離開訪談或座談現場,他們就應該記下所有跟訪談有關的一些有趣的所見所思。這些筆記在資料分析階段具有非常高的價值。

　　培訓過程還應該安排一些操練活動。讓訪談員進行模擬訪談是培訓中一個必不可少的步驟。這些練習可以幫助訪談員熟悉問題,發現訪談的難點,並準備好進行合理的解釋和澄清。也可以要求訪談員記住訪談指南或手冊裡的開頭部分。經過充分的操練,訪談員就可以順利自然的獨立進行訪談了。

10.8　訪談工具

　　儘管人性觸角和社交技能對於訪談能否成功至關重要,但是,訪談員最好還是承認技術在訪談過程扮演的必不可少的配角角色。不管訪談員認為自己在記錄受訪者的回答時有多勤奮,他們最好還是考慮在訪談過程中使用錄音設備。這樣做沒有別的意思,就是為了準確無誤地記錄整個訪談過程中出現的所有資訊。完全依靠筆記來記錄會帶來歪曲訪談資訊的危險,因為訪談員的筆記只是有選擇性的摘錄,而且還會出現記憶不完全或速記能力跟不上等問題。此外,訪談員花在記筆記上的注意力會妨礙他們成為積極的傾聽者。他們可能會擔心如何把受訪者所說的話都記下來,從而忘記及時進行追問。考慮到這些問題,最好的方法是採用錄音設備把訪談全程都錄下來。但是,究竟是不是採用錄音設備還要聽取受訪者的意見。如果他們不習慣,那麼就不要使用錄音設備。不顧受訪者反對強行使用錄音設備是不可能出現富有成效的訪談交流的。

　　不管是不是使用錄音設備,在訪談過程中,訪談員都必須做大量的筆記。最好的辦法是把錄音設備當作不存在。這樣,研究人員就可以始終得到訪談過程的書面紀錄。如果另外還有錄音帶,那麼錄音就可以用

來作為筆記的補充。對於無結構式訪談來說，訪談的逐字稿紀錄尤為關鍵，因為研究人員最後拿到手進行分析的就是受訪者的確切答案。總之，逐字稿是我們的重要資料。沒有任何藉口可以省略這個步驟。事實上，有經驗的訪談員都知道，逐字稿可以極大地方便後期的資料分析工作。逐字稿可以一遍遍地重讀，可以用來相互比較和對照，這些都可以促進對資料的深入分析。

10.9　結語

以上討論表明，交談是一種重要的研究工具，而且用途廣泛。通過選擇面對面訪談、電話訪談或焦點團體座談，研究人員就可以把交談應用於手頭上的研究任務。不管研究任務是探索性還是解釋性，計量還是質性，簡單還是複雜，訪談都是一種很好的研究方法。

Chapter

在觀察中學習：田野研究

　　花點時間想想下面這個問題，要想*真正*瞭解美國總統、紐約市消防員或百老匯歌劇演員的生活，最好的方法是什麼？如果你想到的答案是和這些人一起待一段時間，觀察他們的日常生活，那麼你就和田野研究人員想到一塊兒去了。那些致力於田野研究的人對下面這條建議的合理性有著充分的理解，即「設身處地，站在他人的立場上思考」，以瞭解他們的生活。從實質上說，這種「設身處地」的思考方式是田野研究的核心所在。採用這種資訊蒐集方法進行研究時，我們會把整個研究過程搬到研究課題的天然「現場」（田野）或環境裡，然後就是觀察（和聆聽）身邊發生的情況。

　　跟所有可選用的資訊蒐集技術相比，田野研究可能對研究人員有著最直接和最強烈的吸引力。畢竟，田野研究的本質就是觀察人們的活動。它要求研究人員花時間在某些具體的社會或文化環境裡觀察社會生活的自然進展過程。從某種程度上說，我們大家都從事過類似的觀察。在機場轉航班或在監理所排隊的長時間等待裡，觀察周圍熙熙攘攘的人流是打發時間或消遣的一種好方法。但是，我們很少有人能像田野研究工作者那樣認真嚴肅地對待這種觀察人們的活動。**田野研究**（field re-search）意味著研究人員必須對日常生活進行極其系統化和嚴格的分析研究。研究人員必須進行長時間的觀察。為了在最大程度上理解某些社會現象，他們會積極接觸一些特定的人群或深入某些地方，而且會特意觀察不同的時間和日期。他們的觀察是為了回答某些具體的研究問題。田野研究者還會通過田野筆記等形式把觀察到的情況完整記錄下來。

11.1　首要之務：研究地點的選擇

　　要想完全理解田野研究，我們必須把它分作兩部分來分析。首先，田野研究要求我們在*某個特定的地點或環境*（即研究現象所在的天然環境）進行研究。觀察地點可能是國會的會議大廳，城市裡的某個警局管轄區，或者就是附近地區的某個角落。田野研究還要求我們以*某種特定的認知方式*進行研究，即完全融入到研究環境的社會世界裡去進行觀察。正是這一特徵，使得研究人員能夠站在研究對象的立場上理解事件的意義。以上兩個特徵都是田野研究的核心，同時，這兩個特徵也極具挑戰性。

　　為了能夠*進入*某些社會現象的自然環境，研究人員會碰到准入（access）問題。並不是所有的環境都隨時向研究人員敞開大門。要想成功進入某個環境，研究人員必須事先對這個環境的情況及其特殊的文化有所瞭解。有時候，研究人員可能需要得到守門人的幫助才能進入研究現場。所謂**守門人**，就是那些可以幫助研究人員合法地進入研究現場的人。在進入現場的過程中，研究人員必須加倍小心，不能破壞現場原有的「自然狀態」。事實上，如果研究人員的出現明顯地改變了現場的環境，那麼研究目的就會遭到嚴重損害。這種破壞問題被稱為田野研究的**反制效應**（reactive effects）。為了防止此類問題的出現，研究人員必須在設計策劃階段進行周密地部署。

　　進入到研究現場之後，研究人員必須對自己的涉入（involvement）程度做出選擇。他們將在何種程度上參與現場的生活？研究人員還必須考慮是否公開研究計畫的目的。他們的研究活動是公開的還是秘密進行的？有四種參與程度可供選擇：純粹的觀察者、作為參與者的觀察者

（observer as participant）、作為觀察者的參與者（participant as obser-ver）、純粹的參與者，每一種參與程度的涉入程度和公開程度都不一樣，並且各有利弊。

純粹的觀察者　作為一個純粹的觀察者，研究人員儘量和被研究的社會現象保持距離。其實，這是一種*非參與式*觀察。研究人員努力使自己儘可能地遠離被研究者的生活。研究人員可以通過秘密觀察（如通過單向透明玻璃觀察孩子們的戲耍活動），或簡單旁觀（在候診區觀察醫院急救室的活動）的方式使自己成為一個純粹的觀察者。在理想情況下，田野研究對象應該對正在進行的研究活動渾然不知。因此，如果研究人員想控制田野研究的反制效應，那麼他們通常都會選擇扮演純粹觀察者這一角色。但是，這種方法也有明顯的缺點。有人認為，這種角色遠離研究對象，因此會限制研究人員對現場情況的洞視觀察和理解。還有人指出，任何隱匿或偽裝的觀察都會引發倫理問題，因為研究對象根本就沒有機會瞭解研究專案的情況，事先徵求他們的同意就更談不上了（亦即知情／同意權橫遭剝奪）。有時候，礙於研究對象與研究者之間的界線壁壘分明，在無法融入參與觀察的情況下，研究人員就不得不選擇純粹觀察的角色。例如，讓我們來看一看下面兩個例子，分別是邁爾霍夫（Myerhoff）在 1989 年對加州一個老年人群體的觀察研究，和芭莉・索恩（Barrie Thorne）在 2001 年對兒童玩伴群體的研究。在這兩個研究裡，由於年齡差距過於懸殊，因此研究人員不可能進行參與式觀察，而只能採用純粹觀察。

作為參與者的觀察者　在這種參與程度下，研究人員向研究對象公開自己的研究計畫和研究目的，並有限度地參與現場的活動。作為一個例子，你們可以想像這麼一種情況：研究人員正在對一個減肥小組進行研究，他／她把自己的研究計畫都告訴給小組中的每一個人，然後出席該小組每週一次的例會，但是自己並沒有跟著節食。和純粹觀察相比，

這種方法引發倫理問題的可能性較小，但也存在一個不足之處。研究人員雖然公開研究計畫目的，但限制自己的參與程度，在這種情況下，現場的互動也許會受到影響，而且，研究人員對情況的洞視理解也會受到限制，而只能停留在表面現象。此外，這種方法很有可能會引發強烈的反制效應。儘管如此，還是有很多田野研究專案礙於現實而不得不採行這種限制研究人員參與程度的做法。安德森（Anderson）和卡爾霍恩（Calhoun）在 2001 年對街頭男妓的研究是研究人員有限參與的一個典型案例。這兩位學者覺得，對他們來說，「從實踐中學習」（learning from doing）不是一個理智的選擇。

　　作為觀察者的參與者　在這種情況下，研究人員全面參與被研究的群體或環境的活動，並且毫無保留地公開自己的研究計畫目的。通過這種方式進入現場，研究人員試圖儘可能多的參與到研究現場的日常生活中去，同時儘量遵守各種倫理守則。一開始的時候，公開研究計畫難免會引發反制效應。但是，只要研究人員有足夠的誠意，那麼這些效應就可以被化解。許多採用這一方法的研究人員宣稱，隨著時間的推移和自己的努力不懈，研究人員可以被研究環境完全接受。這種情況的例子見米切爾‧鄧尼雅（Mitchell Duneier）在 2001 年對紐約街頭小販的研究。在研究開始之前，他花了很長時間向幾個領頭的小販解釋自己的研究計畫，獲得信任之後，他自己也開始在街頭擺攤，過起街頭小販的生活。事實上，在決定重複自己的研究專案之前，鄧尼雅已經花了整整兩年時間觀察街頭小販的日常生活，並整理出一本厚厚的觀察筆記。當時他意識到，自己的研究不能僅僅停留在觀察層面，所以，最後他決定參與他們的生活，到街頭扮演起小販。

　　純粹的參與者　選擇純粹參與角色意味著，研究人員*把自己偽裝成被研究群體或環境裡的一個成員*。事實上，研究人員是在進行*暗訪*（covert research），在研究對象看來，他們是其中的一個成員，而不是

研究人員。這種方法常被用來進入那些是非之地，或者非法的現場。勞德·韓福瑞（Laud Humphreys）在 1969 年就用這種方法對公共廁所進行了研究。公共廁所是同性戀聚會的地方。韓福瑞裝扮成一個「放哨的兔仔」（watchqueen，就是發現警察接近時發出警告的人），以便觀察陌生人之間轉瞬即逝的同性戀行為。他為自己的研究策略辯解說，如果公開表明自己的身分，那麼研究人員的觀察行為就會被禁止。正是因為類似的原因，這種方法常常被用來緩解研究對象的反制效應。研究人員不能破壞調查現場的自然生態（natural dynamics），這是不容置疑的。同樣千真萬確的是，純粹參與不可避免地會影響被調查的社會環境。作為似是而非的群體成員，研究人員的加入會影響群體成員之間的互動。與其他幾種觀察方式相比，純粹參與的角色也許更容易讓研究人員「入境隨俗」，從而忘記自己的科研立場。純粹參與的角色所要求的全面涉入很可能會讓研究人員的判斷失去客觀性。最後，由於純粹參與是一種暗訪行動，所以很容易招致倫理方面的批評。

11.2　田野研究的任務

　　田野研究最基本的任務就是描述被研究的社會世界或環境。這個描述過程聽上去簡單，其實並不容易。實際上，研究人員最頭疼的就是如何選擇描述的對象。描述必定會是一個選擇和取捨的過程。在很大程度上，對觀察什麼和記錄什麼這個問題的回答取決於研究人員的理論和概念預設。此外，這個問題還受研究人員的成長歷史、生活經驗和所受的教育背景的影響。

　　田野研究提供的必須是**厚描述**（thick description）（*Geertz, 1973*），即研究人員應該對自己在現場的所見、所聞與所想進行詳細而深入的描

述。厚描述的過程也就是闡述在現場發生的行為或事件與其環境脈絡之間的聯繫的過程。其間，研究人員致力於發掘人們賦予事物的*主觀*意義。研究人員試圖從「內部視角」（inside perspective）來描述社會生活，並採用一種被瑪扎（*Matza, 1969*）稱為「同理式」（appreciative）的立場。通過這種方式（內部的視角與同理的立場），研究人員不僅試圖理解和傳達在現場發生的事情，還努力內觀和同理*現場的研究對象自己是如何詮釋和理解所發生的事情的*。高夫曼（Goffman）曾對華盛頓特區的聖伊麗莎白醫院（St. Elizabeths Hospital，一家聯邦精神病機構）進行過為期一年的田野研究，他說過的一段話可以闡明我們上面試圖傳遞的資訊：

> 我在聖伊麗莎白醫院的田野研究的直接目標是，從住院精神病病人的主觀體驗角度來理解他們眼中的社會世界是怎樣的……那天我一直和這些病人待在一起……就在那天的某個時間（我現在也一直這麼認為），我明白了每一類人——囚犯、原始人、飛行員或病人——都有他們自己的生活方式，（這些生活方式看似另類，）但一旦接近之後你就會發現，這些也是充滿意義的、理性的、正常的生活方式。我還明白了，瞭解這些人的世界的一種有效的途徑就是，和這些人平起平坐，讓自己融入他們日常生活中的瑣屑小事和起居規律（*Goffman, 1961: ix-x*）。

描述是田野研究*最基本*的任務。對田野的事件和行為進行厚描述的目標是為了要超越具體的個別事件，挖掘出社會生活的普遍模式或規律。因此，田野研究一般都具有歸納的性質，這一點和問卷調查不同。在問卷調查中，理論陳述一般都是事先給出的，然後用問卷上的問題來

檢驗這些陳述。而在田野研究裡，研究人員一般先從仔細觀察社會世界開始，然後根據觀察所得的資料的提示，逐漸歸納出理論命題。正因為田野研究走的是這種歸納路線，所以人們通常把田野研究與「紮根理論」（grounded theory）的發展或建立聯繫在一起。顧名思義，紮根理論的根基是奠立於研究的社會環境當中（*Glaser & Strauss, 1967*）。

　　田野研究的另一個特點是其連續、動態的資料分析方法。在問卷調查中，資料蒐集和分析是兩個分開的研究階段，即首先進行問卷調查，蒐集資料，然後再把資訊輸入電腦進行分析。資料分析是在資訊蒐集過程結束後才開始的。在田野研究裡則不存在資訊蒐集和資料分析的區分階段。資料分析貫穿於整個田野研究全部過程。只要田野出現理論線索，研究人員就應該跟進分析。昨天得出的理論靈感也許可以用來指導明天的資料蒐集工作。總之，不管在資料蒐集、記錄、還是整理階段，田野研究的分析工作乃是時刻在進行的。

11.3　非正式訪談

　　觀察的對象並不僅僅侷限於能看到的事物。田野研究中很大一部分資料都來自對田野的雜訊、聲響、言語和對話的聆聽。進行這種理解的一種非常重要的工具就是**非正式訪談**（informal interview）。通常情況下，與第 10 章介紹的訪談相比，非正式訪談的結構化程度更低。其中的原因很大部分乃是由於田野研究變化多端的特點。研究人員可能會根據需要在現場隨時伺機提問。在田野研究的前期階段，非正式訪談往往只是一些關於總體情況或一般資訊的問題。隨著研究過程的進展，提問可以更有針對性、更具體（*Bailey, 1996*）。根據研究需要，還可以把田野的幾個主要人物召集起來，組織幾次集中的深度訪談，以彌補非正式

訪談的不足。

卡蘿‧貝利（*Carol Bailey, 1996*）指出，正式訪談和非正式訪談的主要區別在於，後者其實是一種互惠交流（reciprocal exchanges）。研究人員和現場的成員之間互惠交流，雙方都在分享彼此的意見、資訊、情感，等等。這種互惠分享對於田野研究來說至關重要，因為這可以幫助研究人員和受訪者建立並維持良好的互信契合關係，並且可以消除研究人員與受訪者之間的等級隔閡。非正式訪談還關注交談和對話的脈絡，而這又可以幫助厚描述的深化。

11.4　筆記

儘管田野研究過程充滿變動，但有一點是永遠不變的，就是田野筆記。在問卷調查裡，資料的最終形式是資料檔案，即代表受訪者答案的一堆數字。相對於此，田野研究的資料則是**田野筆記**（field notes），即研究人員在田野觀察到的事物的文字或圖像紀錄。最後，我們對這些田野筆記進行分析，從而得出研究結論或發現。如果你對準確無誤地記錄現場的觀察所得沒有興趣，那麼你最好不要去從事田野研究。沒有田野筆記，就沒有資料，也就不可能發現新問題。事情就是這麼簡單。

在最理想的情況下，田野筆記是記錄我們在田野觀察過程中所見所聞的最忠實可靠的方法。不過，就實際作用而言，田野筆記的這種理想效益能否充分發揮，很大程度還得取決於我們的注意力（視覺、聽覺、嗅覺、思維和觸覺）是否能夠如實捕捉周圍的情況。我們觀察到的哪些部分應該記下來？儘可能多的記錄，田野研究提倡少記不如多記。考慮到田野研究過程中變動不斷，因此，研究人員可能要花幾個星期，甚至幾個月才能從觀察當中發現重要資訊。所以，田野筆記越詳細，得出有

用結論的可能性就越大。

　　鑑於田野筆記的重要性，你們現在也許在思考這樣一個問題，即研究人員應該帶著記錄設備進入現場。從某種意義上說，你們的想法是正確的。在沒有做好觀察的準備，或手頭上沒有拿到順手的筆記本和筆之前，研究人員是不會進入調查現場的。但是，田野筆記的實際操作過程是件非常棘手的事。還記得前面提到的一個情況嗎？田野研究人員最不願意看到的就是，自己的行為影響了田野的自然狀態。所以，明目張膽地公開進行記錄並不是一個好主意。常見的、也是最典型的做法就是，在研究人員離開現場之後再進行記錄。約翰・洛夫蘭德和琳恩・洛夫蘭德夫婦（1995）是田野研究領域的兩位最權威的專家，他們建議，研究人員最好能熟練掌握以下兩種筆錄技術：回憶記錄和速記，這兩種方法隱蔽性強，而且記錄的內容又準確。

　　回憶記錄（mental notes）指的是，研究人員利用自己的記憶能力捕捉或「固定」某個時刻或事件。研究人員應該儘可能地詳細記憶田野現場的情況，以備稍後補作筆錄。**速記**（jotted notes）就是當場記錄一些帶有關鍵資訊的詞語或短句，以便離開現場之後，再根據這些關鍵字的提示還原現場的情況。為了避免打斷田野現場的自然動態，速記最好儘可能以低調而不顯眼的方式進行。比如，在附近一家酒吧觀察人們的互動時，研究人員可以在速記的時候裝作是在餐巾紙或酒杯墊上隨意塗鴉。不管是回憶記錄還是速記，目的只有一個，即幫助研究人員在離開現場之後儘可能地還原現場的情況，把筆記做得儘可能詳細一些。

　　儘管田野筆記的具體內容會因研究專案的不同而有所差異，但是，一般而言，所有的田野筆記都必須包括以下五個部分（Lofland & Lofland, 1995）：

1. 在每個觀察階段記下的基本內容。

2.事後補充以及前面忘記記錄的內容。

3.關於如何分析資料的想法。

4.研究人員對於田野觀察的個人印象和（或）情感反應。

5.對後續階段觀察的建議或意見。

1.基本內容　基本內容是按照時間順序對所有研究活動的連續性描述，包括對現場環境和其中人物的詳細記錄。在記錄現場環境時，研究人員應該著重描述該環境的物理佈局（最好能給出一張草圖或照片），及其顏色、家具陳設和燈光照明。如果你覺得這些資訊毫無價值，那麼你就錯了。想想下面這種情況：療養院或醫院的物理環境可以極大地影響發生在其中的互動過程，如果不記錄這些物理環境，那麼我們就會失去很多重要的資訊。對環境的描述還應該記錄其中的氣味和聲音。（如果你還在懷疑記錄這些資訊的必要性，請再想想在醫院裡這些資訊的重要性。）除了描述物理環境之外，基本內容還應該包括對現場主要成員的外表特徵和社會狀況的描述。現場共有多少個成員？他們的空間分布情況是怎樣的？他們的樣貌、表情如何？他們的衣著、髮型、飾物或其他「道具」都是什麼樣的？他們的表現如何？這些成員之間互動交流的路線是怎樣的？誰是孤鳥，誰又是交際能手？在觀察過程中，發生了哪些類型的語言和非語言溝通？這裡有沒有一些特殊的語言？尤其在記錄交談和對話時要特別小心。洛夫蘭德夫婦（*1995*）建議，最好事先設計一種分類格式，把摘要轉述、逐字引述和研究人員自己的所思所想分開記錄。最後，基本內容還應該包括每次觀察的日期以及時間長度。

2.事後回憶　不管我們使多大勁回憶，要想在觀察結束之後立即把所有的資訊一次性記錄下來是不可能的。有時候，我們會發現，過了一段時間之後，我們記起了某些事情或情節。我們可不能對這些回憶片段置之不理。相反，一旦回憶起來了，我們就應該把這些片段補充到原先

的筆記中去。但是，千萬要注意這些片段的時間順序。

3.*關於如何分析資料的想法*　在謄寫田野筆記的過程中，研究人員肯定會想到一些如何從資料中發現一些潛在的規律的方法和視角。這些瞬間的靈感也應該記下來，並在之後的觀察過程中消化、提煉。也許，這些方法和視角可以成為後期分析的豐富素材。

4.*個人印象和情感反應*　考慮到科學研究任務的客觀性，記錄研究人員的個人感受看上去有些怪異。但是，通過記錄這些資訊，研究人員就可以清楚地看到，我們的主觀情緒是如何污染或歪曲我們對事物的「客觀」解讀。某些事件的筆記基調也許更多的是研究人員情緒的反應，而不是現場經驗的真實寫照。

5.*對後續階段觀察的建議和意見*　田野筆記的這一最後特徵可以看作是如何改進和完善未來研究的建議清單。在結束某個階段的現場記錄之前，研究人員可以逐項列舉未來觀察過程中，還需要進一步研究和注意的問題，比如採訪主要人物、觀察一些特殊事件、參加典禮或儀式，等等。前面遺留下來的問題應該在接下來的研究中繼續完成。隨著研究過程的進展，這個清單上的條目應該越來越少。實際上，這份清單的長短可以被用來粗略估計完成田野研究尚需的時間。當清單上要完成的條目相對較少時，研究人員就應該做好離開調查現場的準備，從而把注意力轉移到最後的資料分析和研究報告的寫作。

研究人員必須花大力氣做田野筆記。觀察和記錄之間的時間最好間隔越短越好（中間最長不能超過一天）。洛夫蘭德夫婦建議，一個小時的觀察應該做 13 頁紙的筆記（*Lofland & Lofland, 1984*）。儘管 13 比 1 的比例有些誇張，但研究人員普遍承認，花在做記錄上的時間應該比實地調查的時間多一些。如果這樣的工作超出了你的承受範圍，那麼我們勸你還是不要選擇田野研究作為你蒐集資料的工具。

11.5　資料整理歸檔

　　前面已經指出，田野筆記的內容就是資料分析的原始材料。但是，田野筆記很有可能是成千上百頁的草稿，根據這麼多的草稿進行資料分析不太可能，此時，研究人員該怎麼繼續呢？最常用的方法是把這些資料進行整理，然後分類、歸檔。一般情況下，研究人員可以採用四種歸檔方法把田野筆記整理成井然有序的不同檔案類別。

　　1.時間歸類法（chronological files）根據某個邏輯時間順序，把所有的厚描述記錄分別放入不同的文件夾。例如，研究人員可以為每個星期為單位的觀察記錄分別建立一個文件夾。這些文件夾不僅可以幫助研究人員「看清」研究專案的全貌，還可以幫助研究人員「看清」不同時間段之間的變化。最後，由於包含了所有的厚描述材料，時間歸類法應該還可以幫助研究人員在具體的情境脈絡中理解所有的事件。

　　2.邏輯歸類法（analytical files）可以幫助研究人員梳理清楚資料的邏輯理路。在上一部分有關田野筆記的討論中，我們已經指出，每個觀察階段裡研究人員應該記錄自己關於如何分析資料的想法。這些想法、靈感或主題可能就是資料分析的嚮導，因此，應該給它們各自設立一個文件夾。然後，把田野筆記中的*相關*（pertinent）內容分別裝到同一個文件夾裡。和時間歸類法不同，邏輯歸類法的結果是一些經過「剪切、拼貼」的混合材料。也就是說，這些文件夾不能作為全面而完整的觀察記錄。相反，它們僅僅反映了某個特定的想法或主題。儘管田野研究的具體經驗材料會給出一些邏輯分類的標籤，但是通常做法是根據社會學的一些主要概念（規範、角色、價值、衝突、互動、群體等等）來分類。

　　3.普通歸類法（mundane files）根據我們日常生活中最常用的分類

方法整理現場筆記。貝利（1996）建議，可以把田野觀察的記錄分為「人物、地點、事件和物體」。研究人員可以考慮給每一個主要人物設立獨立的文件夾。重要活動或現場事件也應該擁有自己的文件夾。如果觀察分在上午、下午和晚上進行，那麼每一個時段也應該擁有自己的文件夾。和邏輯歸類法一樣，普通歸類法的文件也是一些剪切、拼貼的內容，即把相關的記錄從原始的田野筆記中挑選出來，在放入相應的文件夾裡。普通歸類法的目的是幫助研究人員以最快速度找到一些主要分類的所有資訊。

　　4.*方法論歸類法*（methodological files）這類型的文件夾包含了整個研究過程產生的所有資訊。研究人員如何選擇調查地點，如何選擇觀察時段，如何找到主要的聯繫人，如何進行抽樣，等等，這些資訊應該都可以在方法論文件裡找到。在寫作研究報告時，如果研究人員想論證、解釋或闡述不同的方法論策略時，這些文件就可以起到雪中送炭的作用。

　　和觀察記錄一樣，研究人員也必須認真對待資料的分類整理。令人感到欣慰的是，對資料進行分類整理也就是分析田野資料的過程。確定不同的分類，把不同的資料分到相應的文件夾裡，這個過程就是資料分析工作。為了*理解*在調查過程觀察的現象，研究人員*必須*用這種方法對資料進行整理。從某種現實的意義上說，研究人員在田野筆記和資料分類整理中投入的越多，獲得的也會越多。沒有付出，就沒有收穫。

11.6　田野研究的效度

　　如果你是從本書的開始一直讀到這裡，那麼現在你也許在思考，就各種不同的效度問題（測量效度、因果效度和外在效度）而言，田野研

究的表現究竟可能達到何等水準呢？

　　對某些人來說，就對身邊的世界進行經驗性描述這個問題而言，沒有比在天然環境下使用觀察方法更好的途徑了。正如本章在開頭第一段裡指出的那樣，通過接近研究對象並和他們一起待一段時間，我們可以獲得很多資訊。如果要測量家長對孩子的疼愛程度和方式，通常有兩種方法。第一種是觀察在不同時段和不同環境下家長和孩子的互動；另一種方法是設計一些問題或量表，然後根據這些書面工具測量家長對孩子的愛。一般情況下，就測量的真實程度而言，後者根本比不上前者。此外，由於時間跨度長，而且關注細節與脈絡，因此田野研究尤其適合用在調查個殊式因果研究中過程導向分析的某些關鍵因素。研究人員可以親身在現場見證事件的發生、發展和結束。儘管有些人對田野研究的外在效度評價很低，但這些看法都是沒有根據的，容易把人們誤導向不甚持平的判斷。事實上，通過謹慎地抽樣（即增加田野觀察的次數或多樣性），田野研究人員也能夠得出一些普遍結論（而且更大程度地紮根於更豐富多樣而厚實的田野實地經驗材料）。當然，我們可以通過重複田野研究來直接檢驗這些普遍宣稱結論是否準確。通過在不同的環境或對不同的人群重複同一觀察程序，研究人員就可以直接論證某些田野研究結論的推廣適用性。

Chapter

12

資料整理：描述統計

到這裡，我們對社會研究方法的簡單介紹就即將要結束了。這裡還要討論一個過渡問題（或者是讓人望而卻步的問題？）：社會統計學。本章將介紹描述統計的相關知識。下一章我們將更進一步，學習推論統計。

12.1 複習基本原理

到現在為止，我們討論的主要問題是如何有系統地蒐集資訊。我們詳細深入地學習了測量過程，以及社會科學研究採用的一些主要測量工具或技術，比如，問卷、訪談和田野研究。為了自然過渡到統計分析，我們最好回顧一下第 4 章提到的測量的定義：測量指的是*我們給變數的不同水準賦值的過程*。正如我們在第 4 章學到的那樣，數字和不同的變數觀測值之間並不是一一對應的。事實上，我們在不同的測量量尺之間做出區分，以體現數字和變數觀測值之間的「擬合」（fit）〔或出入（misfit）〕程度。

當我們使用的數字代表的僅僅是變數觀測值之間的類別差異，那麼我們碰到的就是定類量尺（以性別這個變數為例，共有男、女兩類互斥的水準值，我們用 1 代表男性、2 代表女性）。當數字代表的是變數觀測值之間的等級順序時，我們看到的就是定序量尺的測量（比如對政治熱情的測量分為 1=低，2=中等，3=高，共有三個由低至高排序的水準值）。當賦予變數的數字代表的是該變數觀測值之間相同的等級距離時，我們就達到了測量的定距量尺（例如，用華氏溫度計測量白天的氣溫，32 度和 33 度之間的差別與 82 度和 83 度之間的差別是一樣的）。當我們在測量過程中使用的數字代表的就是實際的變數觀測值時，我們達到就是測量的定比量尺（比如，用某人在過去三個月內參加社區活動

的次數測量他的社區歸屬感）。

我們之所以在這裡不緩不急地複習測量量尺的知識，原因在於，這有助於確定統計在社會研究中的角色。（如果你對上面提到的複習內容提要還有不明確的地方，那麼你最好回過頭去再好好看看第 4 章和第 9 章的相關內容。）用最簡單的語言來講，**統計學**（statistics）可以被認為是*一套用來分析測量結果的方法*。或者用另一種說法來講，*統計學是一套整理資料的工具*。

什麼是資料？**資料**（data）就是我們從測量過程中得來的東西。當我們在使用統計學時，我們就在和資料打交道，或者更具體地說，是和「*經過量化轉換之後*」的資訊[1]打交道。再以上文提到的內容為例。假設我們用問卷調查蒐集受訪者的性別資訊。在測量過程中，我們把這一資訊經過量化轉換，用 1 代表男性，2 代表女性。類似的，受訪者的政治熱情可能有低、中、高之分。得到這些資訊之後，我們把這些訊息量化，用 1 代表政治熱情低，2 代表中等，3 代表高。當蒐集到的所有資訊都被量化之後，我們就得到一個**資料集**（data set）。我們要分析的就是這個資料集，一組蘊含條理的數字方陣。獲得資料集之後，我們就可以進行統計分析了。

如果你對統計這個詞還是感到惶恐畏怯，那麼就再來看一下它的簡單定義：**統計學**就只是整理資料的一套工具。如果你覺得統計學可能不只這麼簡單，那麼你就在和自己過不去了。統計學不是研究的最終目標，也不是高高在上的真理（正因為如此，才有這麼一句關於謊言等級的廣為流傳諺語：撒謊只是小意思，統計才是真正無以倫比的

---

[1] 確切地說，並不是所有的資料都是經過數量化處理的。田野調查或深度訪談得出的資料就是一些文字或圖片。但是，要進行統計學分析，資料必須體現為數字形式。

漫天大謊），[2] 而僅僅只是為研究工作服務的工具。和大多數工具一樣，統計能夠使我們工作起來更加輕鬆方便，**只要……**（if…）前提是我們知道什麼時候該用哪個工具。擰十字螺釘用榔頭肯定會讓人笑掉大牙，就是用一字螺絲起子，結果也一樣可笑。同樣，我們不能拿開罐器去開有瓶塞的酒瓶。用統計分析資料的道理也一樣，工具選擇不當不僅不能解決問題，反而會弄巧成拙。

12.2　量化資料整理

描述統計（descriptive statistics）是一套用來整理和概括資料的方法，目的是瞭解資料的總體情況。達到這一目的最基本的途徑也許就是頻率分布了。**頻率分布**（frequency of distribution）根據每個觀測值出現的次數對變數進行有規則地排列（從高到低）。頻率分布使得我們能夠輕鬆地得出一組資料，並以一種簡潔直觀的形式呈現這些資料。

　為了進行頻率分布的分析，我們一般先把連續變數的觀測值分成若干組類或組距相等的小組（如，0-4，5-9，10-14，等）。這是資料整理的重要一環。一個有 100 個觀測值的變數可以簡化為 10 個小組，每小組各包含 10 個觀測值（0-9，10-19，20-29，30-39……）；或 5 個小組，每小組各包含 20 個觀測值（0-19，20-39，40-59……），從而使得資料更符合統計分析的要求。組距的大小最好以方便分類和突出觀測值之間的差異為準。常用的組距有 5，10 和 20。

---

[2]　這句話的原文（謊言、天大的謊言，再上去就是統計囉！There are lies , damned lies and statistics.）通常被認為出自馬克‧吐溫之口，但吐溫本人卻說這句話第一次是班傑明‧迪斯雷利（Benjamin Disraeli）說的。

表 12.1 和 12.2 體現了頻率分布的資料整理功能。其中,表 12.1 給出的是 23 名學生在一次考試中的成績,按名字的字母順序排列。表 12.2 給出的是按照組距為 5 進行分組之後的頻率分布情況。其中頻率欄裡的數字代表每組包含的成績個數。

12.3　總結描述 (Summarizing Descriptions)

整理資料的另一種方法是進行總結描述。這是描述統計的核心和本質。也許你們沒有意識到,其實你們對總結統計並不陌生。回想一下最近一次你拿到某門課程考試成績的情形。你或其他同學很可能會向老師詢問整個班級的表現情況。一般來講,我們都想知道這種「總體情況」的資訊,因為我們想得到一個比較的基準,以便估計自己究竟處於什麼水準。在這些總體資訊中,我們通常最感興趣的是*均值*(average)。還有人會關注所有成績的*全距*(range),即最高分是多少,最低分是多少?我們對這些總體資訊的關注體現了兩種主要描述統計方法的價值:集中趨勢測量指標和離散趨勢測量指標。

12.3.1　集中趨勢

集中趨勢(central tendency,也就是均值)測量指標是一種統計的摘要總結,也就是說,它們從眾多資料中抽象出一*個*最具代表性的數值,來代表或概括全部資料或觀測值。常用的集中趨勢指標有三種,分別是:平均數、中位數和眾數。想想考試成績出來之後你想得到的資訊。如果你想知道全班考試成績的*算術平均分*,那麼你想要的就是一個**平均數**(mean)。如果你想知道(經過排序之後)排在所有分數正中間次序的那個成績,那麼你想要的就是一個**中位數**(median)。如果你想

表 12.1　未分組的考試成績

85	82
88	55
57	86
81	94
65	72
75	77
64	85
87	75
99	79
79	94
59	72
74	

表 12.2　分組後的頻率分布

成績	頻率
95-100	1
90-94	2
85-89	5
80-84	2
75-79	5
70-74	3
65-69	1
60-64	1
55-59	3

知道出現次數最多的那個成績,那麼你想要的就是一個**眾數**(mode)。

平均數(mean)是*基於算術*運算的均值。說平均數是一個算術均值,我們的意思是說,這個均值的計算過程包含一些數學運算。要計算平均數,我們必須先把一個資料集的所有變數值都累加起來,然後把這個總數除以這些變數值的個數。就考試成績這個例子而言,我們先得把班上每個學生的成績加起來,得出一個總分,然後再除以這個班級的學生人數。這樣得出的結果(商)就是你們班這次考試的平均分數。

關於平均數,你們要注意三個要點。首先,平均數是集中趨勢指標中唯一一個受整個資料集中每一個變數值影響的指標。其次,考慮到它的計算方法,我們完全有可能碰到這樣的情況,即平均數和參與計算的每一個數值都不一樣。平均數並不一定等於資料集當中的某一個數值。第三,因為是一個算術均值,所以平均數可以處於資料集的平衡點。*平均數和高於(或大於)它的數值之間的距離等於平均數和低於(或小於)它的數值之間的距離*。這點的重要性在我們討論離散趨勢時就會顯現出來。

我們還可以通過中位數和眾數來概括資料。中位數是測量集中趨勢的「中間」指標。要確定一組資料的**中位數**(median),我們首先必須把資料從低到高排序,然後找到那個處在中間次序的數值,這個數值就是這組資料的中位數。如果變數值的個數是奇數,那麼確定中位數就比較簡單,就是處在數列中間的那個數。

34, 46, 50, 52, 65

奇數:中位數 = 中間值 = 50

如果碰到的變數值的個數是偶數,那麼中位數就是兩個中間值的算術平均數(即,我們把兩個中間值相加,然後除以 2,得到的結果就是中位數)。

34, 46, 50, 52, 65, 68

偶數：中位數 = 兩個中間值（50, 52）的平均數 = 51

　　眾數（mode）指的是一組資料中最常見或出現頻率最高的那個數值。這是集中趨勢最簡單的一個指標，只要通過觀察某個變數的頻率分布，就可以看出這個變數的眾數。找到出現次數最多的那個數值，你就找到了眾數。例如，表 12.3 給出的是美國國會第 108 屆（2003-2005）參議院議員的性別構成情況，稍加觀察，你就可以得出這屆參議院議員性別的眾數。

　　選擇平均數、中位數還是眾數，這個任務是為資料分析尋找合適的統計工具的一個組成部分。眾數是*唯一一個適合測量定類量尺資料集中趨勢的指標*。別忘記，賦予定類變數上的數字僅僅只是用來區分*變數值之間的類別差異的標籤*。（比如，在測量性別這個變數時，也許我會用 1 來指代男性，2 來指代女性。）因此，我們不能對定類資料進行數學計算。[3] 眾數不要求我們進行數學計算，我們只需找到出現頻率最高的那個數字，就可以確定眾數值。正是在這個意義上，我們才說眾數是測

表 12.3　2003-2005 屆美國參議員的性別構成

參議員的性別	頻率
男性	86
女性	14

---

[3] 假設有這麼一種情況，有一個 20 人的小組，其中 10 個男性，10 個女性。如果你要計算這個小組裡性別這一變數的平均數，那麼你得先把每個成員的性別變數值累加起來（男性是 10 個 1，女性 10 個 2），然後除以 20。得出的結果是 1.5！對於性別這一變數來說，這個數值沒有任何意義，因為在這裡，性別只有兩個變數值或標籤：男性是 1，女性為 2（或者反過來）。

量定類資料集中趨勢的合適工具。

　　當資料包含一些極端的變數值〔又叫做極端值（outliers）〕時，中位數就是測量集中趨勢的合適指標。極端值指的是那些和資料集當中大部分數值存在顯著差異的數值。在這種情況下，如果我們還是選擇計算平均數，那麼平均數就會朝極端值的方向偏離。（別忘了，平均數有受資料集當中每一個數值影響的特點。）如果出現這種情況，那麼平均數就不能很好地代表總體資料的情況。它會被極端值歪曲。如果碰到存在極端值的情況，最好選擇中位數來概括資料。

　　其實，平均數只適合描述定序和定距量尺資料的集中趨勢。只有在這兩個測量量尺上，賦予變數值上的數字才是「真正的」數字。只有真正的數字才適合用來進行諸如加和除（計算平均數必須要用到這兩種數學運算）之類的數學計算。

12.3.2　離散趨勢的描述

　　人們都說，多樣性是生活的調味品。這種說法同樣適用於資料的描述和整理。再以考試為例。也許，你從老師口中得知，班級平均分是75分。當你拿到自己的試卷時，看到自己的成績是 85 分。你是不是遙遙領先呢？這很難說。在確定你自己和同學的差距之前，你必須首先弄清整個班級成績的離散情況或差異程度。是不是大多數學生的成績都在75分上下？或者，是不是大部分學生的分數都超過90，而少數學生考得很糟糕，結果把平均分拉到只有75？（隨便提一句，這個例子說明了，極端值是如何把平均數往自己的方向拉的。）為了對這次考試的總體情況有一個全面的把握，我們必須獲得這些資訊。我們需要一些測量離散性的指標。和集中趨勢的測量指標一樣，在我們的統計工具箱裡，也有三個測量資料離散趨勢的指標：全距（range）、標準差（standard deviation）和變異數（variance）。

全距（range）的涵義就是它的字面意思，它代表的是一組資料最大值與最小值之間的差距。用全距來測量資料的離散趨勢速度快，但也相當粗糙。說它粗糙是因為，它只根據資料集當中的兩個數值（最大值和最小值）就計算出結果。這個結果可能會造成一些誤解。讓我們來看看下面這組考試成績：

10, 85, 85, 85, 85, 100

這組資料的全距是 90，也就是最高分（100）減去最低分（10）。但是，仔細觀察這組資料，你會發現其離散性並沒有全距 90 所顯示的那麼大。6 個數值中有 4 個是相同的！我們必須將兩個以上的數值納入考量，以便能夠更敏感地捕捉其中的離散情形。理想狀態是，資料集當中的每一個數值都可以進入這個離散指標的計算過程。**變異數**（variance）就完全符合這一要求，它的計算就包括資料集當中的每一個數值。

計算變異數的原理非常簡單：要評估資料的總體離散程度（即變異數），只需計算每個數值和平均數的差距即可。計算得出的結果應該就可以體現某組資料的總體離散程度。從理論上說一切合情合理，現在我們來實踐操作一遍。讓我們來計算一下上面這組資料（10, 85, 85, 85, 85, 100）的變異量。由於每個數值必須和平均數相減，所以我們首先必須計算出平均數。把 6 個數值都加起來（結果應該是 450）再除以 6。如果按照我的方法計算，那麼你們得到的結果應該是 75。（順便插一句，這個例子說明，平均數並不一定就是資料當中的某一個值。）現在，準備工作已經做好了，我們可以開始計算每個數值和平均數之間的差了。做法很簡單，只要把每個數值減去平均數即可：

$$10 - 75 = -65$$
$$85 - 75 = -10$$

$$85-75 = 10$$
$$85-75 = 10$$
$$85-75 = 10$$
$$100-75 = 25$$

　　現在，把這些差距都累加起來。平均差是0！我們做錯了什麼嗎？沒有。如果我們還記得平均數的算術意義的話，那麼這個結果就完全在情理之中。這組資料的平均數就是它的「平衡點」，在這點之上的數值和這點之下的數值剛好達到平衡。在上面這個例子中，我們「看到」，所有正數（即大於平均數的數值）的總和正好等於所有負數（即小於平均數的數值）的總和。把這兩個總和（+65和−65）加起來，結果就是0。

　　在這種情況下，為了計算「平均」離散程度，我們必須另外採取一些措施，消除平均數的這一「平衡」特徵。我們必須想辦法避免分子為0的情況出現。（還記得我們在一年級所學的數學知識嗎？分子為0的分數永遠是0。在0做被除數的條件下，*不論分母是多少，結果都是0。*）解決這個零點平衡問題的辦法是，在累加之前把每個差距取平方。然後，再根據這些差距的平方總和計算總變異量。同樣，我們應該拿上面這組資料練習練習，體會一下其中的涵義。把每個差的平方累加起來，你會發現，結果不再是0：

$$(-65)^2 + 10^2 + 10^2 + 10^2 + 10^2 + 25^2 = 5,250$$

　　最後，把這些差距的平方和（5,250）再除以數值的個數，得出的結果就是這組資料的變異量平均值。（事實上，除數應該是取數值個數的總數減去1。這個調整反映了我們在本書一直強調的科學研究的保守性這個特點。通過把n調整為n−1，分母就變小了，因此對資料離散程度的估計值也就變大了。分母變小會使商變大。考慮到社會研究母群總

體的多樣性，保守地放寬對離散趨勢的估計被認為是未雨綢繆的謹慎之
舉。）

當我們把 5,250 除以 5（n−1）之後，得到的商數是 1,050，此即校
對後的變異量平均值。一方面，我們應該明白，這個測量指標比全距更
可取，因為這個計算過程涵蓋了每一個數值。儘管如此，與原始資料的
範圍（只從 10 到 100）相比，這個結果顯得有些格格不入。那麼這兒又
究竟出了什麼問題？

還記得嗎，為了消除平均數的零點平衡，我們把每個數值與平均數
之間的差距都做了平方處理。我們的離散指標就包含在這些平方數裡。
為了回到原始資料上去，我們必須「撤銷」平方運算。我們的最後一種
統計工具就是用來做這個的：**標準差**（standard deviation）。把校對後
的變異量平均值開平方根得到的結果就是標準差。經過這步簡單的計
算，我們就回到了原始資料上。1,050 的平方根是 32.4，這和我們的原
始資料相稱得多。

我們最好把標準差看作一組資料平均離散程度的指標。有人認為，
標準差可以說是離散程度的最佳測量，即在計算離散趨勢時不僅只是把
每個數值都納入考量之內，而且青出於藍而勝於藍。標準差表達的單位
層級和原始資料一樣。還有人認為，標準差與平均數遙相呼應，相輔相
成。平均數可以最大限度地代表一組資料的均值。標準差體現的是所有
觀測值與平均數之間的平均距離。標準差和平均數還有一個共同點，即
都對極端值很敏感。事實上，這個特點在我們上面作為例子的那組資料
中體現得淋漓盡致。我們計算得出的標準差準確地反映了平均數（75）
和極值（10）之間巨大差距的影響。

12.3.3 一個巴掌拍不響：相關統計描述

到這裡為止，我們已經學習了如何在單變數層次上概括蒐集到的資

料，比如，（通過眾數）描述某個群體的「平均」性別，或者（通過平均數和標準差）概括某班考試成績的均值和離散程度。資料整理的另一種重要途徑是在總體層面上描述兩個變數之間的關係。例如，考試成績和花在準備考試的時間之間是否存在某種關聯？隨著一個變數值的增加，第二個變數值是否也跟著增加？或者，隨著一個變數值的增加，第二個變數值反而變小。要回答這些問題，我們必須採用所謂的相關係數這一統計工具。

　　相關係數（correlation coefficient）是用來概括兩個變數共同變化程度的數字。它的取值範圍為−1 到+1。如果相關係數為 1（不管是−1 還是+1），那麼這兩個變數的變化就完全同步，一個變數改變n個單位，另一變數也改變n個單位。如果兩個變數變化的方向相反（一個增加，另一個減少），那麼它們之間的關係就是負相關。我們在相關係數前面加上一個負號來代表負相關。如果兩個變數朝同一個方向變化（兩個一起增加，或一起減少），那麼我們用正相關係數來代表這種關係。當相關係數為 0 時，兩個變數之間不存在任何關係，即一個變數和另一個變數之間沒有任何關聯。一般情況下，相關係數落在沒有關係（0）和完全相關（+/−1）之間。相關係數越接近+/−1，兩個變數之間的相關就越強烈。相關係數越接近 0，兩個變數之間的相關就越微弱。

　　概括兩個變數之間相關的係數有很多種，比如皮爾遜相關係數、斯皮爾曼等級相關係數，和ϕ係數。和我們在選擇表達均值的統計工具一樣，相關係數的選擇也必須考慮變數的測量量尺。**皮爾遜係數**（Pearson coefficient）應該用於描述兩個定距變數的相關關係，例如收入和存款金額之間的相關關係；身高和體重之間的相關關係；受教育年限和辭彙量之間的相關關係，等等。**斯皮爾曼等級係數**（Spearman rank coefficient）適合用於描述兩個定序變數之間的相關關係，如識字水準（A，B，C，等）和對上學的興趣（高，中等，低）之間的相關關係；出生順序（第

一個，中間，最後一個）和自尊心（低，中等，高）之間的相關關係；
纖維重量（輕，中等，重）和紫外線保護能力（低，中等，高）之間的
相關關係。**φ 係數**（Phi coefficient）應該被用於概括兩個定類變數之間
的相關關係，比如性別（男，女）和黨派（共和黨，民主黨）之間的相
關關係；婚姻狀況（已婚，未婚）和投票傾向（布希，高爾）之間的相
關關係；就業狀況（就業，失業）和對福利改革的態度（支持，反對）
之間的相關關係。

12.4 統計圖表

前面幾頁的討論已經證明，我們可以借助幾個關鍵的統計工具有效
地概括資料的總體情況，即集中趨勢、離散趨勢和相關關係。生動形象
的視覺圖像可以進一步加深我們對資料總體情況的瞭解。統計圖表就是
能把數字轉化成視覺圖像的工具。事實證明，統計圖表比起一大堆數字
來說，更能說明問題。愛德華德‧塔夫特（Edward Tufte）認為，圖表
是有效傳遞資訊的基本工具，也許這就是圖表最主要的優點（*Tufte,
2001*）。圖形和表格之所以能如此有效地傳遞資訊，原因在於，它們充
分利用了人腦對視覺刺激特別敏感這一特點（*Bowen, 1992; Tufte, 1997,
2001*）。事實上，塔夫特宣稱，人類的眼睛可以同時處理每平方英寸625
個數據點的資訊（*Tufte, 2001*）。

12.4.1 統計圖基本介紹

在討論開始之前，我們最好先學習一下統計圖的基本組成要素。在
我們下面將要介紹的統計圖表中，大部分都建立在一個基本的模型之
上：右向的直角坐標系。水準線被稱為X軸（又叫做橫坐標），垂直線

被稱為Y軸（又叫做縱坐標）。定量變數可以任意表示在兩條軸線上。但是，定類變數只能表示在 X 軸上。視域（the visual field，即 X 軸和 Y 軸之間的區域）是用來顯示條形圖、散點圖或線條的地方，這些圖形可以體現資料的各種資訊（見圖 12.1）。

12.4.2　頻率分布和集中趨勢的統計圖表示法

當我們想要表示一組資料中各個數值的出現頻率時，我們可以使用條形圖、直方圖或頻率折線圖。和上面指出的一樣，選擇何種圖形還是取決於變數的測量量尺。**條形圖**（bar chart）適合用於表示定類變數的頻率分布。定類變數的每一個種類或觀測值都由各自在軸上的條形表示。每個條形的高度（Y 軸）形象地表示每個觀測值（X 軸）的相對頻率。如圖 12.2 所示，從條形圖中一眼就可以看出眾數。

直方圖和頻率折線圖都適用於表示定量變數的頻率分布。這兩種方法有一些共同點，即都用 X 軸表示變數的類別，Y 軸表示頻率資訊。**直方圖**（histogram）採用一系列連續的條形來顯示頻率資訊。每一個條形與 X 軸上的變數類別相對應。直方圖對查找極端值或資料之間的遺缺值（gap，即該觀測值的出現頻率為零）特別有用。**頻率折線圖**（frequency polygon）用散點和連續的折線取代直方圖的連續條形來表示頻率分布。折線連接軸上每個類別的中點。同樣，從這兩種統計圖中可以形象地看出眾數（直方圖中最高的條形，折線圖中的最高點）。（見圖 12.3 和 12.4）

12.4.3　離散趨勢的統計圖表

直方圖和頻率折線圖還能用來表示離散趨勢。描述頻率分布的圖形有三種標準模型，把資料的統計圖跟這三個模型對比一下，我們就可以直觀地看清某組資料的離散趨勢，這種方法極為有效。看一看圖 12.5。從A折線中我們可以清楚地看到，該組資料的離散程度很小。之所以下

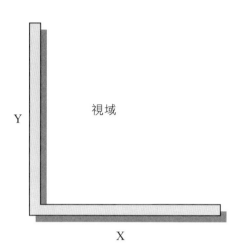

Y
視域
X

圖 12.1　圖形的基本線條

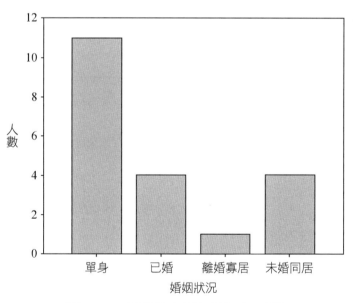

圖 12.2　某班學生婚姻狀況條形圖

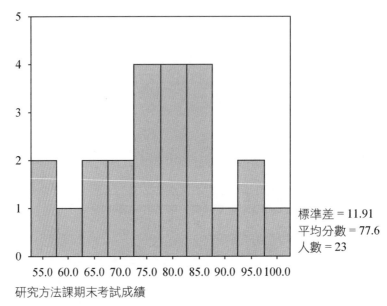

研究方法課期末考試成績

圖 12.3a 表 12.1 中考試成績的直方圖

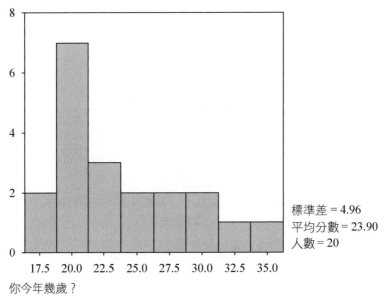

你今年幾歲？

圖 12.3b 學生年齡直方圖

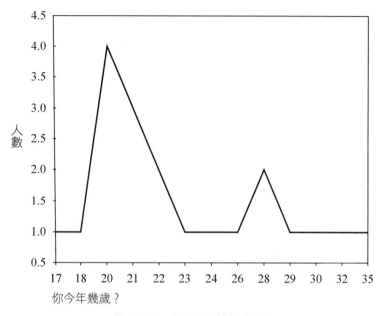

你今年幾歲？

圖 12.4　學生年齡折線圖

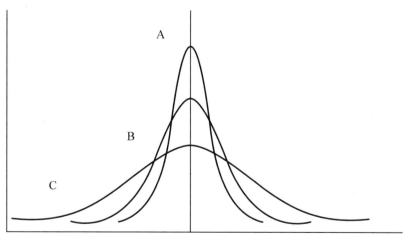

圖 12.5　離散趨勢

這樣的結論，原因在於這條折線十分陡峭，這表示大部分數值都聚集在折線的中點（平均數）附近。折線 B 代表的是一組離散趨勢中等的資料，這條折線的形狀像個鐘形。最後，折線C代表的資料離散程度相對較高，因為折線十分平緩，有相當一部分數值遠離平均數。如果我們能夠把自己得出的直方圖或折線圖和圖 12.5 中某條折線相比較，那麼我們就可以更好地傳遞資料的離散趨勢資訊。

12.4.4 相關關係的統計圖表

繪製變數間相關關係的統計圖其實是一個享受學習的過程。塔夫特曾高度讚賞散點分布圖，認為這是所有統計圖設計中最出色的工具。**散點分布圖**（scatterplot）是相關係數的視覺呈現。它能展現兩個變數之間是否存在共變關係，從而幫助我們發現潛在的因果關係。X軸表示一個變數，Y軸表示另一個變數。（如果我們要論證因果關係，那麼自變數應該放在 X 軸上。）每個坐標軸上變數的值可以用絕對數字、百分比、等級或觀測值表示。在散點分布圖裡，我們用點（又叫資料點）來同時表示兩個變數的變化情況。為了精確地找到每個點的位置，我們先在 X 軸上確定的變數值，然後再確定該變數在 Y 軸上的相應值（使用方格紙可以幫助我們準確地找到相應的交叉點）。一個點代表資料組裡的一個數值。從圖 12.6 可以看出，圖中的兩個變數之間存在完全正相關關係。

之所以說這個散點分布圖代表了一個「完全」的正相關關係，原因是，X軸變數每增加一個單位，Y軸上的變數也相應地增加一個單位，也就是說，我們從 X 軸的一個點往右移動一個單位，我們會發現 Y 軸上變數也同樣往上移動一個單位。為兩個變數的關係繪製散點分布圖在任何時候都是一個好主意，因為它可以向你展現這兩個變數是否存在聯繫，如果是，聯繫的方式是怎樣的。圖 12.7(a)和 12.7(b)給出的散點分

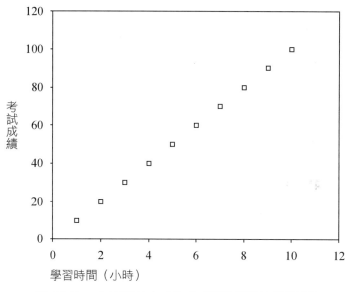

圖 12.6 （假設的）*完全相關關係的散點圖

*之所以説這個關係是假設，是因為，學習時間和考試成績之間並沒有完全的相
關關係。

布圖代表的是「非完全相關」關係。圖(a)表示的是鍛鍊身體的時間和自
我報告生病次數之間的負相關關係（Pearson $r = -0.803$）。圖(b)表示的
是家長雙方教育水準之間的正相關關係（Pearson $r = 0.607$）。

12.5 SPSS（社會科學統計套裝軟體）

在本章中，我們討論了不少重要的統計工具，（面對這麼多概念和
知識，）你也許會感覺自己乘坐的船快要被淹沒在統計學的狂濤巨浪裡
了。情況並沒有這麼糟糕，如果沒有救生艇，我是不會把任何人放到這
條船上的。在 SPSS（或其他的統計套裝軟體，如 SAS 和 STATA）的幫

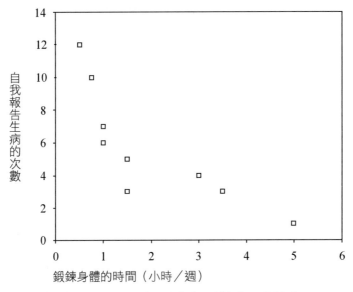

(a)身體鍛鍊和自我報告的生病次數之間的負相關關係（r = -0.803）

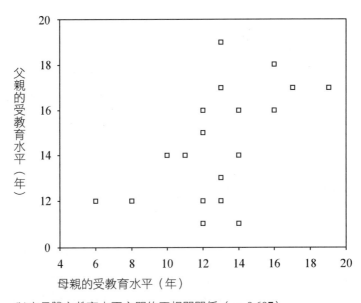

(b)家長雙方教育水平之間的正相關關係（r = 0.607）

圖 12.7　非完全相關關係

助下，我們可以輕鬆使用本章討論過的每一種統計技術。我所做的僅僅是向你們介紹一些關鍵統計技術的概念和基本原理，至於如何使用這些方法的具體操作過程，你們可以從 SPSS 軟體的自學模組輔助文件或其他介紹該軟體的書籍中找到。事實上，最新版本的 SPSS 極大地簡化了操作過程，用戶只需點擊滑鼠就可以完成諸如均值（平均數、中位數、眾數）計算，離散趨勢測量指標（全距、變異數、標準差）計算，以及條形圖、統計表和統計摘要的繪製等資料整理工作。如果你能熟練掌握本章介紹的統計學知識，那麼（在SPSS的幫助下）你就會欣慰地發現，自己已經成為一個統計高手了。

Chapter
13
超越描述統計：推論統計

　　與第 12 章介紹的描述統計相比，推論統計又往前邁進了一步。當我們想根據樣本提供的資訊估計母群體的情況時，推論統計就進入了我們的視野。從本質上說，推論統計就是從樣本跳躍到母群體。說得具體一些，就是從樣本*統計值*跳躍到母群體*參數值*。（統計值代表樣本的觀測值；參數值代表總體的實際值。）要想更好地瞭解如何根據樣本資料估計母群體的情況，我們必須先學習兩個關鍵的概念：常態曲線和樣本分布。

13.1　常態曲線

　　常態曲線（normal curve）是對某個變數的觀測值或得分的分布的*形象描述*。你可以把它看作「彎曲的」直方圖（見第 12 章）。需要注意的是，常態曲線並不常見。我的意思是，常態曲線僅僅只是一個理論「發明」，它是數學方程式建構的結果。儘管常態曲線只是一個理論或假設工具，但是它作為一個統計工具的實際價值卻不容忽視。例如，如果我們要檢驗關於不同小組之間或不同變數之間關係的假設是否成立，那麼常態曲線是必不可少的工具。此外，常態曲線也是從樣本推及母群體的基礎。

　　儘管常態曲線僅僅只是一個假設的統計工具，但是它和現實情況卻十分吻合。比如，一般認為，人類的 IQ 值分布就呈現出常態曲線的形狀。記憶、閱讀能力和工作滿意度的測量結果也呈常態分布。諸如人類的身高、體重等變數的分布形狀也接近常態曲線。常態曲線是 19 世紀兩個研究人員〔一個是比利時的數學家，叫蘭伯特・阿道夫・雅克（Lambert Adolphe Jacques），一個是英國科學家，名叫弗朗西斯・高爾頓爵士（Sir Francis Galton）〕在分析人類一些基本特徵（身高、體重、胸

腔容量、視力等等）的觀測值分布情況時發現的。他們注意到，隨著觀測值數量的增加，這些變數的分布圖形呈現出一個固定的形狀。在他們所分析過的所有變數中，觀測值的頻率分布圖總是呈現一個鐘形曲線。（你會發現，常態曲線在很多時候也叫鐘形曲線。）研究人員根據這個事實，把常態曲線及其特性應用到蒐集來的各種資料中。通過這種方法，研究人員在樣本和母群體之間建立了一條通道。

　　常態曲線有許多顯著的獨特性質。除了形狀像一個鐘之外，常態曲線還是一條單峰曲線，也就是只有一個最高點。這個最高點正好位於常態曲線的中點。同時，這個最高點也正是平均數、中位數和眾數所在的位置。另外，常態曲線是左右對稱的，平均數的左邊區域和右邊區域是完全一致的。最後，曲線下方的區域具有可預測的特點。讓我來告訴你們這是什麼意思。

　　常態曲線這個概念會把我們的注意力引向根據觀測值分布的邊緣畫出的*曲線*，但事實上，我們的興趣應該在曲線*下方*的區域。看一看圖 13.1。這幅圖告訴我們，*所有*的觀測值（如身高、體重、智商）都落在曲線和底線*之間*。根據常態曲線的性質，研究人員可以用概率論來描述曲線以下的區域，在他們眼裡，這條曲線是可預測的。根據我們在日常生活中對概率論的理解，概率明顯就是和預測聯繫在一起。我們會認為，出現概率高的事件就是可預測的。如果你的奶奶每次在你生日那天都會打電話給你，那麼在你下一次過生日時，她很可能（事實上可以預測到）也會打電話給你。

　　根據常態曲線，研究人員可以對呈常態分布的變數進行預測。如果我們知道（或假設）某個變數呈常態分布，那麼統計學家告訴我們，我們可以*預測*該變數有百分之幾的個案會落在曲線下方的某個固定區域裡。這些固定的標準區域是根據曲線的中心點（即平均數）劃定的。通常情況下，常態曲線會在平均數的左右各定三個標準距離，標出六個區

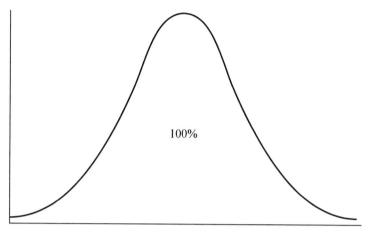

100%

圖 13.1　常態曲線下方的區域

域。這些固定的距離被稱為標準差，也就是統計學家所說的「Z 分數」或標準分數。

　　如何把這些應用到實際研究過程中來呢？如果我們知道某些變數（像身高一樣）呈常態分布，那麼我們就可以放心地對這些變數的觀測值在其平均數附近的分布情況進行預測。圖 13.2 表示的是常態分布變數的預測（發生概率）情況。注意，有 34.13% 的個案的觀測值（如身高）會落在平均數左邊一個標準差之間的區域內。由於常態曲線是左右對稱的（平均數左右兩邊的區域是完全重合的），因此，我們可以預測，另有 34.13% 的個案的觀測值會落在平均數右邊一個標準差之間的區域內。把這兩個區域加起來，我們就可以說，對一個呈常態分布的變數而言，68.26% 的個案將會落在距該變數平均數 −1 到 +1 個標準差之間。繼續觀察圖 13.2，我們發現，我們可以根據常態曲線預測，如果一個變數呈常態分布，那麼它將有 95.44% 的個案會落在距該變數平均數 −2 到 +2 個標準差之間。最後，事實上幾乎所有（99.74%）的個案會落在距該變數平均數 −3 到 +3 個標準差之間。

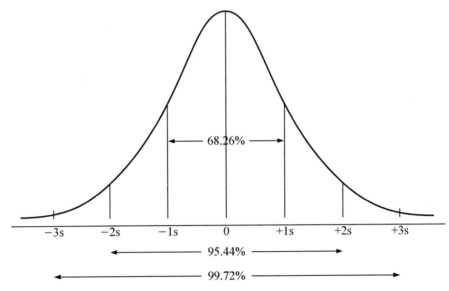

68.26%

−3s −2s −1s 0 +1s +2s +3s

95.44%

99.72%

圖 13.2　常態曲線下方的區域：幾個固定比例

　　現在，讓我們回過頭來用一個具體的例子闡明前面一段討論的內容。一般認為，IQ 是一個呈常態分布的變數。這句話的意思是，大多數人的智商都接近平均水準（平均數），只有少數人智商特別高或特別低。為了說明這個例子，我們假設 IQ 的平均數是 100，標準差為 10。怎麼根據常態曲線分析 IQ 值呢？首先，那些智商為 100 的人肯定落在曲線的正中間。注意，在圖 13.2 中，這個中點被標為 0。為什麼？這個 0 表示，平均數正好落在曲線的中點。其次，根據常態曲線，我們可以預測，68.26%的人的智商值在平均數+/−1 個標準差之間。在當前這個例子中，標準差等於 10。也就是說，68.26%的人的智商在 90（平均數 100 減去一個標準差）到 110（平均數 100 加上一個標準差）之間。我們還可以預測，有 95.44%的人的智商落在平均數+/−2 個標準差之間。而且，有 99.74%的人的智商落在平均數+/−3 個標準差之間。有了常態曲線，我們就可以依靠這些「預測」或機率對母群體的情況做出判斷。

事實上，正如我們稍後會看到的那樣，常態曲線的預測十分可靠。

想想這個工具的威力吧！一旦假設某個群體的觀測值或得分呈常態分布，那麼我們就可以對母群體情況做出如下預測：有百分之幾的個案將落在離該母群體平均數的固定距離之內。這些知識可以幫助我們擺脫推論統計的困境，即根據蒐集到的樣本資訊來推論母群體的情況。在下面的討論中，我們將介紹常態曲線是如何幫助我們走出這一困境的。

13.2 重複抽樣

設想下面這種典型的情況。你是一家公司的老總，你們公司非常注重員工福利。現在你在考慮為公司的員工提供一些健康和子女教育方面的福利。你想知道員工們對此有何想法。正好，這個暑假你的外甥在你們公司實習，他自告奮勇要幫你完成這個任務。他對全體員工進行隨機抽樣，讓抽中的員工填寫一份簡短的問卷，問卷詢問的問題都是一些基本資訊（年齡、受教育水準、子女的個數）以及員工對健康和子女教育福利的看法。你問他能否把這些從樣本得到的資料推廣到全體員工身上。你的外甥不是很確定。於是，他決定再進行一次抽樣，把調查過程重複了一遍。結果讓他很沮喪，兩次調查的結果有很大出入！在平均年齡、平均收入、孩子的平均數目、過去一年上醫院的次數等問題上，兩次調查的結果都不一樣。你的外甥有些恐慌，於是他又抽了一個樣本進行調查，結果還是不盡如人意。他繼續抽樣，繼續重複調查……直到你炒了他的魷魚。這件事的結果非得這樣嗎？（至少你姐姐想知道這個答案！）

在上面這種情況裡，你的外甥碰到了典型的抽樣困境。如何根據樣本的資料估計母群體的情況？如果樣本的平均年齡是 38 歲，那麼我們

能否說*母群體*的平均年齡也是 38 歲？你外甥的遭遇似乎說明這個問題的答案是否定的。研究人員面對這種情況該怎麼辦？還記得常態曲線嗎？它能解決這個問題。

在心中沒底的情況下，你的外甥開始一遍、一遍又一遍地重複抽樣調查的程序，即他從同一個母群體中不斷抽取不同的樣本。他這麼做的目的是想更趨近母群體的真實情況。從某種意義上說，他的想法有可取之處。如果他能從同一個母群體中抽出足夠多的樣本，然後取所有樣本平均數的平均數（如把所有樣本的平均數加起來，再除以樣本的個數），那麼得出的結果就應該接近母群體的真實值。不幸的是，研究人員沒有足夠的時間和資金這麼做。我們不會重複抽樣，我們只選取一個樣本。但是，只要我們在抽樣過程中小心操作，那麼我們就可以假定，樣本的資料是可推廣的。為什麼？你也許已經找到了一個答案：概率抽樣技術可以保證我們的樣本具有代表性。並且，有代表性的樣本可以有效地描繪母群體的情況。好的抽樣技術再加上常態曲線的功能，在這兩個工具的幫助下，我們就可以放心地根據樣本資訊推論母群體的情況了。

13.3　抽樣分布

現在我要向你們介紹另一個極為重要的理論工具：抽樣分布。**抽樣分布**（sampling distribution）指的是樣本統計值的分布，這個分布是重複抽樣的結果。例如，從同一個母群體中不斷重複抽樣，把每個樣本的平均數在坐標系上表示出來，那麼我們就可以得到一個平均數的抽樣分布。在前面那個例子裡，如果你的外甥在坐標軸上把每次抽樣調查得出的平均年齡或平均收入繪製出來，那麼他就可以得到這兩個平均數的抽樣分布曲線。

　　抽樣分布是一個*假設*分布，在現實情況裡，我們一般不會進行重複抽樣。儘管如此，這種假設的分布還是能給我們提供一些重要的理論視角。首先，在平均數抽樣分布裡，所有樣本平均數的均值（平均數的平均數）等於母群體的真實平均數。這一點十分重要，因為我們經常試圖根據樣本的平均數推論母群體的平均數。其次，如果抽樣的次數足夠多，那麼我們就可以假設抽樣分布呈*常態分布*。因此，常態分布的所有性質同樣適用於抽樣分布。如果研究人員想根據一次抽樣的結果估計母群體的情況，那麼這個性質對他們來說是至關重要的。

　　例如，假設我們要根據樣本的平均年齡推論母群體的平均年齡。根據常態曲線的性質，我們可以說，樣本均值落在抽樣分布均值（又稱為母群體真實均值）±1 個標準單位之間的可能性為 68.26%；*某個*樣本均值落在總體均值±2 個標準單位之間的可能性為 95.44%；某個具體的樣本均值落在總體均值±3 個標準單位之間的可能性為 99.74%。

13.4　彙總

　　如果把經驗知識和理論知識合併在一起，那麼我們就有相當信心可以根據樣本統計值推論母群體的情況。根據樣本的資訊以及常態曲線的性質，我們可以計算出用抽樣調查取代普查的誤差程度。

　　讓我們再回顧一下前面提到的抽樣困境：如何根據抽樣統計值推論母群體的參數值？比如，如何根據抽樣平均數估計相應的母群體平均數？這個問題的答案可以從**信賴區間**（confidence interval）的計算過程中找到。信賴區間指的是我們為了捕捉母群體真實值而附加在樣本統計值上下的一個修正值的範圍（即「修正幅度」）。我們一般用下面這個方程表示信賴區間：

$$CI = \overline{X} \pm (SE \times Z)$$

從這個公式我們可以看到，在增加樣本統計值的信賴區間的情況中，涉及了許多的狀況。首先，X上面加上一個短橫（$\overline{X}$），這個符號代表樣本平均數。公式中$\overline{X}$的意味著，估計母群體參數值最好的*起點*是樣本中相應的平均數。其次，±符號代表，為了接近真實的母群體參數值，樣本平均數會被加上或減去一個數。為什麼要這麼做？原因在於常態曲線的對稱性。如果我們的樣本均值$\overline{X}$落在常態曲線的左側，那麼這個數值就*低估*了母群體的真實值，所以我們要在這個$\overline{X}$值上加上一個數才能更有效地估計真實的母群體參數值。如果我們的樣本$\overline{X}$值落在常態曲線的右側，那麼這個數值就*高估*了母群體的真實值，所以我們要在這個$\overline{X}$值上減去一個數，才能使估計值接近真實的總體參數值。最後，注意這個公式的後面還有一個括弧。SE（標準誤）**乘以**Z（信賴水準的Z分數）表示信賴區間的**誤差範圍**（margin of error）（見下面部分的討論）。這個誤差範圍就是為了讓估計值接近真實的母群體參數值應該增減的具體數量。

在進入下一個內容的討論之前，我要告訴你們，毫無疑問，你們已經通過新聞機構或民意調查組織接觸過誤差範圍了。在每次總統選舉期間，一些主要的新聞機構在報導某個候選人的選民支持率的同時，也會給出這些結論的誤差範圍。為了準確估計真實的母群體參數值（從而儘可能準確地預測選舉結果），媒體一般會在±3％的誤差範圍之內估計選民的投票傾向。這意味著，如果媒體預測候選人 A 的得票率為 45%（±3），那麼他們的意思是，支持該候選人的全國選民可能高達 48%（45%+3%），也可能只有42%（45% −3%）。換句話說，媒體拒絕對最後的實際結果做正面的精確預測，他們給出的觀點閃爍其辭，只要最後的結果落在這 6 個百分點的範圍之內，那麼他們就宣稱自己的預測是

準確的。類似的，如果你留意一下蓋洛普民意測驗的結果，你會發現他們的研究結論一般也帶有±3個百分點誤差範圍（http://www.gallup.com/）。

既然我們已經弄清了信賴區間的基本涵義，那麼現在我們該來看一看如何「解答」這個方程式了。令人欣慰的是，這個方程式所需的資料都是現成的。$\overline{X}$可以從樣本中獲得。根據標準差（SD）和樣本規模（n）這兩個資料，我們可以非常容易地算出標準誤 SE 的值。最後，根據常態曲線的性質，我們可以毫不費力地確定 Z 的取值。

13.4.1　SE——標準誤分數

標準誤（standard error）可以被看成根據樣本推斷母群體過程中出現的誤差。我們第 8 章介紹抽樣時提到過這個概念。抽樣是個好東西，它能幫助我們節省研究的時間和成本。但是，抽樣也有侷限。樣本在通常情況下都不能準確地代表母群體的情況。因此，我們必須假定抽樣存在一些誤差。SE 可以幫助我們計算抽樣誤差的具體大小。

我們根據樣本的標準差和樣本規模這兩個資訊來計算 SE。在上一章裡我們瞭解到，標準差的數值大代表樣本的離散程度高，比如，樣本在收入、受教育年限、孩子的數量、為社會服務的時間等變數上呈現較大的差異。如果我們嚴格按照程序進行抽樣，那麼樣本應該反映（儘管不盡如人意）母群體的離散程度。樣本的離散性越大，母群體的離散程度也應該越高。

我們用來計算標準誤的另一個關鍵資訊是樣本規模。我們在第 8 章已經指出，大規模的樣本比小規模的樣本更具代表性。規模大的樣本越接近總體。考慮到這些，標準誤的計算也應該考慮樣本的規模。因此，標準誤的計算方法是，標準差除以 n−1 的開平方根。（這裡使用 n−1 的原因和前面一章提到的原因相同，即這樣得出的標準誤更保守、更穩妥。）

13.4.2 Z分數

一旦根據樣本資料算出SE值之後，我們就可以接著計算Z分數了。借助常態曲線的幫助，我們可以計算出 Z 的取值。說白了，**Z 分數**（Z values）就是常態曲線下方面積（見 13.1 小節）的另一種說法。也就是說，當我們討論常態曲線及其距離平均數的標準單位時，我們說的就是Z分數。我們在前面已經詳細介紹過三個Z分數：Z分數為±1 包含了平均數附近68.26%的區域；Z分數為±2 包含了平均數附近95.44%的區域；Z 分數值為±3 包含了平均數附近99.74%的區域。前面我們都用概率論和預測的形式來指代這些區域，其實我們還可以用**信賴水準**（confidence levels，即我們對某一預測結論的確信程度）的形式來代表這些區域。

回顧一下抽樣分布，即通過重複抽樣得出的分布。我們可以說，有68.26%的樣本會分布在樣本平均數+/−1 個標準單位之間，也可以用信賴水準的形式來表述。我們可以說，某個樣本落在樣本平均數±1 個標準單位（或者±1 Z 值）之間區域內的信賴水準為68.26%。某個樣本落在樣本平均數+/−2 個標準單位之間區域內的信賴水準為95.44%，依此類推。總之，公式中的Z分數取決於我們根據樣本資料推論母群體情況時要達到的信賴水準。如果信賴水準是95%（大多數社會研究人員採用這一水準），那麼Z分數就是1.96。〔信賴水準為95.44%時，Z的取值為2。因此，信賴水準稍微降低（95%）之後，Z分數也應該小於2，即1.96。〕如果我們想達到更高的信賴水準，例如99%，那麼Z分數的取值就為2.56。提高信賴水準會增加誤差範圍，但與此同時，母群體的真實值落在某個區間的可能性也會增加。（只要給出信賴水準，我們就可以通過Z分數分布表查到相應的Z值。一般的統計學書籍都附有Z分數分布表。）

13.5　幾個具體的例子

假設從你所在的大學中抽取一個包含100個學生的樣本，根據這個樣本提供的資訊，你計算出學生的平均年齡是 24 歲，年齡的標準差（SD）是 5。此時，能否說你們學校所有學生的平均年齡也是 24 歲？要回答這個問題，我們必須先算出信賴區間。我們拿出信賴區間的計算公式，然後把各個數值代入這個公式：

$$CI = \overline{X} \pm (SE \times Z)$$

從樣本資料我們瞭解到，$\overline{X}$ 等於 24。再根據樣本資訊計算標準誤 SE 的值：

$$SE = \frac{SD}{\sqrt{n-1}}$$

我們用標準差5除以（100 − 1）的平方根（即9.9）：

$$5/9.9 = 0.5$$

接下來，把 SE 和 Z 乘起來。如果我們想取95%的信賴水準，那麼就應該把Z = 1.96代入公式：

$$CI = 24 \pm (0.5 \times 1.96)$$
$$CI = 24 \pm (0.98)$$

這樣，我們就可以說，在允許的誤差範圍（上下加減 0.98 歲）之內，我們有95%的信心保證總體的平均年齡為24歲。

讓我們再來看一個信賴水準更高的例子。最近有人對社會學專業的

學生進行了抽樣調查，樣本規模是 100 個學生，結果顯示，社會學專業學生的成績平均 GPA 為 3.1，標準差為 0.5。在 99%的信賴水準上，所有社會學專業學生的成績平均 GPA 應該是多少？同樣，通過解信賴區間方程式，我們就可以得到答案：

$$CI = \overline{X} \pm (SE \times Z)$$

從樣本資料中我們得知 $\overline{X}$ 等於 3.1。再根據樣本資訊計算 SE 的取值：

$$SE = \frac{SD}{\sqrt{n-1}}$$

我們用標準差 0.5 除以（100 − 1）平方根（即 9.9）：

$$0.5/9.9 = 0.05$$

接下來，把 SE 和 Z 乘起來。如果我們想取 99%的信賴水準，那麼就應該把 Z = 2.56 代入公式：

$$CI = 3.1 \pm (0.05 \times 2.56)$$
$$CI = 3.1 \pm (0.13)$$

這樣，我們就可以說，我們有 99%的信心保證總體學生的成績平均 GPA 在 3.1±0.13 之間，即母群體的平均 GPA 在 2.97 到 3.23 之間。

13.6　結語

　　本章介紹了一些重要的理論工具（常態曲線和抽樣分布）的相關知識。根據樣本資訊推論母群體情況是推論統計的一個重要任務，本章詳細討論了常態曲線和抽樣分布的知識是如何幫助我們完成這一任務的。

特別的，我們介紹了如何計算樣本平均數的信賴區間，在信賴區間內，研究者可以有某種程度的把握母群體的真實值可能會落在該區間內。推論統計的內容遠不止這些，但是我希望本章介紹的知識能幫你們打下進一步學習的良好基礎。通過本章的學習，我們瞭解了常態曲線的性質，以及它如何幫助我們在某一信賴水準上根據樣本資料估計母群體的情況。這些知識是進行推論統計必不可少的基礎。

參考文獻

Adler, Patricia, and Peter Adler. 2003. "The Promise and Pitfalls of Going into the Field." *Contexts* 2(2): 41–7.

Alexander, C., Y. Kim, , M. Ensminger, K. Johnson, B. Smith, and L. Dolan. 1990. "A Measure of Risk Taking for Young Adolescents: Reliability and Validity Assessment." *Journal of Youth and Adolescence* 19(6): 559–69.

Allen, Arthur. 2002. "The Not-So-Crackpot Autism Theory." *The New York Times Magazine*, 10 November, 66–9.

Anderson, Leon, and Thomas Calhoun. 2001. "Strategies for Researching Street Deviance." In Alex Thio and Thomas Calhoun (eds.), *Readings in Deviant Behavior* (2nd edition). Boston: Allyn & Bacon.

Angrosino, Michael. 2001. "How the Mentally Challenged See Themselves." In Alex Thio and Thomas Calhoun (eds.), *Readings in Deviant Behavior* (2nd edition). Boston: Allyn and Bacon.

Babbie, E. 1998. *Observing Ourselves: Essays in Social Research*. Prospect Heights, IL: Waveland Press, Inc.

Babbie, E. 2001. *The Practice of Social Research* (9th edition). Belmont, CA: Wadsworth.

Bailey, Carol. 1996. *A Guide to Field Research*. Thousand Oaks, CA: Pine Forge Press.

Bailey, Kenneth. 1987. *Methods of Social Research* (3rd edition). New York: The Free Press.

Becker, Howard. 1963. *Outsiders*. New York: The Free Press.

Belenky, Mary, Blythe Clinchy, Nancy Goldberger, and Jill Tarule. 1986. *Women's Ways of Knowing: The Development of Self, Voice and Mind*. New York: Basic Books.

Best, Joel. 2001. *Damned Lies and Statistics: Untangling Numbers from the Media, Politicians, and Activists*. Berkeley: University of California Press.

Black, Donald. 1976. *The Behavior of Law*. New York: Academic Press.

Bourdieu, Pierre. 1986. "The Forms of Capital." In J. G. Richardson (ed.), *Handbook of Theory and Research in the Sociology of Education*. New York: Greenwood Press.

Bowen, Richard. 1992. *Graph It! How to Make, Read, and Interpret Graphs*. Englewood Cliffs, NJ: Prentice-Hall, Inc.

Braestrup, Peter. 2000. "The News Media and the War in Vietnam: Myths and

Realities." http://www.vwam.com/vets/media.htm.

Bruner, Gordon, and P. J. Hensel. 1992. *Marketing Scales Handbook: A Compilation of Multi-Item Measures*. Chicago: American Marketing Association.

Burns, Robert. 1785. "To A Mouse, On Turning Her Up In Her Nest with the Plough."

Carmines, E. G., and R. A. Zeller. 1979. *Reliability and Validity Assessment*. Beverly Hills, CA: Sage.

CBS News. 2000. "Evening News." WCBS New York City Broadcast. July 19.

CBS News. 2000. "Pitfalls of the Digital Grapevine." wysisyg://8/http://cbsnews.cbs.com/now/story/0,1597,216674-412,00.shtm, July 19.

CBS News. 2000. http://www.pollingreport.com/wh2gen1.htm, released October 6–9.

Center for Disease Control. 2001. "MMR Vaccine and Autism." http://www.cdc.gov/nip/vacsafe/concerns/autism/autism-mmr.htm.

Cerulo, Karen A. 1998. *Deciphering Violence: The Cognitive Structure of Right and Wrong*. New York: Routledge.

Cerulo, Karen A. (ed.). 2002. *Culture in Mind: Toward a Sociology of Culture and Cognition*. New York: Routledge.

Chan, J., S. Knutsen, G. Blix, J. Lee, and G. Fraser. 2002. "Water, Other Fluids and Fatal Coronary Heart Disease: The Adventist Health Study." *American Journal of Epidemiology* 155(9): 827–33.

CNN.com. 2000. "Cause of Deadly Seton Hall Dorm Fire Under Investigation." http://www.cnn.com/2000/US/01/19/seton.hall.fire.04/, accessed January 19.

CNN.com. 2001. "No Link Found Between MMR Vaccine and Autism." http://www.cnn.com/2001/HEALTH/conditions/04/23/vaccine.autism/?s=8, April 23.

Cockerham, William. 1998. *Medical Sociology* (7th edition). Upper Saddle River, NJ: Prentice-Hall, Inc.

Cole, Jeffrey. 2001. *Surveying the Digital Future: Year Two*. UCLA Center for Communication Policy. www.ccp.ucla.edu.

Community Pharmacy. 2003. "The Great MMR Debate." CMP Information Ltd. February 3.

Conoley, J. C., and J. C. Impara (eds.). 1995. *Mental Measurements Yearbook* (12th edition). Lincoln, NE: Buros Institute of Mental Measurements.

Consumer Reports. 2001. "The 2001 Mitsubishi Montero Limited Not Acceptable." *Consumer Reports* 66(8): 22–5.

Daily Telegraph. 2002. "Chocolate Eaters Lick Depression. *The Daily Telegraph* (Sydney), September 9.

de Lorgeril, M., P. Salen, J. L. Martin, F. Boucher, F. Paillard, and J. de Leiris. 2002. "Wine Drinking and Risks of Cardiovascular Complications After Recent Acute

Myocardial Infarction." *Circulation* 106(12): 1465–9.

Department of Energy. 1995a. "Chapter 3: The Development of Human Subject Research Policy at DHEW." In *Advisory Committee on Human Radiation Experiments, Final Report.* http://tis.eh.doe.gov/ohre/roadmap/achre/chap3.html.

Department of Energy. 1995b. "Preface. Why the Committee Was Created." In *Advisory Committee on Human Radiation Experiments, Final Report.* http://tis.eh.doe.gov/ohre/roadmap/achre/preface.html.

Diener, Eduard, and Rick Crandall. 1978. *Ethics in Social and Behavioral Research.* Chicago: University of Chicago Press.

Dillman, Don. 2000. *Mail and Internet Surveys: The Tailored Design Method* (2nd edition). New York: John Wiley & Sons.

Duneier, Mitchell. 2001. "On the Evolution of Sidewalk." In Robert Emerson (ed.), *Contemporary Field Research* (2nd edition). Prospect Heights: Waveland Press, Inc.

Durkheim, Emile. 1951. *Suicide.* New York: The Free Press.

El-Bassel, N., A. Ivanoff, and R. F. Schiling. 1995. "Correlates of Problem Drinking Among Drug-Using Incarcerated Women." *Addiction Behavior* 20: 359–69.

Erikson, Kai. 1986. "Work and Alienation." *American Sociological Review* 51 (Feb.): 1–8.

Fischer, C., M. Hout, M. S. Jankowski, S. Lucas, A. Swidler, and K. Voss. 1996. *Inequality by Design: Cracking the Bell Curve Myth.* Princeton: Princeton University Press.

Fitzpatrick, K. M. 1997. "Fighting Among America's Youth: A Risk and Protective Factors Approach." *Journal of Health and Social Behavior* 38: 131–48.

Gamson, William. 1992. *Talking Politics.* New York: Cambridge University Press.

Garraty, John, and Peter Gay. 1972. *The Columbia History of the World.* New York: Harper & Row.

Geertz, Clifford. 1973. *The Interpretation of Cultures.* New York: Basic Books.

Glaser, Barney, and Anselm Strauss. 1967. *The Discovery of Grounded Theory.* Chicago: Aldine.

Goffman, Erving. 1961. *Asylums.* New York. Anchor Books

Goffman, Erving. 1963. *Behavior In Public Places.* New York: The Free Press.

Goode, Erich. 2000. *Paranormal Beliefs: A Sociological Introduction.* Prospect Heights, IL: Waveland Press, Inc.

Grandell, Tommy. 2002. "Review of Cell Phone Studies Finds No 'Consistent Evidence' of Cancer Link." The Associated Press (B C Cycle), September 19.

Hager, M., S. Wilson, T. Pollak and P. Rooney. 2003. "Response Rates for Mail Surveys of Nonprofit Organizations: A Review and Empirical Test." http://nccs.urban.org/overhead/pretestpaper.pdf, accessed May.

Hamilton, James. 2004. "The Ethics of Conducting Social-Science Research on the Internet." In D. Wysocki (ed.), *Readings in Social Research Methods* (2nd edition). Belmont, CA: Wadsworth/Thomson.

Haney, C., C. Banks, and Philip Zimbardo. 1973. "Interpersonal Dynamics in a Simulated Prison." *International Journal of Criminology and Penology* 1: 69–97.

Harrell, W. Andrew. 1991. "Factors Influencing Pedestrian Cautiousness in Crossing Streets." *The Journal of Social Psychology* 131(3): 367–72.

Herrnstein, R. J., and C. Murray. 1994. *The Bell Curve: Intelligence and Class Structure in American Life*. New York: The Free Press.

Hirsch, M., and M. Isikoff. 2002. "What Went Wrong?" *Newsweek* (May 27): 28–34.

Hirschi, Travis, and Hanan Selvin. 1973. *Principles of Survey Analysis*. New York: The Free Press.

Horwood, John, and David Fergusson. 1998. "Breastfeeding and Later Cognitive and Academic Outcomes." *Pediatrics* 101(1): 379–85.

Humphreys, Laud. 1969. *Tearoom Trade: Impersonal Sex in Public Places*. Chicago: Aldine.

Hyman, H. 1955. *Survey Design and Analysis*. New York: The Free Press.

Independent Sector. 2001. *Giving and Volunteering in the United States. Key Findings*. Washington, DC.

Institute of Medicine. 2001. *Immunization Safety Review*. Reports and Summaries. Measles-Mumps-Rubella Vaccine and Autism http://www.iom.edu/IOM/IOMHome.nsf/Pages/mmr+report April.

Jaisingh, Lloyd and Laurie Rozakus. 2000. *Statistics for the Utterly Confused*. Boston: McGraw-Hill.

James. F. 1992. "New Methods for Measuring Homelessness and the Population at Risk: Exploratory Research in Colorado." *Social Work Research and Abstracts* 28(2): 9–14.

Jensen, A. 1973. *Educability and Group Differences*. New York: Harper & Row.

Johnson, L. 1991. "Job Strain Among Police Officers: Gender Comparisons." *Police Studies* 14: 12–16.

Katzer, Jeffrey, K. Cook, and W. Crouch. 1998. *Evaluating Information* (4th edition). Boston: McGraw-Hill.

Kimmel, Allan. 1988. *Ethics and Values in Applied Social Research*. Newbury Park, CA: Sage.

Kitsuse, John. 2002. "Societal Reaction to Deviant Behavior." In Ronald Weitzer (ed.), *Deviance and Social Control: A Reader*. New York: McGraw-Hill.

Kjaergard, Lise, and Bodil Als-Nielsen. 2002. "Association Between Competing Interests and Authors' Conclusions: Epidemiological Study of Randomized Clinical Trials Published in the *BMJ*." *British Medical Journal* 325: 249–52.

Kraut, R., S. Kiesler, B. Boneva, J. Cummings, A. Crawford, and V. Helgeson. 2002. "Internet Paradox Revisited." *Journal of Social Issues* 58 (1): 49–74.

Krueger, R. and M. A. Casey. 2000. *Focus Groups: A Practical Guide for Applied Research* (3rd edition). Thousand Oaks, CA: Sage.

Langer, Gary. 2003. "About Response Rates: Some Unresolved Questions." *Public Perspective* (May/June): 16–18.

Larry P. v. Riles, U.S. Courts of Appeals, 1984, 793 F 2d 969.

Lofland, John, and Lyn Lofland. 1984. *Analyzing Social Settings: A Guide to Qualitative Observation and Analysis* (2nd edition). Belmont, CA: Wadsworth.

Lofland, John, and Lyn Lofland. 1995. *Analyzing Social Settings: A Guide to Qualitative Observation and Analysis* (3rd edition). Belmont, CA: Wadsworth.

Lucas, A, R. Morley, T. J. Cole, G. Lester, and C. Leeson-Payne. 1992. "Breast Milk and Subsequent Intelligence Quotient in Children Born Preterm." *The Lancet* 339: 261–4.

Mabrey, Vicki. 2003. "DNA Testing: Foolproof?" *60 Minutes II.* http://www.cbsnews.com/stories/2003/05/27/60II/printable555723 . . . , released May 28.

MacLeod, Jay. 1995. *Ain't No Making It: Aspirations and Attainment in a Low-Income Neighborhood* (2nd expanded edition). Boulder, CO: Westview Press.

Matza, David. 1969. *Becoming Deviant.* New Jersey: Prentice-Hall, Inc.

McCord, Joan. 1978. "A Thirty-Year Follow-Up of Treatment Effects." *American Psychologist* 33: 284–9.

McManis, Sam. 2002. "Perk Up: It's Not All Bad for You; Caffeine Can Get You Addicted, but a Little Bit Might Not Hurt." *San Francisco Chronicle*, December 8.

McNeal, C., and P. Amato. 1998. "Parents' Marital Violence: Long-Term Consequences for Children." *Journal of Family Issues* 19: 123–40.

McPherson, M., L. Smith-Lovin, and J. Cook. 2001. "Birds of a Feather: Homophily in Social Networks. In K. Cook and J. Hagan (eds.), *Annual Review of Sociology* 27: 415–44.

Milgram, Stanley. 1974. *Obedience to Authority: An Experimental View.* New York: Harper & Row.

Miller, Delbert, and Neil Salkind. 2002. *Handbook of Research Design and Social Measurement* (6th edition). Thousand Oaks, CA: Sage.

Monette, D., T. Sullivan, and C. DeJong. 1998. *Applied Social Research: Tool for the Human Services.* Fort Worth, TX: Holt, Rinehart & Winston.

Morgan, David. 1996. *Focus Groups as Qualitative Research.* Newbury Park, CA: Sage.

Morin, Richard. 1998. "What Americans Think." *Washington Post*, Monday August 24.

Murphy, Dean. 2002. "As Security Cameras Sprout, Someone's Always Watching." *The New York Times*, September 29.

Myerhoff, Barbara. 1989. "So What Do You Want From Us Here?" In Carolyn Smith and William Kornblum (eds.), *In the Field: Readings on the Field Research Experience*. New York: Praeger.

National Institutes of Health. 1995. Appendix 1 "Historical, Ethical and Legal Foundation for the NIH's Policies and Procedures." In *Guidelines for the Conduct of Research Involving Human Subjects at the National Institutes of Health*. http://ohsr.od.nih.gov/guidelines.php3.

National Public Radio. 2002. "Risks and Benefits of Hormone Replacement Therapy." *Talk of the Nation/Science*, July 26.

New York Times. 2002. "9 Hijackers Scrutinized." March 3, Section A:1.

Newport, F., L. Saad, and D. Moore. 1997. "How Polls Are Conducted." In M. Golay, *Where America Stands, 1997*. New York: John Wiley & Sons, Inc.

Nie, N. H., and L. Erbring. 2000. *Internet and Society: A Preliminary Report*. Palo Alto, CA: Stanford Institute for the Quantitative Study of Society.

Norris, Floyd, and Amanda Hesser. 2003. "U.S. to Allow Wine Labels That List Health Claims." *The New York Times*, March 1, Section C: 1.

O'Farrell, Timothy, and Christopher Murphy. 1995. "Marital Violence Before and After Alcoholism Treatment." *Journal of Consulting and Clinical Psychology* 42: 265–76.

Osgood, Charles. 2002. "Study Questions Gingko Biloba's Effectiveness." *The Osgood File* (CBS), August 21.

Palmer, C. E. 1989. "Paramedic Performances." *Sociological Spectrum* 9: 211–25.

Patten, Mildred. 2001. *Questionnaire Research: A Practical Guide*. Los Angeles, CA: Pyrczak Publishing.

Patton, M. 1982. "Thoughtful Questionnaires." In *Practical Evaluation*. Newbury Park: Sage.

Pfohl, Stephen. 1994. *Images of Deviance and Social Control: A Sociological History*. New York: McGraw-Hill, Inc.

Plichita, S. 1992. "The Effects of Woman Abuse on Health Care Utilization and Health Status: A Literature Review." *Women's Health Issues* 2: 154–63.

Popper, Karl. 1959. *The Logic of Scientific Discovery*. New York: Basic Books.

Powers, E., and H. Witmer. 1951. *An Experiment in the Prevention of Delinquency: The Cambridge-Somerville Youth Study*. New York: Columbia University Press.

Ranade, Supria. 2002. "New Studies Show How Waves Emitted from Cell Phones Are Hazardous." *The Johns Hopkins News-Letter* via U-Wire, November 1.

Reines, Dan. 2001. "Minute Mates: Speed Dating Has Flipped the Matchmaking Industry on Its Head, But Can You Really Find Lasting Love in Seven Minutes?" *New Times L. A.*, May.

Reynolds, Gretchen. 2003. "The Stuttering Doctor's Monster Study." *The New York Times Magazine*, March 16, 36.

Reynolds, Paul. 1979. *Ethical Dilemmas and Social Science Research*. San Francisco: Jossey-Bass.

Ritter, Malcolm. 2003. "Children–TV Violence Link Has Effect." *Associated Press Online*, March 9.

Robinson, William. 1950. "Ecological Correlations and the Behavior of Individuals." *American Sociological Review* 15: 351–7.

Ross, Emma. 2002. "Study Finds Positive Thinking Does Not Improve Cancer Survival, but Feels Better." *The Associated Press*, October 19.

Ruane, Janet, and Karen Cerulo. 2004. *Second Thoughts: Seeing Conventional Wisdom Through the Sociological Eye* (2nd edition). Thousand Oaks, CA: Pine Forge Press.

Rubinstein, J. 1973. *City Police*. New York: Farrar, Straus & Giroux.

Rudebeck, Clare. 2003. "Health: A Spoonful of Optimism; Some People Are Convinced That the Healing Power of the Mind Can Help." *The Independent* (London), February 26.

Salkind, Neil. 2000. *Statistics for People Who (Think They) Hate Statistics*. Thousand Oaks, CA: Sage.

Salsburg, David. 2001. *The Lady Tasting Tea: How Statistics Revolutionized Science in the Twentieth Century*. New York: W. H. Freeman.

Sanders, C. 1999. "Getting a Tattoo." In E. Rubington and M. Weinberg (eds.), *Deviance the Interactionist Perspective* (7th edition). Boston: Allyn and Bacon.

Schuman, Howard. 2002. "Sense and Nonsense about Surveys." *Contexts* (Summer): 40–7.

Shermer, M. 1997. *Why People Believe Weird Things*. New York: W. H. Freeman.

Sloan, A. 2003. "Will the Bosses Pay?" *Newsweek*, May 26, 43.

Smith, Tom. 1987. "That Which We Call Welfare by Any Other Name Would Smell Sweeter: An Analysis of the Impact of Question Working on Response Patterns." *Public Opinion Quarterly* 51 (Spring): 75–83.

Smith, Tom. 1990. "Phone Home? An Analysis of Household Telephone Ownership." *International Journal for Public Opinion Research* 2: 369–90.

Smith, Tom. 1992. "A Methodological Analysis of the Sexual Behavior Questions on the GSS." *Journal of Official Statistics* 8: 309–26.

Smith, Tom. 1993. "Little Things Matter: A Sampler of How Difference in Question Format Can Affect Survey Responses." *National Opinion Research Center, GSS Methodological Report no. 78*.

Smith, Tom. 1994. "Trends in Non-Response Rates." *National Opinion Research Center, GSS Methodological Report no. 82*.

Springen, Karen. 2003. "Don't Dis the Diet." *Newsweek*, June 2, 12.

Staples, William. 1997. *The Culture of Surveillance: Discipline and Social Control in the United States*. New York: St. Martin's Press.

Starr, Paul. 1982. *The Social Transformation of American Medicine*. New York: Basic Books.

Steinbeck, John. 1994. *Of Mice and Men*. New York: Penguin.

Sudman, S., N. Bradburn, and N. Schwarz. 1996. *Thinking About Answers: The Application of Cognitive Process to Survey Methodology*. San Francisco: Jossey-Bass.

Taubes, Gary. 2002. "What If It's All Been a Big Fat Lie?" *The New York Times Magazine* (July 7) 6: 22–34.

Theodorson, George, and Achilles Theodorson. 1969. *A Modern Dictionary of Sociology*. New York: Barnes & Noble Books.

Thompson, Kevin. 1989. "Gender and Adolescent Drinking Problems: The Effects of Occupational Structure." *Social Problems* 36(1): 30–47.

Thorlindsson, Thorolfur, and Thoroddur Bjarnason. 1998. "Modeling Durkheim on the Micro Level: A Study of Youth Suicidality." *American Sociological Review* 63, (1): 94–110.

Thorne, Barrie. 2001. "Learning from Kids." In Robert Emerson, (ed.), *Contemporary Field Research* (2nd edition). Prospect Heights: Waveland Press, Inc.

Torabi, M., W. Bailey, and M. Majd-Jabbari. 1993. "Cigarette Smoking as a Predictor of Alcohol and Other Drug Use by Children and Adolescents: Evidence of the 'Gateway Drug' Effect." *Journal of School Health* 63(7); 302–7.

Tufte, Edward. 1997. *Visual Explanations: Images and Quantities, Evidence and Narrative*. Cheshire, CN: Graphics Press.

Tufte, Edward. 2001. *The Visual Display of Quantitative Information* (2nd edition). Chesire, CN: Graphics Press.

Vail, D. Angus. 2001. "Tattoos are Like Potato Chips … You Can't Have Just One." In Alex Thio and Thomas Calhoun (eds.), *Readings in Deviant Behavior* (2nd edition). Boston: Allyn and Bacon.

Van Hook, Jennifer, Jennifer Glick, and Frank Bean. 2004. "Public Assistance Receipt Among Immigrants and Natives: How the Unit of Analysis Affects Research Findings." In Diane Wysocki (ed.), *Readings in Social Research* Methods (2nd edition). Belmont, CA: Wadsworth.

Vaughan, D. 2002. "Signals and Interpretive Work: The Role of Culture in a Theory of Practical Action. In Karen A. Cerulo (ed.), *Culture in Mind: Toward a Sociology of Culture and Cognition*. New York: Routledge.

Vidich, Arthur, and Joseph Bensman. 1958. *Small Town in Mass Society: Class Power and Religion in a Rural Community*. Princeton: Princeton University Press.

Whitall, Susan, and Kate Lawson. 1998. "Dr Spock's Book on Kindly Parenting Shaped Baby Boom." *The Detroit News*, Tuesday, March 17.

Whyte, William Foote. 1955. *Street Corner Society*. Chicago: University of Chicago Press.

Wilson, Gavin. 2002. "Hair Chemicals Place Stylists' Babies at Risk." *The Express*, August 1.

Wiltz, John E. 1973. *The Search for Identity: Modern American History*. Philadelphia: J. B. Lippincott Company.

Winter, Greg. 2002. "America Rubs Its Stomach, and Says Bring It On." *The New York Times*, Sunday July 7, Week in Review: 5.

Wright, T. 2001. "Selected Moments in the Development of Probability Sampling: Theory and Practice." *Survey Research Newsletter*, 13.

Wysocki, Diane. (ed.). 2004. *Readings in Social Research Methods* (2nd edition). Belmont, CA: Wadsworth/Thomson.

Zegart, D. 2000. "The Cigarette Papers: A Docu-Drama in Three Acts." http:www.pbs.org/wgbh/pages/frontline/smoke/webumentary/TEXT/The_Cig_Papers/CP.1.

索　引

Z 分數（Z values）　260

三劃
小組成員流失（panel mortality）　125
工具性（instrumental）　202

四劃
不等比例分層抽樣（disproportionate stratified sampling）　149
中位數（median）　230, 232
內在效度（internal validity）　51, 110
內在效度的威脅因素（threats to internal validity）　110
內容效度（content validity）　82
分析單位（unit of analysis）　130
反制效應（reactive effects）　212

五劃
外在效度（external validity）　138
平均數（mean）　230, 232
母群體的母數或參數值（population parameter）　139
母群體異質性（population heterogeneity）　140
田野研究（field research）　116, 211
田野筆記（field notes）　218
皮爾遜係數（Pearson coefficient）　238

六劃
全距（range）　235
同時效度（concurrent validity）　84

同期群（cohort） 130

同質性母群體（homogeneous population） 139

因果關係的先決條件（requirements） 103

回答固著傾向（response set） 180

回憶記錄（mental notes） 219

回應率（response rates） 162

多因子實驗設計（factorial experimental design） 113

成分（elements） 139

自變數（independent variable） 51, 99

七劃

折半技術（split-half technique） 90

系統化的方法論規則（systematic, methodical "rules"） 14

八劃

事件史設計（event-based design） 130

依變數（dependent variable） 51, 99

兩極（bipolar） 179

具有代表性的樣本（representative samples） 138

固定樣本小組設計（fixed-sample panel design） 124

固定變數（fixed variables） 104

定類（qualitative） 71

抽樣（sampling） 57

抽樣分布（sampling distribution） 256

抽樣框（sampling frame） 144

抽樣誤差（sampling error） 139

直方圖（histogram） 240

知情權和自願（informed consent） 27

社會互動（social interaction） 201

社會期望偏誤（social desirability bias） 94

表面效度（face validity） 81

表現性（expressive） 202

非正式訪談（informal interview）　217

九劃

信度很高（reliable）　87

信賴水準（confidence levels）　155, 260

信賴區間（confidence intervals）　155, 257

保密許可證（certificate of confidentiality）　35

係數（Phi coefficient）　239

厚描述（thick description）　215

契合（rapport）　191

封閉式問題（closed-ended）　170

建構效度（construct validity）　85

活動後解說與回饋（debriefing）　26

相倚問題（contingency question）　176

相關係數（correlation coefficient）　238

相關設計（correlational design）　114

研究手冊（research protocols）　56

研究母群體（research populations）　137

研究設計（research designs）　52

重複測量法（test-retest strategy）　88

重複橫剖設計（repeated cross-sectional design）　125

十劃

個殊式（idiographic）　101

效標效度（criterion validity）　83

矩陣格式（matrix formatting）　180

追問問題（probes）　194

十一劃

假性關係（spurious relationship）　105

假設（hypothesis）　85

偏誤（bias）　92

匿名（anonymity） 33

常態曲線（normal curve） 251

控制組（control group） 108

探索性研究的目的（exploratory research） 16

敘述（narrative） 116

條形圖（bar chart） 240

理論（theory） 64

理論或名義定義（theoretical or nominal definitions） 67

異質性（heterogeneous） 140

眾數（mode） 232, 233

統計學（statistics） 228

訪談（interview） 161, 190

訪談手冊（schedules） 191

訪談指南（guides） 191

通則式（nomothetic） 100

速記（jotted notes） 219

十二劃

備擇版本（alternate-forms） 89

單向（one-directional） 179

單極（unipolar） 179

描述性研究（descriptive research） 17

描述統計（descriptive statistics） 229

散點分布圖（scatterplot） 244

斯皮爾曼等級係數（Spearman rank coefficient） 238

測量效度（measurement validity） 45, 66

測量過程（measurement process） 65

焦點團體（focus group） 201

等比例分層抽樣（proportionate stratified sampling） 149

評估性研究（evaluation research） 18

量化方法（quantitaive methods） 17

開放式問題（open-ended） 170

集中趨勢（central tendency）　230

十三劃
概念（concepts）　63
概率抽樣（probability sampling）　143
經驗證據（empirical evidence）　14
解釋性研究（explanatory research）　17
資料（data）　228
資料集（data set）　228
跨群體適應性（cross-population generalizability）　57
過濾問題（filter question）　176
預測效度（predictive validity）　83

十四劃
實驗（experiment）　52, 108
實驗組（experimental group）　108
構想（ideas，概念）　65
演繹性研究（deductive research）　65
語言轉述（verbal mirror）　194-195
誤差範圍（margin of error）　258

十五劃
層次謬誤（ecological fallacy）　132
樣本（samples）　137
樣本可推廣性（sample generalizability）　138
樣本統計值（sample statistic）　139
樣本適應性（sample generalizability）　57
標準差（standard deviation）　237
標準答案（normative responses）　198
標準誤（standard error）　259
模仿現實生活情境（仿真主義，mundane realism）　113
複本（multiple-forms）　89

複合測量工具（composite measures） 90

複製（replicated） 14

複製技術（replication） 58

調查（survey） 114, 161

質性資料（qualitative data） 16

十六劃

操作化（operationalization） 68

操作化定義（operational definitions） 74

橫剖（cross-sectional） 114, 123

機密性（confidentiality） 34

隨機分配（random assignment） 109

隨機選擇（random selection） 143

頻率分布（frequency of distribution） 229

頻率折線圖（frequency polygon） 240

十七劃

縱貫研究（longitudinal research） 124

隱私權（right to privacy） 30

十八劃

歸納性研究（inductive research） 65

雜訊（noise） 92

雙向（two-directional） 179

二十三劃

變異數（variance） 235

變數（variables） 65

國家圖書館出版品預行編目資料

研究方法概論／Janet M. Ruane著；王修曉譯.
--初版.--臺北市：五南，2007〔民96〕
面；　公分
參考書目：面
譯自：Essentials of research methods : a guide
to social science research
ISBN　978-957-11-4585-3（平裝）
1.社會科學 - 研究方法
501.2　　　　　　　　　　　　95023931

1JAU
研究方法概論

作　　　者－ Janet M. Ruane

譯　　　者－ 王修曉

校 訂 者－ 劉精明

發 行 人－ 楊榮川

總 經 理－ 楊士清

總 編 輯－ 楊秀麗

副總編輯－ 黃文瓊

編　　　輯－ 李敏華　雅典編輯排版工作室

封面設計－ 童安安

出 版 者－ 五南圖書出版股份有限公司

地　　　址：106台北市大安區和平東路二段339號4樓

電　　　話：(02)2705-5066　傳　　真：(02)2706-6100

網　　　址：http://www.wunan.com.tw

電子郵件：wunan@wunan.com.tw

劃撥帳號：01068953

戶　　名：五南圖書出版股份有限公司

法律顧問　林勝安律師事務所　林勝安律師

出版日期　2007年1月初版一刷
　　　　　2019年7月初版八刷

定　　價　新臺幣380元

經典永恆・名著常在

五十週年的獻禮——經典名著文庫

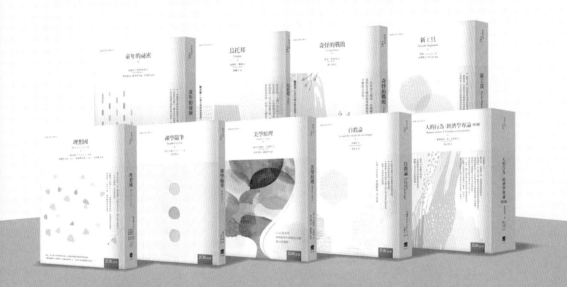

五南，五十年了，半個世紀，人生旅程的一大半，走過來了。

思索著，邁向百年的未來歷程，能為知識界、文化學術界作些什麼？

在速食文化的生態下，有什麼值得讓人雋永品味的？

歷代經典・當今名著，經過時間的洗禮，千錘百鍊，流傳至今，光芒耀人；

不僅使我們能領悟前人的智慧，同時也增深加廣我們思考的深度與視野。

我們決心投入巨資，有計畫的系統梳選，成立「經典名著文庫」，

希望收入古今中外思想性的、充滿睿智與獨見的經典、名著。

這是一項理想性的、永續性的巨大出版工程。

不在意讀者的眾寡，只考慮它的學術價值，力求完整展現先哲思想的軌跡；

為知識界開啟一片智慧之窗，營造一座百花綻放的世界文明公園，

任君遨遊、取菁吸蜜、嘉惠學子！